HOW TO WRITE BETTER ESSAYS

如何写出**好论文**

[英]布莱恩·格里瑟姆 著　　李林波 译

四川人民出版社

图书在版编目（CIP）数据

如何写出好论文 / (英) 布莱恩·格里瑟姆著；李林波译. -- 成都：四川人民出版社，2021.6
ISBN 978-7-220-12286-6

Ⅰ.①如… Ⅱ.①布…②李… Ⅲ.①论文—写作 Ⅳ.①H05

中国版本图书馆CIP数据核字(2021)第051438号

四川省版权局
著作权合同登记号
图字：21-2021-160

© Bryan Greetham 2001, 2008, 2013
First published in English by Palgrave Macmillan, a division of Macmillan Publishers Limited under the title How to Write Better Essays, 3rd edition by Bryan Greetham. This edition has been translated and published under licence from Palgrave Macmillan. The author has asserted his right to be indentified as the author of this work.
本书中文简体版权归属于银杏树下（北京）图书有限责任公司。

RUHE XIECHU HAO LUNWEN

如何写出好论文

著　　者	［英］布莱恩·格里瑟姆
译　　者	李林波
选题策划	后浪出版公司
出版统筹	吴兴元
特约编辑	王小平
责任编辑	冯　珺
装帧制造	墨白空间·王茜
营销推广	ONEBOOK
出版发行	四川人民出版社（成都槐树街2号）
网　　址	http://www.scpph.com
E - mail	scrmcbs@sina.com
印　　刷	北京汇林印务有限公司
成品尺寸	143mm×210mm
印　　张	13.5
字　　数	300千
版　　次	2021年6月第1版
印　　次	2021年6月第1次
书　　号	978-7-220-12286-6
定　　价	64.00元

致　谢

　　这些年来，有很多学生不惜花时间给我写信，告诉我这本书对他们而言有多么重大的意义。在写作时，我未曾料到会获得如此慷慨的评价。对他们的感激之情虽已一一表达，但我仍想在本书中对所有人再次表达我真挚的谢意，你们的评价给我提供了不断的支持与不竭的启发。我尤其要对弗兰克·波塞尔、克里斯托弗·珀金斯以及汉斯·德·萨拉斯-德尔瓦勒表达我的谢意，感谢你们的建议与鼓励。

　　同时，非常感谢那些就如何完善本书与我分享观点的老师们，他们的专业精神与课堂上和学生一起使用本书的丰富经验使我受益良多。他们愿意将想法写信告知我，有些信不吝大费笔墨，这充分证明了他们的奉献精神与专业精神。我从你们所有人那里学到了很多。特别感谢菲尔·豪尔，他的经验与建议一直是我灵感的源泉。

　　我还要感谢本书的评论者。每次有新的版本出来，他们都会提出非常珍贵的建议，告诉我如何完善，如何调整，以适应学生不断变化的需求。为了让这本书更趋完美，你们不吝奉献慷慨的建议、准确的批评、富于创新的观点。对此，我一直以来都想向你们表达我的谢意，感谢你们花费时间思考如何回答我们所提出的问题。希望我对你们的观点所做的回应能得到你们的肯定。

我还要感谢我的文字编辑卡罗琳·理查兹，以及在帕尔格雷夫·麦克米伦出版社工作的所有幕后工作者：新版设计者、发行者以及新版网页制作者。其中，我的编辑苏珊娜·布里伍德自 2001 年第一版起便自始至终发挥着核心作用，她以准确的判断与专业精神使我能够平稳、顺利、成功地迎接每一版的问世。

最后，对我的合作者，帕特·罗，我要表达我最诚挚的谢意。有了他的帮助，我才得以平稳化解犹豫与彷徨，安然渡过每一次难关。

目　录

引　言

关于本书

　　上大学后，相当一部分人相信自己应已全部知道找资料与写文章的相关知识，且认为既已学到了这个程度，就应该知道如何分析命题并揭示其含义，如何有效阅读，怎样做笔记，如何做计划并组织论点，如何证明，以及怎样写出轻松、有趣的文章。实际上，正是这些技能让我们走入大学，可以说，能写出好文章是我们有幸进入大学的通行证。

　　因此，当我们想要提高写作技巧时，并不会去寻求帮助，而是选择从自己的错误中学习；或偶尔我们能跟上指导老师的思路，看出他们怎样去分析一个颇具难度的概念，怎样从各种资源中整合观点，综合得出解决问题的新方法。于是我们就试着从这样屈指可数的机会中学习怎样写作。如果我们能意识到这样的机会所具有的重要意义，或许对正在学的东西就能够形成一种模糊的认识，希望自己也可以和老师做得一样好，但大多数人并没有这样的意识。

我们中大多数人有取得成功的能力，但前提是要通过学习一些简单的技巧，将这样的能力解锁并加以运用。

然而学习写作并非一定要如此。写作课程中有两种必需的能力：学习能力（阅读、记笔记、写作、组织以及修改），思维能力（分析、综合、讨论、论证以及使用论据）。这两种能力都可以被教会，并无神秘性可言，也并非少数人才能掌握。而且，也并没有特别难学的因素在内。事实上，大多数人都有取得成功的能力，我们只需学习一些简单的技巧，来将这样的能力解锁并加以运用。

学习技巧

通过本书，你将要学到的不仅是学习技巧，还有思维技巧。这个过程中，你不会独自前行。途中的每一步，都有指导者伴你左右，给你展示怎样用清晰、简单的办法解决最为棘手的难题。

你将在悉心引导下，经历写作的各个阶段：从解析问题，到查找资料、制定规划，直至动笔写作以及修改润色。每一个环节将会提供练习题并附答案，每一部分最后会有一道习题供练习巩固。在每一阶段你都能得到实用的帮助，一直到你写完文章为止。这样，你不仅能写出更好的文章，而且在这个过程中所学到的技巧会帮你成功地解决日后写作任务中的所有问题。

本书与你所读过的任何关于写作或培养学习技巧的书籍都有很大的不同，体现在：

● 整体融合

本书中，写作技巧与思维技巧以及做笔记、阅读、组织等其他相关技巧不会被割裂。你之前如选过与学习技巧相关的课程，就会知道，将任何技巧与其他技巧割裂开单独学习，学习的结果只会是将这个新学的技巧简单地附加在我们现有的学习模式之上，而不能融会贯通。不久之后，我们就会意识到这个新学的技巧和我们已经掌握的那些技巧并没有什么关系，因而渐渐将之遗忘。

● 目标明确

本书有确定的指向，即在你选定一个题目之后，以帮助你写出作文为目标。它目标明确，与你所学密切相关。与一些内容更为宽泛的著作和课程不同，学习本书，你将不再处于一个真空的环境之下。你会有一个写作指导老师，在你写作某门课程的文章时，无论哪一个阶段出现问题，指导老师都会伴你左右，帮你解决问题。

● 将课程大纲的教学目标纳入考虑

与同类题材的大多数书籍不同，本书将帮助你培养必需技巧，以达到你在学校所学课程的教学目标。你所学课程的教学大纲对你所要培养的能力有相应的设定，而本书就是通过写作，帮助你培养出相应的技能与技巧，从而让你更有效地发掘出符合大纲要求的能力。以往的阅读和学习经验告诉我们，一本书若不能满足以上需求，就会因不能解决需求而被束之高阁，因为它无益于我们培养并运用正在学习的课程所要求具备的能力。

● 综合性的文章写作指导

完成本书的阅读之后，它会在你将来的写作中，指导你对可能遇到的任何问题进行诊断和处理。本书将写作过程分为不同的阶段，便于你识别出所遇到的问题属于哪个阶段，从而有利于辨识出应采用何种解决方法。为了提供更好的帮助，我们在同步网站 www.howtowritebetteressays.com 提供了问题解决指南。在它的帮助下，你可以诊断出你所面对的问题，从而更容易地在本书中定位到相关章节。

开发潜力

　　人们往往认为要开发潜力就得学习难度大、复杂的东西，然而实际情况往往并非如此。若是你写出好文章的能力能够带给你成功，则一切终归于你能否学会简单易行的技巧，这些技巧能够帮助你有效地将你的能力发挥出来。这也正是本书的特色，即保证你的技能与技巧能够得到培养，从而使你的能力得以解锁，潜能得以释放。

为何要写论文？

    对许多学生而言，尽管他们可能已写了好几年的作文，但写作的原因却简直像是不解之谜。对另外一些学生而言，比如并未将写作当成自己任务组成部分的理科生，或是来自对知识有不同理念、对老师的角色有不同认识的其他文化的学生，写作的原因也许就更令他们费解了。

    因此，在本书开端便澄清这个问题会大有助益。理解了为什么要做某事及其价值，我们在任务当中才能更有信心，态度更为积极。可以说，写作的原因有二：一为普遍的、哲学层面的原因，二为实际层面的原因。

普遍层面的原因

    一切学术探索的核心都是发现真理，对我们的生命与我们所处的世界形成更好的理解。为达成此目标，我们必须互相交流观点，最好的方式便是写作。写作是思维的形式之一，一种最难但最有效的形式。写作让我们向自己也向他人暴露我们的观点中不相关或有漏洞的地方，显示出什么地方需要增加论据，什么地方需要重新思考。在此过程中，我们离真理越来越近，理解也越来越完整。

> 写作是思维的形式之一，一种最难但最有效的形式。

然而，这并不意味着任何形式的写作都是如此。可以看出，这样的写作要求我们的思想呈开放状态，这样才能更好地理解他人的论点，并发现什么地方需要完善提高。换句话说，这是一种论述，而非辩论。辩论的目标是获胜，为此目标我们可以无所不用其极，比如夸大自己的论点、无有力证据却要力争，甚至隐藏易于击破之处。辩论者犹如巧舌如簧的推销员，唯一的目的就是说服对方买自己的产品，为此目的，逻辑、平衡、论据如有妨碍，都可牺牲。

例子
苏格拉底
早在 2400 多年前，古希腊哲学家苏格拉底就告诫学生要避开传统辩论与修辞中的过度简单化的做法。

批判性思维
今天，我们追随苏格拉底的步伐，全世界的大学都认可了培养批判性思维能力的重要性。有批判性思维，学生才能甄别谬误，发掘论据，将开发不足、隐藏多于显露的论点挖掘出来。这一切都与不择手段说服对方的做法相抗，后者是在售卖观点，而不是直接处理论据从而让真理显露出来。

文章不可偏倚一面

论述不同于辩论,论述者会认识到大多数问题都有多面性,如仅处理一面则有风险,极易错过探索事实的关键之处。科学家们会考虑一切反对其理论的观点,为了确保自己或他人理论建构的基础足够牢固,他们不会压制任何与其观念相悖的观点。

例子

查尔斯·达尔文《物种起源》

对反对他的血缘理论的观点,达尔文没有置之不理或压制掩盖,而是一丝不苟地全部收集起来,并在他《物种起源》一书中专辟一章集中处理。

合作而非竞争

可见,写作有助于理解,写作意味着人与人之间的合作,意味着将我们所知、所信开诚布公地告知他人。哲学家约翰·帕斯莫尔(John Passmore)曾说:"理解,而非取胜,这是论述的目标;合作,而非竞争,这是论述的方法。"如同科学家一样,我们在写作时,也欢迎批评,把它当作重要一步,为后面的人铺好基石,一步步接近真理。正如艾萨克·牛顿那句名言:"如果我看得更远,是因为我站在了巨人的肩膀上。"

权威性

以上论述为写作者传达了一条清晰的信息:你有一些独一无二的东西可以贡献出来。没有任何事情可以超越事实、超越逻辑、具有绝对性。没有人能够掌握所有事实,我们所能做的只是评估所获得的证据而后做出个人判断。如阿瑟·凯斯特勒所说："终极真理往往都是谬误。"事实与信念之间总有一条鸿沟，需要用证明来填补，于是我们通过做出价值判断来连接二者，因此你的判断和他人的判断在可信度上是一样的。你的所见、你的观点，反映的是你对所研究问题独特的认识。

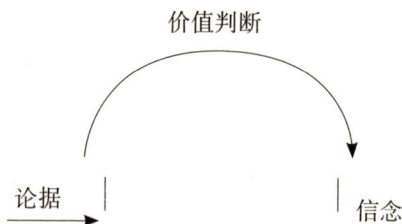

价值判断

论据 ⟶   信念

因此，我们要做的不能仅仅是反复引用这个领域内的权威观点，而是要将它们加以验证，探究它们的论证是否连贯、所用语言与证据是否无懈可击，发现其弱点，然后对之进行批判性分析。

写作伦理

为了更好地将以上论述运用到实践中，记住以下原则：

1. 悬置判断：思维保持开放状态，认真考虑相异的观点。

2. 容忍不确定性：迅速做出决定没有什么好处。切记，未经充分思考和分析所做出的论证往往都是毫无价值的。

3. 单纯地思考：不要确信任何事，学会质疑看似显然之事。

4. 换位思考：换位体验他人的思考和情感，从而更好地理解他们的观点。

5. 学会以同等的说服力去论证对立的观点，否则你很难完全理解你的对立面。

6. 将包括你自己的观点在内的任何观点视作暂定的假说，在你接受它们之前需透彻地验证。

7. 尽量避免：

- 为批评所伤：批评不是人身攻击；
- 抵触心理：犯错误时谦虚地接受批评；
- 他人对你的观点做出批评时产生好斗心理；
- 他人不愿意接受你的观点时产生不耐烦情绪；
- 不能容忍持异己观点者；
- 过度自信：不愿意相信自己的观点有任何错误的可能。

实践层面的原因

如果你认为在写作中所应做的只是接受并重复利用权威观点，那么学术写作的第二个目标——培养更高级的认知能力——就无从实现了。认知能力与其他能力一样，只能在运用中培养。比如你要想培养打网球反手拍的能力，就只能一遍又一遍地练习。同理，论述问题、分析概念、从各种资料中综合观点以及批判性地评估观点与论据等能力也必须在运用中培养。不过，首先你要悬置你的判断。如果你只是简单地认为权威说的就是对的，那就没有什么可以论述的了，你也就无从培养上述能力。

写作给我们提供了培养更高层次认知能力的机会

写作中，即使你很愿意相信某些权威性观点，也不要马上做判断，不妨想想，或许还有其他的解释，这样你就能对这个问题进行论述，从而发展自己更高层次的认知能力。

写作迫使你就该问题组织思维、发展观点

某种意义上说，写作是学习某一题材的过程之中最为关键的环节，因为它有助于把握新观点。写作是思维形式中最难的一种，它将你置于你自己的观点的核心处，迫使你必须表述明确、连贯地论证。没有这个环节，即便不是不可能，你也很难清楚地知道自己对该主题理解到了什么程度。

反馈

写作同时也给了你一个得到指导老师反馈的机会。通过反馈，你不但能知道你理解的程度怎样，还能知道你沟通的效果如何，你的优势与劣势在何处，从而有助于你将精力更为高效地用于写作。

复习资料

如果你制定了一个很好的写作规划，得出一个清晰的结构框架，等到为考试做准备的时候，你会发现你手中的规划几乎就是最重要的复习资料了。它能够展示出你是如何理解这个题目，以及如何组织观点的，因此，它就是你能够回忆起并在限定时间内最有效地应用的东西。事实上，将想法制定为结构清晰的写作规划，很多学生会将它作为唯一的复习资料。

因此可说，写作意味着一个宝贵的学习机会，应该以积极的态度去完成。如果你躲在文本之后，只是解释或复制你所读到的东西，而非对它们进行加工处理，变成你自己的观点，那么你以及你的能力或问题就很难出现在指导老师的视线里，你将永远不会对自己的能力和理解程度有一丝的了解。

几个阶段

这本书不仅讨论实际的写作环节，也讨论写出一篇好文章所应经历的不同阶段，包括提升学习效果的方法。经过这些阶段之后，你会发现你在写作中一直有一位可贵的向导陪伴，在你遇到问题时告诉你如何解决。

五个阶段

任何文章写作要得到高分，经历以下五个阶段是很有必要的：解析问题、查找资料、规划、写作、修改。

你若跳过或匆匆略过任一阶段，写作中都会出现一些常见的问题：离题、结构松散、论据或例证不足以支撑论点、段落衔接生硬、论点前后不一，诸如此类，不一而足。

此外，将每个阶段切分开来也同样重要，这样你就能够在每个阶段之间留出一天左右的时间。当然，有时候不会有这么充足的时间。可能任务会繁多，件件紧迫，只有几天的时间来完成写作。本书中你将要学到的时间安排技巧将会让你更有效地处理问题，帮助你合理规划时间，在大多数写作任务中、在各个阶段之间留出足够的时间。这样，你不仅能够有机会带着新的认识反观之前的观点，从而发现哪些需要修改，而且还能看出你的观点和论点得到了什么样的发展。

> 切分阶段有利于观点的发展。

观点是有机的。你抓住它们的时候，它们大多数不能像超市货架上的商品一样完整、齐备。它们在时间中生长、发育。以规划阶段为例，你隔一两天再回到之前的计划时，总会不可避免地发现新观点、新论据、新方法来推进论证。你也很可能会发现一个更明智、更有逻辑的方法来组织你的观点。

其他阶段也是如此。每次当你将前期工作成果搁置起来，过一阵子再返回重看时，你会发现在搁置之时，你的潜意识已经对问题进行了处理，它可能重新组织了观点，回答了一些你之前不能确定的问题，并对你之前在资料中读到的东西做了批判性评价。

不过，这个过程并非永无终止、令人困惑，并不是每次返回之前的工作成果都意味着你的观点被抛到空中。对写作计划修改数次之后，你会意识到它已经成熟，你可以开始写作了，这并不会用很长的时间。解析问题、查找资料、修改文章也是如此，工作到了成熟的那一步时，你会知道的。可能需要三到四次写作之后，你才会对自己的判断建立信心。在此之前，你需要依赖指导老师的判断，但你的判断总会形成的。

第1阶段　解析问题

引　言

　　我们一心想写好文章，却往往在刚看到题目时就出问题了。急着动笔，生怕落后，我们往往会跳过解题步骤，直接进入查找资料阶段。于是，我们都已开始读资料、做笔记了，头脑里却并不清楚什么才是相关的，对文章的主题也仅有一个极为宽泛的印象。数小时的辛苦工作之后，我们疲惫不堪，充满挫败感，然而面对一堆毫不相关、毫无用处的笔记，对自己正在做什么却仍然不甚清楚。

　　其实，只要花费一到两小时的时间，对问题做出分析，不仅能够节约时间，而且能让我们对题目的主旨有更清楚的了解，也能更明白出题者的意图所在。更重要的是，这个步骤让我们有机会在写作早期便形成自己的观点和见解。否则，我们的文章就会因循守旧、了无新意，最多不过是将与该主题相关的主流观点一再重复而已。

　　那么，当你解析问题时，应该关注什么呢？所有文章的问题部分都会告诉你两点：处理所有与问题相关的要点时应该采用什么结构；回答问题时，出题者想让你展示出什么样的能力。

解析问题

1. 节约时间。

2. 更清楚地了解题目的主旨。

3. 告诉我们出题者的意图所在。

4. 形成自己的观点，避免写出的文章因循守旧、了无新意。

结　构

　　首先是结构问题。在接下来的几章，你将学习如何揭开问题的意义与暗示，这样，在开始查资料之前，你就能够对问题所包含的要点有一个清晰的结构规划，你也就能知道你要做到什么。对很多问题而言，通过分析其中的核心概念，便可以形成构思。很多人费尽心思想要做好这一步，但其实所需的技巧并不难学。后面你将会看到一个简单的三步分析法，用于分析最难的概念。

　　接着你将了解如何就一个问题展开头脑风暴。这一步也不会耗费多少时间，却能帮你更多地呈现自己的观点，并避免在查找资料的过程中浪费时间。这一步学会之后，你在查找资料之前便可明白两件重要事情：对于文章题目中所提要点**你自己知道多少**，以及你想让你的资料解决哪些问题。不经过这一步，你就很可能会受你所读资料的支配，也会难以分辨哪些相关，哪些不相关。

> **需要搞清楚的两件事情：**
>
> 1. 对于所提出的要点你有什么了解。
>
> 2. 你想让你的资料解决哪些问题。

写作能力

　　经过头脑风暴激发观点，明白了想让资料解决什么问题之后，你只要再做一件事情便可以开始查找资料了。那就是你必须清楚地知道出题者想让你展示哪些写作能力。否则，你会发现你的文章并不能回答所要解决的问题，你所提供的信息也并不相关。

■ 第1章

显现结构

在本章将学到：

- 如何仔细分析问题的意义与暗示，避免离题；
- 如何在问题中看出你的文章将要采用什么样的结构；
- 如何保证你的文章得到最高分。

首先，要明确研究并非永无止境，这一点很重要。你是要对一个具体的题目做出论述，它涉及的问题具体而明确。因此，在查找资料阶段，以及规划与写作阶段，必须严格挑选材料，必须只用那些与<u>这个问题</u>相关的材料。

在每一篇论文的查找资料阶段，你都会不时地发现你收集到的某个资料很有趣，论证也很严密，要想不从里面做些笔记几乎很难，尤其是当它与题目的延伸意义相关的时候。然而，如果它与**这篇文章**涉及的问题不相关，就丢掉它！可以用其他方式收起来备作他用，但千万别让它在这篇文章中引诱你。否则，你的文章就会失去焦点，读者不能理解你在做什么，为什么这样做。

分析关键概念

鉴于此，有两件事情需要确定：要回答这个问题，文章应分为几个部分，以及各部分分别应占多大分量。对多数问题而言，可以通过分析它所包含的关键性概念来分析它应有的结构。事实上，大多情况下，如果做不到这一点，就会被扣分：出题者希望看到你能展示自己具有分析高难度抽象概念的能力，并且你可以用自己的分析来影响甚至决定文章的结构。

> 从概念中看出：
>
> 1. 回答问题需要几个部分。
> 2. 各部分应占多大分量。

例如，伦敦大学的评阅者按照要求将最高分（70%—100%）给那些"展现出他们能对问题的细微之处、复杂性做出讨论，以及可能持有不同意见"的学生，那些对问题"宽泛地讨论""遵循显而易见的写作路径，对问题所含观点不加批判地接受"的学生，则只能得到中等的分数（40%—60%）。[1]

哈佛大学社会系的情形也类似，学生被告知：

> 文章的得分依据是分析是否完整、清晰，建议是否有说服力。我们一如既往地欢迎结构合理、写得出色的文章。[2]

牛津大学也是如此，命题者希望在文章中看到优秀的分析能力，这是将一等及二级甲等学生与其他学生区分开来的重要指标。根据评分标准，只有在这两个等级的文章中，才会涉及分析能力；而未能展示这一能力者，则会被划为二级乙等或更低的等级。一等文章应该表现出：

分析与论证能力，对事实良好的掌握，论据和论证与问题的相关性，回答问题时语言清晰、富有洞见力、对问题敏感。[3]

二级甲等卷面也应体现出上述特征，但较之一等，在"连贯性"与"质量"上稍弱。

问　题

为了清楚地说明真实的问题是什么样，下面将从世界不同大学的不同院系考题中选出一些列举。你将会看到，每个问题的解答都要求具有同样的"清晰""洞察力""敏感"等特点，这些我们都可以在分析问题所含关键概念时注意到。

可以看到，有一些问题的概念蕴含在观点或主张中，有时候并不容易发现。还有一些问题所含的概念以无可争议的事实的形式出现，在评价这种概念之前必须加以分析，看它究竟是与事实一致，还是只是主观性观点而已。有的情况下，概念还会以归纳性表述的形式出现。

概念

概念实际上是通过观察某一类事物之单个事例，所做出的具有普遍意义的类别划定。当我们从经验中进行"概念化"时，是从一组具有相同具体特征的事物中抽象出一个具有普遍性的概念。例如，所有具有相同具体特征的行业都归在一起划分在"职业"的概念之下。

所以，辨别观点、陈述或概括并让评分者知道你能够识别是非常重要的。评分者首先要看到的是有证据证明你"清晰、有洞察力、敏感"地解析了问题，而且你也看到了问题的关键所在。在以下列举的问题中，我划出了关键概念。

- 《傲慢与偏见》与《远大前程》的叙述者使用了同样的讽刺吗？（英语小说，哈佛大学）

- 讨论初级护理中群组的卫生需求管理。（护理与应用临床研究，坎特伯雷基督教会大学）

- 什么是贿赂？它可以被认为是合理的可接受的商务行为吗？（商务与管理，纽卡斯尔大学，澳大利亚）

- 在多元文化的社会里，文化、种族、族群在社会福利工作中如何交叉？（社会福利，英属哥伦比亚大学，加拿大）

- "地形学是地质学的分支，而非地理学的分支。"论述。（地理学，牛津大学）

- "穆勒对自然主义谬误的使用之天真与朴实已近极致。他告诉我们：'善'的意思是'值得要的'，只有致力于探求人们实际上想要的是什么，你才能知道什么是值得要的。事实是，和'可见'的意思是'能够被见'不一样，'值得要的'的意思不是'能够被想要'。"G. E. 摩尔。论述。（哲学，肯特大学）

- "权威不过是对权力的占有。"论述。（哲学，马里兰大学）

- 就近期备受关注的几场关于侵犯隐私权的抗议性活动，批判性地评估新闻界是否应该继续加强自律。（新闻学，纽卡斯尔大学，澳大利亚）

- 民主总是能与个人自由共容吗？（政治学，约克大学）
- 在对犯罪的解释中，社会失范与亚文化的概念仍有价值吗？（社会学，牛津大学）
- 人生评估中显示性偏好理论的假设有哪些？（生物学，斯坦福大学）
- "自由贸易引向帕累托最优。""自由贸易导致难以接受的不平等现象。"论述。（经济学，牛津大学）

关键概念

可以看出，无论哪种主题，在解析问题时，对重要概念的分析是关键性环节。这些概念可能会以日常语言的形式出现，如"难以接受的不平等""需求"或"贿赂"，也可能会像一座座灯塔一样突兀地站出来警示人们不要忽略它们，如"帕累托最优""社会失范与亚文化"等。所以，读到问题时问自己："对于不同的作者，这些词语与表达方式的使用方法有区别吗？"如果有区别，那么就需要对这些方法的不同进行分析。这里，就出现了需要解析的概念。

可以看出，很多概念都是非专业词汇或短语，我们日常使用时也不做太多考虑。比如，历史学家喜欢使用"革命""危机"之类的概念，这些词似乎很温和，不会引起麻烦。然而，看看英国工业革命，你可能就会纳闷，它到底是一场革命，抑或仅仅是一种加速的进化？那么，什么是革命？革命与动乱之间的区别是什么？革命总是离不开暴力吗？这些问题都可以归结为改变的速度吗？如果是这样，那么工业革命更像是进化而非革命，因为它延续了 70 至 100 年之久。还是说算作革命与否取决于变化的范围？如果是这样的话，考虑到它带来的劳动领域的机械化、工厂化生产，城市的崛起，机械化运输方式的发展，工业革命无疑是一场革命了。

什么构成了"革命"？

1. 改变的速度？

2. 改变的范围？

3. 离不开暴力？

4. 革命与动乱的区别是什么？

对另一个概念——贿赂，也可以做类似的讨论。这个概念同样看起来不会引起争议，没什么费解的，然而，试问自己：这个词到底是什么意思？问题就不是这么简单了。无论你的回答是什么，如果你意识到自己在超过单个意义的层面上使用这个概念，那么结构就出来了：每一种意义都需要去探讨，它的隐含意义才得以逐渐揭开。

此外，你还可以在这个概念和与它非常接近的一个概念之间划出区别，这也能够产生一个结构。你可能会发现，我们使用"贿赂"这个词的方式意味着我们将它与"佣金""礼物""小费""分红"等区分开来，区分的标准是我们的观念：前者是私下里的，而后面那些是可以公开的。这样也许可以显示出我们认为贿赂是私下里的、遮遮掩掩的：贿赂是躲避市场伦理规则以便在竞争中获取不当利益。反之，佣金、礼物、小费以及分红都是公开的：不管在什么工作场所，这些都是公开的，每个人获得它们的机会平等，它们是用来激励人们努力工作和提高效率的。

通过分析概念来产生文章结构

1. 从我们使用这个概念的不同方式来产生结构。

2. 通过对这个概念与其相近概念做出区分来产生结构。

这种概念分析法和论证法几乎适用于任何学科。政治学里有这样一些概念：自由、意识形态、平等、权威、权力、政治义务、影响、正当、民主，等等。当我们在使用"自由"这样一个大而重要的概念时，真的一点都没有担心它含义模糊吗？20世纪60年代，多诺万·里奇曾说："'自由'这个词我很少不假思索地使用。"他是对的吗？我们使用"正当"这个词时指的是什么？它和"合法"的区别是什么？还有，当我们使用"民主"这个词时，指的是直接民主还是间接民主？代表制还是责任制？极权主义还是自由主义？第三世界还是共产主义者？

在文学领域，悲剧、喜剧、反讽、讽刺这些概念又是指什么？实际上，大学里经常用整整一门课阐释这些及其他概念，如阶级、政治义务、惩罚、革命、权威等。在下面所举的一门课的课程大纲里，惩罚与义务这两个概念，以及法律和道德的区别，是贯穿整个课程始终的核心问题。这门课程在哈佛大学开设，名称是"道德推理——在法律内部及外围推理"：

法律如何与道德相关？它是如何凸显出来的？我们是否有义务遵守法律？有什么东西能证明法律惩罚的强制性的合理性？这些问题，以及其他一些对法律实践进行分析和证明法律实施合理性的问题将被考查，所用资料的作者包括哲学家、法官以及法学家。[4]

以任何大学中的任一门课为例，你都会发现类似的情形：我们所面对的很多挑战都属于概念性问题。例如，南安普敦大学哲学系对他们的"科学哲学"这门课描述如下：

这门课考查的概念包括证据、合理性、可能性以及事实，与之相关的有科学解释、因果关系、自然法则、理论与事实；论题包括科学与伪科学之间的区别、科学与隐喻之间的区别。这些哲学论证中，例子取自然科学史、生物学史及社会科学史。[5]

大多数学科内，都有这样的概念，我们对之可以发问："我们用'X'指什么？"如在护理领域，有"虐待""看护""尊严"这样的概念，在社会福利领域，有"不平等""歧视""人种"和"种族主义"等概念。

反过来，也有一些概念，它们的核心意义没有什么可以质疑的，所以我们似乎不能用同样的方式发问，比如商务里的"全球化""多样化"，物理学里的"膜""维度""线体"甚至"暗物质"，遗传学里的"带菌体""染色体"，工程学里的"熵""负熵"，心理学里的"神经症""精神症状"等。这些概念都有一个确定的核心意义，因此没有什么争议。

但是，通过分析文章问题中出现的这些概念，我们发现的不仅是文章的组织结构，还有它们的隐含意义、从而引出关于文章重点和解析方面的待讨论的问题。我们都知道"全球化"的意思是什么，但是对于它的隐含意义、它可能带来什么影响，却有相当多的争议。"膜理论""多维宇宙"这样的概念或许不会引起困惑，但这些概念对我们理解宇宙暗含了什么意义，却会有很多问题可以讨论。

实践　练习 1
概念
　　列出你所学学科内的关键概念，越多越好，这些概念应该对你理解所学课程有重要意义，需要仔细分析。你应该至少可以列出十个。

如何获得最高分

　　你所学课程和你要写的文章里的关键概念所具有的重要意义，在课程大纲里有体现。通过分析这些概念，你不仅可以给文章规划出合理的结构，而且可以获得最高分，这也同样重要。

　　如果在这个阶段你不能通过分析概念认识其意义，那么在文章中对它们做出分析几乎是不可能的。这就意味着，你不仅没有看到问题的关键所在，而且更严重的是，你仍未培养起思维能力来对语言使用中所做出的最重要的假设提出质疑。这就好比你对评阅者说，我不能理解这些概念为什么会引起特别的讨论，所以也看不到它们为何值得被特别对待。

小　结

1.确保你对文章所需的材料进行严格的挑选。

2. 分析概念的重要意义在于确定文章应分为几部分，以及各部分应占多大分量。

3. 评分者会把高分给那些能展示出其分析能力的人。

4. 每个学科都有其关键概念。

下一章提要

在下一章，我们将看一个具体的概念，并展示如何打开它，让它的隐含意义显现出来。通过这样的练习，你将会明白怎样更多地捕捉到自己的观点和洞察力。

注　释

1　*General Marking Instructions* (London: University of London, 1987).

2　Peter V. Marsden, *Sociology, 25: Introduction to the Sociology of Organizations* (Cambridge, Mass.: Harvard University, 2000).

3　*Greats Handbook* (Oxford: University of Oxford, 2000), p.46.

4　Michael Blake, *Moral Reasoning, 62: Reasoning in and about the Law* (Cambridge, Mass.: Harvard University, 2000).

5　*What is Philosophy?* (Southampton: Department of Philosophy, University of Southampton, 1986), p.16.

第 2 章

实　例

在本章将学到：

- 如何区分封闭概念与开放概念：前者的意义可以从词典中获得，后者的意义不容易找到；

- 通过观察我们在日常语言和一些例子里对概念的使用方法，打开它的结构；

- 在分析一个概念时，如何用具有清晰结构的笔记来捕捉你的想法、摸清你的思路。

尽管前面已经说了不少，但仍然会有人问："为什么要做这么一系列的分析，而不直接查查词典，找到这些词语的意思呢？"当然，他们也没错：有一些词语只需查词典就够了。

开放概念与封闭概念

被描述为"封闭概念"的词语一般都有确定、清楚的意义。比如"自行车""单身汉""三角形"等词，它们的意义都具有结构因素，这种结构是根据逻辑上的需求所规定的。我们都同意遵守规定它们意义的那些约定规则。因此，当你说"这是一辆有一个轮子的自行车"，或"这个三角形有四条边"，所有人都会肯定你犯了逻辑错误。当我们按照约定规则使用这些词时，我们实际上是让自己对世界的理解按照某种具体的方式结构化。

　　然而"开放概念"却正好相反：我们对世界的经验形成了概念，因此，这样的词语不是仅仅通过查词典就能确定其意义。它们的意义回应并反映我们变化的经验：它们随着时间及文化而变。词典上的解释仅仅是在不断变化流逝的景象中拍下的一张快照而已。

　　封闭概念与开放概念
　　1.封闭概念：根据逻辑需要，规定了确定的意义。
　　2.开放概念：根据经验的不同，意义相应发生变化。

例子
姨

　　　　以"姨"和"民主"这两个概念为例。可以看到，在某些社会，某些时代，它们的意义相对而言比较清晰、稳定。比如"姨"这个概念，在某些社会它的定义较窄，仅限用于有血缘关系的亲属和姻亲。但在另一些社会里，它的定义更广泛，不仅指严格意义上的亲属，还可用于一个家庭关系长久、年龄较长的朋友。也许这能够反映出不同社会在其发展的不同阶段比较普遍的社会习俗。一个以农业为主的社会，社会流动性低，可能会在狭义的层面上使用"姨"这个概念。反之，一个正在经历快速工业发展的社会，社会流动性很高，稳定性社区较少，"姨"这个概念可能会更宽泛地应用于与孩子父母关系较近的朋友。比如一对年轻的夫妇，刚搬到离他们父母家较远的一个城市，可能会将亲近的朋友称作孩子的阿姨或叔叔，从而扩大他们的家庭圈，重建安全感。

例子
民主

　　"民主"的概念也类似。我们应该都同意这个词的意思是政府行为和人民的意愿相一致，然而除了这一原则，其他一切都是开放的。西方的自由民主制认为民主意味着一人一票制度，主张定期选举、无记名投票、多党制政治、言论自由，这是这个原则的一种实行方式，它满足了一种具体的社会形态的需求：自由的社会，强调个人主义、竞争、自由贸易以及消费者主权的重要性。

　　在另一些社会，在不同的文化影响下，民主具有不同的形式，问责制、参与制、多党政治甚至定期选举和选民主权的重要性都降低很多。比民主更重要的是为了实现民主的目标而做出的一系列努力，如消灭传染病、减缓贫困、提高文化程度甚至是工业化。实现这些目标，而不是实现选民在选举中的投票权，才是政府民主实质的证明。

从使用方式开始分析

　　以上可以看出，如果文章题目中的任何概念以这种方式出现，如果我们对它的使用方式有任何疑惑，那就需要对它做出分析。大多数情况下，我们从日常语言中的词语开始；有些情况下，我们需要将它们磨锐或紧缩；还有些情况下，我们只需要分析它们的歧义。在这个过程中，往往文章的结构就伴随着有待探索和发展的论点而显现出来。

> **问题**
>
> 1. 如何使用一个概念？
> 2. 它的使用方式多于一种吗？

所以，从问自己一个问题开始：我如何使用这个概念——它的使用方式多于一种吗？以"自由"的概念为例，我们经常在摆脱或免除某些事物（free from things）的意义上使用自由这个概念，如摆脱各种形式的压迫、约束、限制等。比如我可以如释重负地说，服用了止痛片后，我终于摆脱疼痛的折磨了。或者一个政治犯终于摆脱囚禁了。在以上两种情况中，我们都以一种负面的方式使用这个概念，表示某物被去掉，如去痛、解除囚禁。

反过来，我们也经常用一种可以称之为正面的方式使用这个词。在这个意义上，介词发生了改变，从免受某事（free from something）变为有做某事的自由（free to do something）。如我们可以说，一个朋友意外获得一大笔钱，她现在可以自由地做她一直想做的事了，如重返大学校园、买一个房子等。政府也在这个意义上使用自由这个词，证明他们投入到教育中的钱将会使更多人获得过得更好、找到更中意的工作、实现更多梦想等方面的自由。

练习

试做以下练习。下面的问题中使用了"权威"和"权力"
的概念。当你在做下面的练习时，思考一下你怎样使用像"权
威"这样一个概念。如果你意识到自己在多于一种意义的方式
上使用它，那么结构就开始显现了：每一种使用这个词的方式
都需要加以探讨，它的每一种含义都需要被释放出来。

思考以下问题并完成之后的练习

论述"权威不过是对权力的占有"。

实践　练习 2

解析问题—1

画出你认为是关键概念的词，分析问题中包含的主要
意义。

你可以用句子的形式做出解析，但更有效的方式是用笔
记的形式绘制简短的结构图，这样你就能够有效地捕捉到自
己的想法，迅速摸清自己的思路。下页所示结构图可以有效
地勾勒出问题的主要含意，你在之后的研究中可以用到，同
样还可将它们用于文章中。如果图中的缩写有不明之处，第
十五章中可找到它们的意思。

回答

我们如何使用"权力"和"权威"的概念？

显然，在这个问题中必须考查的关键概念是"权力"和
"权威"，以及二者之间的关系。那就以问自己如何使用它们

论述"权威不过是对权力的占有"

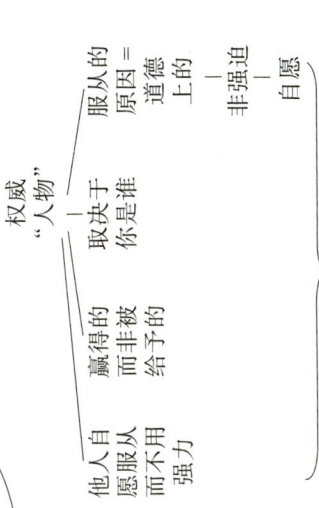

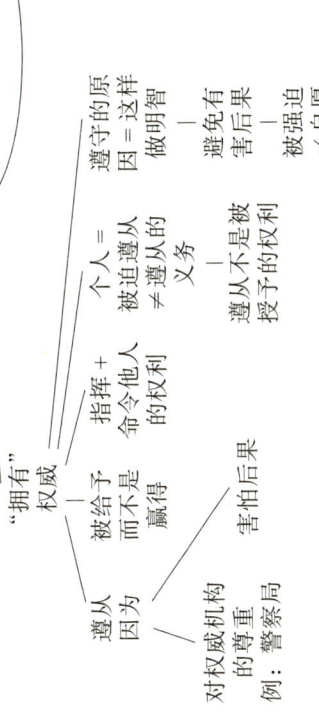

权威 "人物"

服从的原因 = 道德上的
取决于你是谁
非强迫的 = 自愿

赢得的而非被给予的
他人自愿服从而非用强力

权力 = 说服人的力量

个人的品质
正直
公平 / 公正
领袖气质

合法的影响力

经验 / 智慧
例：年长者
一致赞同 当选 代表

知识
例：经验丰富的艺术品收藏家

"拥有"权威

被给予而不是赢得
指挥 + 命令他人的权利
个人 = 被迫遵从的义务
遵守的原因 = 这样做明智

遵从因为
对权威机构的尊重
例：警察局

害怕后果

遵从不是被授予的权利

避免有害后果
被强迫 ≠ 自愿

对不遵从者采取行动的权力

用威胁 / 强力获得他人遵从——否
则让别人的情况变糟糕

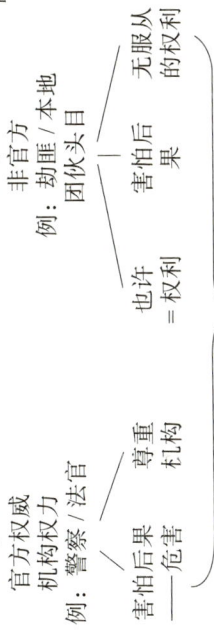

官方权威机构权力
例：警察 / 法官

非官方
例：劫匪 / 本地团伙头目

害怕后果
也许 = 权利
无服从的权利

尊重机构
害怕后果 — 危害

权力本身 ≠ 权威

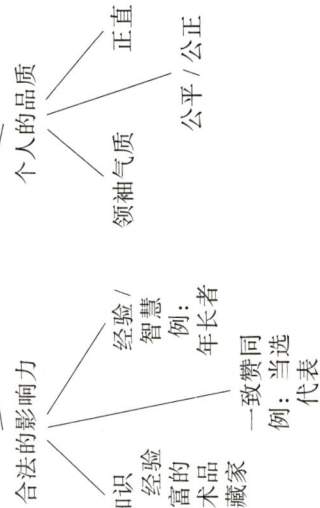

开始。作为例子，你需要想起一些两个概念都能够出现的情形。这里可能会涉及一些权威人物形象，例如政治人物、老师、父母，或其他拥有权力的人，这些人能够对你施加影响，让你做你可能不愿意去做的事。

权力

从你想到的例子中，你也许会得出这样的总结，我们使用"权力"（power）时最明显的情形就是描述一个拥有强权的人，他有能力强迫我们做一些违反我们意愿的事情。警察有这样的权力，劫匪如果持有威胁我们的武器，也有这样的权力。但我们同样也在"说服人的力量"（the power of persuasion）此类的短语中使用它，在这里所指的力量是一种论证的力量，或通过摆出好处、列出让人信服的原因，说服别人做他本不愿做的事情的能力。

权威

"权力"这个概念可以这样分解，"权威"或许也可以如此。

1. 拥有权威

可以说某人拥有权威，如警察或法官。这种情境下，我们不一定尊重那个人或他要求我们做出某事的原因，但我们可能会尊重他所代表的制度，或者我们只是害怕不按要求去做的后果而遵从他的命令。警察所能支配的权力能够严重影响到我们，甚至会剥夺我们的自由。

当然劫匪或势力团伙头目也可以强迫我们，对我们施加压力或威胁，他们虽然有这样的力量（power），但并不拥有权威。这就引导我们得出结论，权威并不是简单地等同于单纯拥有权力（power）：团伙头目并不拥有一般意义上的权威来命令我们做什么事，他们不像警察，警察是由我们选举出来的议会或本地立法委员会代表任命的。在这个意义上，这些代表，以及他们正式任命的警察可以说具有民主合法性。

2. 权威人物

"权威"一词这样的用法意味着它有另一个意思，如我们描述某人为权威人物。比如一位经验丰富的艺术品收藏家，她知道她所谈论的事物，所以她的言论能够说服我们，我们认为这没错。这里不需要强迫或压力，如果说有什么力量，那就是她言论的力量，她说服别人的力量。她有能力在不使用压力或威胁的情况下，让别人自愿遵循她看事物的方式，因为她为自己赢得了权威。

可以说她有"权利"（right）拥有权威，尽管这个"权利"和警察的"权利"有不同的含义；这是一种赢得的而非给予的权利。它也与选举产生的代表所拥有的权威不同，尽管他们都可以被称作"权威"人物。区别在于，艺术品收藏家的权威通过她自己的研究与对工作的投入而获得，而当选的代表则通过参加选举并赢得选票而获得权威。双方都拥有权威，并凭借他们所获得的尊敬，起到**合法的影响力**。

当然，另外还有一些人也可归为拥有合法影响力的这个类别，尽管他们获得权威的方式不同。年长者在社区中因其经历丰富、拥有人生智慧而受到尊敬。还有一些人所拥有的个人品质为他们赢得正直、诚实的声望，我们可能会从他们那里寻求建议和支持。

可以说我们有站得住脚的"**道德**"原因让我们遵从这样的权威：我们有原因说服自己自愿这样去做；然而当我们服从**拥有权威**的人时，我们并不见得是出于道德原因，并非因为我们尊重他们个人，而是因为我们明白这样做是安全的。否则，我们可能会遭受处罚，招致相应的痛苦。这样的威胁可能会迫使我们违反自己的意愿去服从他们的指令。

也就是说，如果团伙头目或劫匪威胁到我们的安全，我们也许会"**被迫**"（obliged）去服从他们，但我们并没有"**义务**"（obligation）去服从，因为这些威胁背后并没有任何权利（right）作为支持；然而艺术品收藏家通过长年累月的研究赢得了权利（right），警察尽管作为个人没有赢得同样的尊敬，但我们选出来的代表们授予了他们"正当的"（rightful）、合法的权威。

对一些人来说，这样的练习很简单，但如果你觉得它很难也无须气馁。其实它比表面看起来简单得多，这一点你将在后面四章中看到。

小　结

1. 封闭概念有确定的意义。

2. 开放概念的意义会变化，它反映出时代和文化的变化。

3. 为了分析开放概念，问自己一个问题："这个概念有几种使用方式？"

下一章提要

后面四章中你将学到一种简单的三步法，用以分析难度最大的概念。

▰ 第3章

学会分析

在本章将学到:

- 在所有的思维方法里,在为写作打开丰富的思想资源方面,分析也许是最有用的方法;
- 如何让自己摆脱先入之见,从而能够自由地思考,发现问题中更多的含义;
- 像三步法这样的方法如何成为我们写出优秀文章的开始。

当然,并非所有你要面对的问题都能有"权威/权力"这样简单可辨的概念。很多问题中,概念是隐藏起来的,会以看似最简单的词语为掩护。有一些问题中,甚至很难判断里面的概念值不值得分析——它可能并不是问题的核心,可能会将你引向一个不相关的方向。遇到这种情况,你就必须提出概念,仔细分析,看看里面究竟会有什么。对很多问题而言,你会发现这样做将会让你打开一个宝库,里面充满了各种思想观点供你所用。在你眼前,问题似乎层层展开,你能够确切地知道你要提出什么论点,找到什么资料。

不过,这一切的关键显然在于你要学会分析概念。在所有的思维方法中,分析恐怕是最有用的方法了,然而它也最易遭到冷落。不经分析，就无从清晰地看到问题，也就无从创造性地规划解决办法。不经分析，我们同样也无从看到自己为何不喜欢某个论点，也就无从批判并改进它。事实上，所有的智力活动都始于某种形式的分析，这样才能弄清我们要解决的是什么。它为我们指出工作的方向和目标。没有分析，我们面对问题时，可能会茫然失措，不知如何入手。

分析能力

1. 帮助我们看清问题。

2. 帮助我们对论点提出批评、做出改进。

3. 几乎所有的智力活动都始于分析。

4. 为我们指出工作的方向与目标。

不幸的是，大家似乎认为人人都知道怎样分析，因此也就没必要专门教了。然而事实远非如此。大多数人在这方面很不擅长，分析并不是一件自然而然的事情，不是我们习惯成自然就可以做的事情，对大多数人而言，分析是一件最不自然而然的事情。面对一些显而易见的事情，我们却必须强迫自己回答一些刻意想出来的问题。这看上去很没必要：既不自然又非必需。我就经常问学生一个最恼人、最棘手的问题，它的开头是"你用……指什么？"通常他们的反应是瞠目结舌，诧异竟然有人——尤其是这个为他们的教育承担巨大责任的人，居然会不理解一个每天都在使用的词或概念。他们一般会回答："可是所有人都知道它的意思啊！"

然而，一旦他们开始思考这个词语，开始讨论自己对它全部的理解，他们就意识到对于它的意思，根本没有共识这回事。继而，他们会高兴地发现，在分析这个概念的含义的过程中，他们从未意识到自己竟然会蕴藏这么丰富的观点，现在终于开始发掘，而他们敏锐的观察力甚至会让自己都吃惊。

先入之见会让我们盲目

实际上，这个过程越艰难、越费劲，结果可能会越好。这就是分析方法的优势所在。我们都已经形成某种思维模式，并用这种模式组织不熟悉的经验，赋予它意义。这样尽管可以给我们一种精神上的安全感，尤其在经历快速变化的时候，但也可能会非常不可靠：我们只看到想看到的，即便有时候很显然我们搞错了。

经常会听到警察说，如果某一个案子有 12 位目击者，那么他们基本上会得到 12 种描述。我们所怀有的先入之见，让我们容易看到自己想要看到的东西。举一个例子，请读下面三角形里的文字。

春天的的巴黎　　一生只只一次　　手中的的鸟儿

大多数人会读成"春天的巴黎""一生只一次""手中的鸟儿"，但如果要求再看仔细点，他们总会发现多余的那几个字，之前他们的思维对这几个字选择性地忽视，因为他们期待的是看到熟悉的表达。还有其他一些例子也能说明同样的问题：我们的先入之见易使我们只看到自己想看到的东西。

一个简单技巧

要摆脱先入之见，为作文得到最高分，就必须分析问题中的概念。这一点我们都能做到，但前提是要培养运用这种能力的技巧。接下来我们将看到一个很快就能学会的技巧，但首先思考下列问题并完成之后的练习。

论述"做广告的唯一目的就是让消费者在了解信息的前提下做出选择"这一观点。

实践　练习3
解析问题—2

和你在之前的练习中所做的一样，你认为哪些是关键词，画出它们，然后写下你对问题的意思与含义的认识。

多数学生会画出"信息""选择"这样的词。有的会画出"消费者"，甚至"广告"。但只有对自己的分析能力有信心的同学会画出"唯一"。这个词不仅提醒读题者要考虑这个问题是否主要是概念问题，而且还显示出了问题的结构。

没有这个词，上面这个陈述的力度就会减弱很多，也就没有太大的争议性了。大多数人都不会否定广告让大众掌握信息这个说法，最多持一点保留态度。但如果说这是广告"唯一"的目的，那就颇有争议了，引起了我们对"广告"这个概念所含意思的关注。去掉"唯一"，这个陈述就不会引起什么问题，可能很容易接受。当然，当前这种陈述也可能不会引起什么特别的问题，但你必须确定。

小　结

1. 有待分析的概念可能会以最普通的形式出现。

2. 分析作为一种思维方法，最易被忽视，但最有用。

3. 分析似乎是最不顺乎自然的事情，但如果它看起来很棘手，那结果却有可能会最好。

4. 不经质疑的先入之见很容易让我们盲目。

下一章提要

要分析一个概念，需要细致地完成三个简单的步骤。当你经过几次练习，在这方面开始树立信心时，你会惊讶于自己学习技巧的速度之快。你将能够识别出细微的差别、意义的微妙之处，你也将在分析中展现出一种你从未想到自己会拥有的洞察力。

■ 第 4 章

三步法 —— 第一步与第二步

在本章将学到：

- 即便一开始对话题一无所知，怎样能创建出自己的概念；
- 怎样用你自己的例子作为开始，并辨别出每个例子背后的特征类型；
- 怎样分析出概念的基本特征。

在这个概念分析三步法中，第一步是收集论据 —— 有关待分析的概念的例子。然后在第二步，分析这些例子，并从特征背后提取出普遍性类型。

第一步：收集典型例子

首先花一些时间收集论据。搞清楚"广告"这个概念，列出五六个你认为最为典型的例子，尽量让这些例子体现差异性。避免选同类商品或服务、同一生产商以及同一媒介的广告。这样你就能够在去除它们的差异性的过程中，更清楚地看出它们根本的相似性。

第二步：分析例子

现在用这些例子来创建你自己的概念。也就是说，要分析出每个例子的特征，分离出所有例子所具有的共同特征，然后把它们归结到一起，就形成了概念。这是我们每个人都会做的事，但大多数人会觉得很难把这个过程解释清楚。事实上这是一种简单的类型识别。通过识别出每个例子的特征所属的类型，我们就可以想象出所有例子背后的那个概念可能会是什么样。

- 分离出所有例子所具有的共同特征。
- 根据这些特征想象这个概念会是什么样。
- 这属于简单的类型识别。

尽管我们每个人每天都几乎不假思索地做这样的事情，但很多人会辩称他们不知道怎么做，也从未做过这样的事情。以这个广告问题为例，有相当多的学生会声称他们对广告一无所知——他们的知识肯定不足以让他们从这个概念中分析出它的基本特征。

但是，每个人知道的都比他表现出来的要多。即便一开始对一个概念仅有最初步的了解，看完四五个例子之后，大多数人都能对此概念的核心特征形成清晰的认识。他们可以在讨论中告诉你哪些例子合适，哪些不合适，态度之坚决，令人惊讶。而也许就在几分钟前，他们还声称自己对它一无所知，也根本不知道怎么分析。

例子

在下面的例子中，概念以一些陌生的抽象模型表现出来。这样可以使我们摆脱先入之见，避免思维被它强势地引到预先设定好的路径上去。关于这个概念，没有任何提示，我们不会知道这个领域的专家对这个概念的确定性特征有何论述。在没有任何外界辅助的情况下，我们将全凭自己来形成这个概念。

实践　练习4

分析概念

依次观察下列图形。在这个过程中，你将会看到一个概念正在逐渐浮出。为了方便称呼它，姑且叫它"奥力奇"。

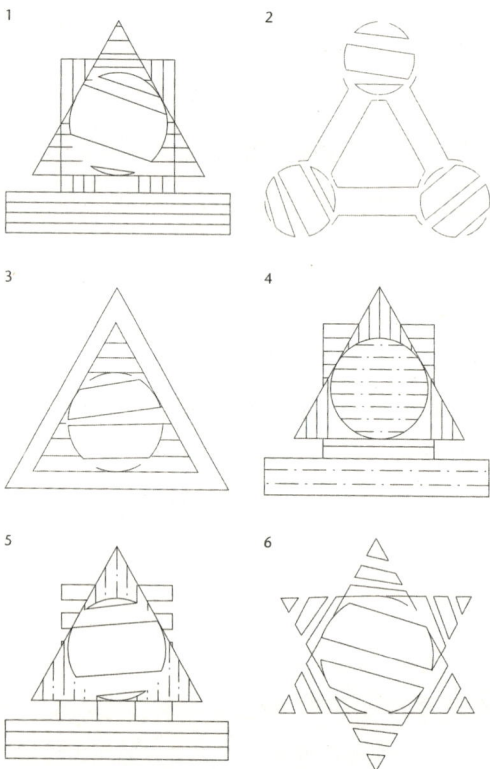

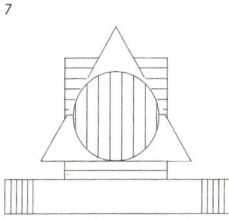

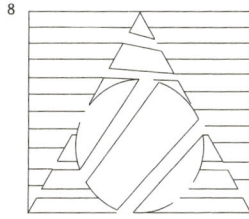

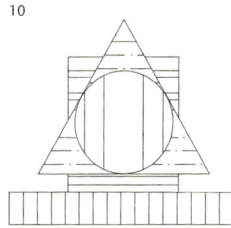

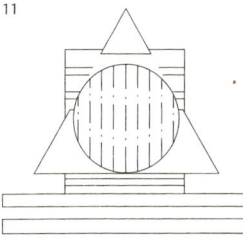

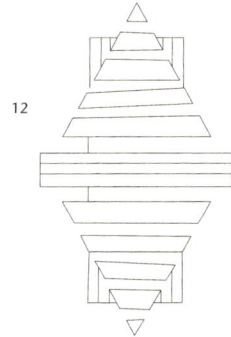

　　并非所有的图形都是奥力奇，所以你必须对这个概念形成自己的观点，然后用它来区别奥力奇与非奥力奇。

　　看完所有图形后，回答下列问题：

　　1. 哪些图形是奥力奇？

　　2. 分析奥利奇的概念，列出所有奥利奇具备的三个基本特征。

答案

1. 属于奥力奇的图形有：1、4、5、7、10、11。
2. 你选出的三个特征也许包含在下面几点之内：

- 有长方形底座
- 中间有一个圆形
- 一个三角形包围这个圆形
- 一个长方形包围圆形并横穿三角形

可以看到，尽管你以前从未见过奥力奇这种图形，但它的概念形成了，你现在对它的基本特征也确定无疑。

实践　练习5

分析"广告"的概念

现在再次考虑那个广告问题：

论述"做广告的唯一目的就是让消费者在了解信息的前提下做出选择"这一观点。

现在，一步一步进行前两步的工作，仔细思考，不要匆忙，它们都很重要。如果需要，你可以回过头看看我们在分析"权威"和"权力"这两个概念时是怎么做的，你现在要做的完全一样。如果你能够采用某种做笔记法，就像我们处理"权威／权力"问题时所用的那种图式笔记，将会大有助益。它可以帮你有效地捕捉自己的想法，迅速理清思路。

第一步：收集典型例子

首先，选择五到六个广告的例子，可以是你在电视、网络或杂志上见过的广告。

第二步：分析例子

你之前怎样分析"奥力奇"的概念，现在就怎样分析广告的概念。在问题引导的指导下，问自己是否有一些基本特征总是在场，没有它们就不能把某事物描述为广告。

从你的例子中应该能清楚地看到，所有的广告都是要尽力说服你，虽然方式各异。但同时，可能也会得出另一个同样合理的结论，即它们都在尽力给你提供信息。也许有些广告所含的信息成分并不多，但大多数广告提供给你的信息应该不只是商品的名称。

广告可以只具有信息性吗？

基于以上分析及之前对问题含义的解析结果，你现在可以问自己一个问题：广告是永远都以劝导为目的，还是也可以仅提供信息，并没有诱导你做出选择或做出其他行为的意图？你也许会得出这样的结论：所有的广告都具有信息性，但信息性并不是广告的一切。你的分析表明，广告有两种类型：一种广告看似以传达信息为主，但实际上具有隐性操纵性；另一种则表现出显性操纵性，有明显的意图——说服消费者购买产品。现在，对这个概念你就形成了一个简单的结构，参照我们之前在"奥力奇"和"权威/权力"例子中的做法，你可以结合例子进一步构建这个结构。

广告——两种类型：

1.隐性操纵——看似仅提供信息。

2. 显性操纵 —— 明显以说服我们为目标。

隐性操纵的广告

我们来依次看这种广告的两个方面。有一些广告看上去操纵性很隐秘，比如和公众信息相关的广告，如关于新税收、规章变化的告示，政府发布的抽烟有害健康的警告，火警警报器的使用通告等，似乎完全是为了告知信息。然而，信息背后并不是没有任何潜台词。政府无疑是想劝说你戒烟，或劝你管理自己的生活以便及时交税。

还有一些这种类型的广告显然意在促进产品销售，但它们的策略是提高人们对新产品、新设计、新科技的认识。计算机新游戏、智能手机、平板电脑这样的新科技产品，至少在其上市的最初阶段，主要是通过信息性广告提高人们对市场上新型产品或新型设计的认识，从而实现促销。

- 公众信息，如政府关于危害健康的警告。
- 产品信息。

显性操纵的广告

具有明显操纵性的广告同样也可以分为不同类别。操纵性较弱的广告试图通过信息选择来操纵消费者，它们强调产品的优点，对缺点避而不谈。有些广告商为了促销产品，会断章取义地摘取对产品的评论和相关信息，然而事实上包含这些信息的使用报告和评论也许主要是以批评为主的。比如一个消费者协会所写的批评性报告里仅有一句赞扬的话，但就是这句话会被用到广告中。

还有一种有效策略，广告商会借用一些说服力强、符合社会常情或大众价值观然而也常常是歪曲事实的图片。广告商会塑造一些典型形象或场景，在消费者中激起某种可预知的共同反应。销售瘦身产品的广告力图说服我们人人都想要苗条的身材，而且苗条与成功关联，超重就意味着人生的失败和自我放纵。

但最常用的广告策略也许是通过将产品与我们最强烈的情感、欲望、偏见相关联，从而售出商品。以这种方式，广告可以绕过我们的理性，使我们做出明智选择的能力降低。随着对个人心理研究的深入，广告商的操纵能力也在增强，他们利用消费者的性别、身份、偏见等因素，发掘他们最深的需求，开发更有效的操纵方式。这类广告中最有效的类型是潜意识广告，事实上很多政府已经对这类广告加以禁止或进行调控了。

- 选择性地使用信息。
- 断章取义地摘取评论和信息，歪曲事实。
- 迎合常情或大众价值观。
- 将产品与我们的情感、欲望、偏见相关联。

答案

完成这一步之后，参看下页的分析图。你的分析和这个答案可能不会有特别大的差异。也许你用的例子不同，看到的也与我看到的不同，但我们最终形成的结构应该会非常相似。

如果你认为你的分析仍不够彻底，或你看到的还不够，无

广告

少量＝信息性

所有＝说服

操纵

隐性 ← 操纵 → 显性

显性操纵

联想

断章取义

扭曲

联系信息和欲望

联系信息与感情欲望

潜意识的操纵经由联想

地位

偏见

性别

选择性使用信息

推销员强调产品优点省略缺点

例如：新款车6秒内加速0—60但不提5年内生锈的记录

一部分＝仅关注给出信息

其他给出信息的同时推销产品

信息关于

新设计

时尚服务

家居商品

娱乐消遣

DVD

摄像机

电子技术

音乐系统

相机

电视机

新产品和技术

电子通信例如：移动电话

计算机技术和软件

政府关于健康的警示

使用家用火警报警器

吸烟

公众信息例如：税收和规章变化的比率

须过分担心。通过练习你可以不断提高。而且你仍然有接下来的第三步。

小　结

1. 列出区别明显的五到六个例子。

2. 标记出适用于所有例子的特征。

3. 概念就是由核心特征所构成的模式。

下一章提要

我们已经讨论了如何分析概念，但要想确切地知道怎样能想到合适的例子，然后用这些例子形成概念，仍然是个难题。这将是我们在下一章要处理的内容。我们将一步一步地进行讲解，让你清楚地看到如何完成这项任务。

第 5 章

创建你自己的概念

在本章将学到：

- 找到创造概念所需的例子的简单技巧；
- 通过识别所有例子中共同的、核心的特征来创造概念；
- 如何利用例子之间的差异来检验三步法之第三步中的概念。

  在前面的章节里，大多数学生在创造"奥力奇"的概念时都没有什么困难，但要在自己的学术写作中创造一个概念却看起来更困难、更专业，所需的技巧恐怕只有少数人才能掌握。但其实事实并非如此。所以，在进行第三步之前，首先我们研究一下为了收集典型例子，需要具体做什么，以及为了创造概念，怎样分析出例子中的共同特征。然后你就可以充满自信地将同样的过程运用到你的学术写作中了。

收集典型例子

  设想你和朋友约在咖啡馆见面，她迟到了，看起来很懊恼。你问她发生了什么，她说刚刚发生了一场悲剧：她的脚后跟让新鞋磨破了。从某个角度思考，你可能会不同意她所说的。如果她仔细想一下，那根本就谈不上是"悲剧"。这时候你可能会想到一些悲剧的例子，发现它们的共同特征，然后给悲剧下个定义。

在学术写作中，我们要做的和这个完全一样。"悲剧"这个概念实际上可能会在很多学科的文章命题中出现，从英语文学、历史、哲学到心理学、社会工作、经济学以及政治学。

- 历史：论述"两次战争之间德国人民的悲剧在于《魏玛宪法》不能够产生稳定的政府"这一观点。
- 英语文学："亚戈在多大程度上促成了奥赛罗的悲剧？"
- 社会心理学："在诱惑或悲剧面前怎样生存且保持正直？"

我们已经看到，像这样的问题，解决的关键在于分析出概念的含义，为了这个目的，我们同样需要找到例子。那么怎样想出来例子呢？如果你觉得有些困难，就以问自己三个问题开始吧。

1. 我如何使用这个概念？

之前我们在分析"权威"的概念时，一开始向自己提了这样的问题："我怎样使用这个概念——它的使用方式多于一种吗？"如果你觉得要想到这个概念的不同使用方式有些困难，不妨从下面几个阶段入手，问一问自己在以下几种情况下如何使用它：

- **你自己的经历**：你自己的生活经历或曾经参与过的谈话。在你的记忆中，可能和朋友之间有这样的一段对话：你的朋友告诉你关于一个急救人员的悲剧故事，这个急救人员冲到一个事故现场，却发现他的家人也在事故的死者当中。

- **你正在学习的科目。**

你也许正在学习英国文学，那么你可能会想到莎士比亚悲剧里面的例子：

奥赛罗：

尽管奥赛罗爱着苔斯狄蒙娜，然而当亚戈说服他相信苔斯狄蒙娜对他不忠时，奥赛罗还是杀死了她。在奥赛罗意识到她实际上并没有对自己不忠之后，选择了自尽。

罗密欧与朱丽叶：

朱丽叶与罗密欧秘密成婚，但她父母不顾她的意愿，安排了她与帕里斯的婚事。朱丽叶服了一种安睡的药，看上去就像死了一样。罗密欧以为朱丽叶已死，便在她的墓前服毒自尽。后来，朱丽叶苏醒过来，却发现罗密欧已死，于是她也自刎身亡。

麦克白：

麦克白受他自己和妻子贪念的驱使，摧毁了他所爱的一切：最好的朋友、妻子，最后是他自己。

- **其他你学过或阅读过的科目。**

俄狄浦斯：

俄狄浦斯得到德尔斐神殿的神谕告诫，说他会弑父娶母，于是他想尽一切办法避免这样的事情发生，但在不知情的情形下，他仍然按照神谕做了。

凡·高：

凡·高虽然才华卓绝，对现代艺术影响深远，但他的绘画生涯非常短暂。在一个精神病院度过了几个月之后，凡·高结束了自己的生命，年仅 37 岁。

- **课外读过的东西**：小说、报纸、杂志、文章。

你也许看过下面这样的故事：

一个男人经过多年的搜寻，终于发现了他从未谋面的父亲的行踪。他乘坐飞机去见他的父亲，却在飞机落地之际，因心脏病突发而死。

一个男人从车库往外倒车，浑然未觉他的儿子此时正在后面的车道上玩耍，他就这样碾死了自己的儿子。

- **媒体报道**：电视、收音机、网络报道。

下面是一些众所周知的事件：

20 世纪 90 年代初，收藏众多绝世珍品的阿西西大教堂在大地震中被毁，藏品遭到严重破坏。

2001 年 9 月 11 日，恐怖分子劫持两架客机撞向纽约世贸中心的双子塔楼，机上多名旅客在生命的最后时刻用手机拨通他们亲人的电话，做了最后的告别。

2. 我在指什么？

如果上面的环节没有帮助的话，问自己第二个问题："我用这个概念时，指的是什么？"也就是说，回忆一下日常情境，你什么情况下可能会谈到"悲剧"，即使你没有实际使用到这个词也可以。这和第一个问题有别，因为在现在这样的情境里，你可能实际上并没有用到这个概念。现在只是想象一种你认为自己可能会用到它的情形。

3. 它和类似的事物有什么不同？

为了让问题更清楚，通常可以问第三个问题："它和类似的事物有什么不同？"当我用"贿赂"这个词时，它和其他一些比如"佣金""礼物""小费""红利"这样的词有何区别？当我用"权威"这个词时，它和"权力""力量""合法""影响"有何区别？那么，当我用"悲剧"这个词时，它和"不幸""意外""灾害""大祸"这些类似的词有何区别？

> **问题**
>
> 1. 我怎样使用这个概念？我使用它的方式超过一种吗？
>
> 2. 我在指什么？
>
> 3. 它与相似事物的区别是什么？

实践　练习6
想出例子

读下面的论述文题目：所有医疗卫生服务所面对的最大的挑战就是如何将可利用资源分配给有需要的人。结合以上问题，想出符合"需要"这个概念的六到七个例子。

分析例子，创造概念

现在，我们需要用你想到的例子，从具体中提取出普遍。

换言之，即从每个例子中识别出它们的共有特征，将这些特征集结起来，形成普遍性概念。显然，首先需要找出例子的相似点，然后再找出不同点。

相似点

有些相似点很明显，但如果有困难，试着问自己几个简单、常规的问题。概念可以指人、物或事。处理某一类别时，你会发现每次创造概念时都会遇到同样的问题反复出现。例如我们现在来谈某一事件，那么可以提出以下问题：

1. 它涉及什么行为？
2. 结果是什么？
3. 谁为此负责？
4. 他们的动机与意图是什么？
5. 对他人的影响是什么？

对以上问题，或许并不是你的每一个答案都能显示例子的共同特征，但一般而言会有两三个答案可以。同样，也许不会在所有的例子中都能看到这些共同特征，可能只有四五个例子中有。这个后面再谈。以"悲剧"为例，我们从前面的问题中应该会对这个概念总结出以下特征：

1. 这些事件中都有某种形式的死亡、杀害、毁灭。
2. 它们都涉及某个不可取代的事物的失去。
3. 不能从道德上对陷入其中的人做出谴责，因为他们的行为受强烈情感的驱使，或者他们无法意识到事情的重要性，或者事件的情形已超出其控制范围。

4. 他们往往都怀有良好的动机，然而得到的回报的却是失去最珍爱的东西。

不同点

找到相似点之后，现在来寻找不同点。能够使一个例子区别于其他的不同点往往是非常细微的。从我们之前用的例子中，你可能会发现只有部分例子包含以下特征：

1. 它们中的人物在不完全知情的情况下做出行动，有些事实是隐蔽、不为人所知的。其中有"悲剧反讽"的元素。意思是人物受一种强烈的、无法抵制的欲望驱使，无法看清他们选择的行为会有什么后果，然而观众却对一切了然于心。

2. 有一些悲剧是预言式的，比如麦克白和俄狄浦斯：先有一个预言，人物知道并竭力避免它的发生，然而预言终究会应验。

3. 有一些悲剧不仅仅涉及人，还涉及无法取代的物，如阿西西大教堂的悲剧，以及凡·高本可以创作出来的作品。

聚合

以上对不同点的分析显示出，如果你有七个例子，那么往往四个能带有共同的核心特征，而其余三个则不能在各方面都吻合。这没有关系，其实可以说这就是理想状态。现在我们需要聚合这四个相似的例子，用它们来创造概念，然后在三步法的第三步用其余三个来验证它。所以，我们一般开始时创造出来的概念都是简单的，但经过第三步之后，我们会增加一些细节，发展这个概念，最终得到一个复杂的、令人惊叹的概念。

这个概念便是一篇细致、精彩的文章的基础。

小　结

1. 分析例子、创造概念所需的技巧并不特别，这些技巧我们每天都在用。

2. 学术写作中，问自己一系列简单的问题，通常就可以想出合适的例子。

3. 有了例子之后，问几个简单的问题，通常就可以创造出概念。

4. 关键在于找出例子之间的相似点与不同点。

5. 通过聚合相似的例子创造出概念，其余不同的例子在三步法中的第三步再使用。

下一章提要

概念现已廓清，下一步就是验证它，做法和我们之前在比较奥力奇与非奥力奇时一样。由此你可以研磨、锻造这个概念，在此过程中，你将逐渐看到什么样的结构最适合将要写的文章。

■ 第 6 章

第三步 —— 检验概念

在本章将学到：

• 如何区分一个概念的基本特征与偶然性特征；

• 如何为概念构建出清晰的结构框架，以便在查找资料时抓住相关的观点和论据；

• 如何检验并完善开始时对概念所做的分析，以发现细微差异和隐含意义，得到高分。

之前你已经将概念放在一个结构里进行了清晰的分析，现在该检验了。这个结构总体上是正确的，但细节可能会有差错，而且可能会有细微的差异逃过了你的眼睛。通过检验，你将筛选出基本的特征，丢弃偶然性的因素。这个过程中，你将加深对核心特征的认识。之后，你将得到一个组织非常合理的结构。在查找资料阶段，这个结构可以为你发现适合的观点和论据。大多数情况下，你也许会发现你已为文章搭建起了一个基本的结构。

通过检验概念：

• 能够让之前疏漏的细微区别显露出来；

• 你将区别出基本特征与偶然性特征；

- 为查找资料提供了指导性结构；
- 很多情况下形成了文章的框架组织。

　　为了检验你对广告所形成的概念，只需几个简单但考虑周全的步骤。运用下面的结构，你可以知道在下面的几个检验步骤中我们该如何操作。

1. 临界例子

　　首先，看着已得出的这个结构，想一个临界的广告例子，这个例子不满足你的结构所包含的特点，或者它的特点在你的结构中找不到，因此它不能很好地与结构相契合。我们现在的目标是要分辨出结构中所有纯属偶然的特征。上一章中，我们发现可以将一些例子聚合起来，从中抽取概念。这一环节将那些不是很适合的例子排除在外了。在这些排除出来的例子中，你可能会发现所需的临界的、对照的、存疑的例子。

　　想出一个临界例子之后，分析其特征，看它是否与概念相契合。你可能从这种广告中发现一些你之前未想到的东西，但它仍然符合这个概念结构。但也可能考虑了所有的可能性之后，发现它并不符合这个概念，你必须调整这个概念的结构来将这种情况考虑在内。

例子

巴士或火车时刻表

　　用一种看起来完全属于信息型的广告为例，如巴士或火

结构与三步技巧	
做法	目标
第一步：例子 列举五到六个典型例子，例子之间的差别要尽可能大	获得材料，用以显示相同点与不同点
第二步：分析 模式识别——辨别出共同特征及其相互关系	形成原型概念
第三步：检验 1. 临界例子 将概念与一个临界例子相参照，这个例子不满足结构所包含的特点，或者它的特点在结构中找不到	辨别结构中具有偶然性的特征
2. 对照例子 将概念与一个对照例子相参照，这个例子不具有结构中的一个或多个核心特征	识别核心特征及其相互关系
3. 存疑例子 用一个核心特征体现有问题的例子来检验核心特征	对经过分析得出的差异进行完善，对核心特征及其相互关系形成更清晰、更深入的认识

车时刻表，一张仅标出路线和到达与发车时间的列表。这张时刻表上可能并没有任何带有劝诱性质的字眼，如"来阳光明媚的博格纳吧，儿童免费乘坐"，可能也没有吸引眼球的广告词，比如"让火车带走压力吧"。在巴士车站或火车站的显眼位置高高张贴的时刻表可能只是简单地告知出行信息。

因此，现在要问的问题是：这意味着广告可以单纯只提供信息，还是我们有理由认为所有的信息背后其实隐藏着一个暗示，即我们应该乘坐火车或巴士出行，因为它们更方便、更易乘坐，比乘坐其他交通工具更放松？我们可以就巴士或铁路公司管理者的意图展开论证。他们不仅是为了提供信息，而且还为了让我们感受到这种交通工具的高效与便捷，从而更多地选择这种方式出行。

例子
悲剧

回到上一章讨论过的"悲剧"的概念，可以用俄狄浦斯或麦克白作为临界例子。它们具有一个其他例子没有的特征：它们都预言了将要降临的悲剧事件。现在我们需要确定的是，这仅仅是一个偶然性的特征，还是我们需要修改概念。

2. 对照例子

当我们得出结论之后，就可以移到第二个阶段了，再次检验之前的分析。这一次，可以想象一个完全相反的例子——不满足一个或多个概念结构的核心特征。现在的目标是辨别出核心特征及其相互关系。因此，可以选择一个仅以事实性信息构成的例子，这个广告似乎除了给大众提供信息别无他意。这样，缺少的那个核心特征似乎就是劝导消费者这样的意图。

在"村子里的公告"这个例子里，如果我们仍然假定张贴公告者的意图决定了一个通知是否是广告，那么在这则公告里，广告意图比之前的大巴和铁路时刻表更隐蔽。但我们可以合乎情理地认为，拟定这则通知的人有一个毋庸置疑的目标：动员更多的人来参加。这对修缮教堂大钟或扩建老年人活动中心而言意味着更多的经费。

例子
村子里的公告

一个夏日下午，你穿过乡间，来到一个小村子。在村子中央有一小块绿地，一棵大树矗立其上。有人在树干上张贴了一张手写的通知，内容如下：

八月三十一日

本村年度游乐会

村里绿地

下午三点开始

这则通知未包含任何诱导性信息，没有承诺发放礼品，也没说游乐会中会有如彩票中奖的未知大奖，甚至连"来参加本村游乐会吧"这样简单的召唤都没有。它仅提供了信息。

例子
悲剧

我们对悲剧所形成的概念里，似乎只包含了人的因素。因此，如果我们将对照例子"阿西西大教堂的悲剧"考虑在内，就会发现它没有人的因素，只有事物。那么我们就会弄清楚悲剧的核心特征之一，它并不仅仅关乎人的死亡，而是任何不可替代之事物的毁灭。

3. 存疑例子

在以上两例中，我们都做到了筛选出一个之前未能充分而清晰地分析出来的核心特征。在那个广告的例子里，我们似乎可以说，尽管一则通知仅仅是提供信息，但对一则广告而言，这仅是表面现象，最重要的是拟写通知者的意图。广告就是要暗示或诱导人们采取某种行动；然而单纯的信息则没有隐含动机，它们仅仅提供信息而已。

因此，我们必须进入下一阶段，将上面的区别纳入论文问题的语境内检验，看看会有什么结果。需要想象一些检验结果不易被接受的例子。我们的目标是对那些核心特征及其相互关系形成更清晰的认识。如果我们之前的认识是正确的，那么任何暗示人们采取某种行动的对事实的通告或陈述都属于广告。

例子

对健康的陈述

例如，电视节目中关于吸烟的事实性陈述，表明 80%以上的肺癌都与吸烟有关。或者一个关于饮食的报告中，显示含盐量大的食品可能导致高血压。二者都有对采取某种行为的暗示。然而，把任何一个称为广告都有些奇怪。

如果进展顺利，我们现在应已到达了这样一个点，即我们能够对之前分析出的又一个区别做出进一步加工润色了。每一次完善都意味着揭开了意义更微妙的一层。评阅者看到分析论证能到这一步，必然会给高分。你也许会认为这些就主题而言并非普通意义上的广告。它们与有争议性的政治、社会问题相关，而与企业或社区想要销售的商品和服务无关。

实际上，对做出此类陈述的意图有疑问者或许会称之为宣传。如烟草公司，它们在某个阶段可能已经对政府警告人们吸烟有害的行为表达过不满。如果是这样的话，那我们就能总结出，既然广告和宣传具有一样的目标，即努力让人们按照某种方式做出选择或行为，那么它们就属于同一个家族，二者仅有主题之别。

现在将本章开头部分得出的普遍结构应用于有关广告的那个问题，就可以清楚地看出每一个阶段的成果。

结构与三步技巧：广告问题	
做法	目标
第一步：例子 列举五到六个典型例子，例子之间的差别要尽可能大	获得显示出相同点与不同点的材料
第二步：分析 识别模式——辨别出共同特征及其相互关系	形成假说：原型概念，参考图式笔记的结构
第三步：检验 1. 临界例子 公交或铁路时刻表——无推销信息，仅有关于出发、到达、路线的信息	广告 = 不仅具有信息性，还有暗示。本例中，隐含了火车和公交的效率和便捷性
2. 对照例子 村子里的游乐会公告——没有隐含信息	核心特征 = 信息提供者的意图决定了这是一则广告

续表

结构与三步技巧：广告问题	
3. 存疑例子 关于吸烟与摄入盐量的事实性陈述。意图＝改变习惯，不是普通意义上的广告	区别也许在于主题。涉及争议性的政治和社会问题的劝导性意图也许称之为宣传更合适

可以看出，在一步一步走过这三个阶段时，我们不断有意地提出一些棘手的问题，以此来检验并完善之前分析中所做的区别。这样，我们不仅能够解释意义中微妙的层面，并因此得到评阅者给出的高分，而且实际上已经对文章中将要做出的一部分复杂论证进行了演练。

任务 1

分析概念

• 从所学科目中选择一个论文题目。和之前的实践练习一样，画出关键词语，就此问题的意义与含义写一段简短的论述。这样可以帮助你理清问题中的关键概念，它们是你将要分析的内容。

• 接下来一步一步认真分析概念。首先，想出三到四个典型例子，它们要能反映山概念在问题中使用的方式。接着分析适用于每一个例子的核心特征。这一步也许要费一些心思，但记住"奥力奇"的例子，你头脑中对概念的理解将会更清晰一些。你需要将你所思用想象力加以呈现，以便将核心特征列举出来。可能只能列出三四个，但没有关系。

• 接着，检验概念。想出一个不能轻松满足概念的临界例子，这样可以让你完善之前形成的概念。在这个过程中，可能会有一些更为重要的特征出现，你也可能会调整之前所列举的一两个特征。之后，想出一个相反的例子作为对照例子来检验刚才得以完善的概念。这可能会让你又一次调整你的概念——这是一种可能，或者你将意识到你的例子里有更多的东西，它根本就不适合你的概念。无论如何，这一步之后，你将会感觉到概念已经被构建了出来：你将得到所有完全切中要害的核心特征。

• 有了这些收获，你现在可以通过想出一个存疑的例子，返回之前的问题，释放其更多的暗示含义。这样将会更明晰地显示出这个概念在问题中所使用的方式具有什么意义。最后，这一系列细致分析的结果可能是呈现于笔记本上的一个结构，它就是文章结构的基础。

至此，你已经分析了概念，揭示了问题的含义，现在可以更好地进入查找资料阶段了。对关键问题，你应该形成了一个清楚的结构。对很多问题而言，你对问题中关键概念的分析过程也就是这个结构的形成过程。而对于其他类型的问题，在你刚开始时根据自己的理解描述问题的意义与含义时，这个结构也就形成了。总之，对任何问题而言，如不清楚问题要问什么，以及你在阅读和做笔记时要关注什么，你就不能够进入查找资料阶段。

小　结

1. 检验概念非常重要，这一步可以抛弃偶然性特征，识别出核心特征。

2. 检验概念可以帮你形成一个结构，凭借此结构，你将能在查找资料阶段更好地抓住有用观点。

3. 检验概念很可能会为你提供文章结构规划的提纲。

下一章提要

在下一章，我们将学习如何最有效地把自己的观点记录下来。这样在开始查找资料时，你就知道哪些问题必须回答，也就不那么容易被所读文献操纵了。

■ 第 7 章

头脑风暴

在本章将学到：

- 如何通过有效的头脑风暴更充分地开发自己的观点；
- 为什么分析与头脑风暴要分开进行；
- 如何从你所用文本中得出清楚的答案；
- 如何避免受所读文献的操纵。

通过前面六章，我们可以看到仔细解析问题的意义及含义有多重要。学会了这个，就意味着我们能够更好地看出文章应采取什么结构才能给问题提供一个充分、紧密相关的答案。而且，我们也更不容易忽视那些隐藏在问题之中、意义重大但非常微妙的问题。而如果不能认识到这样做的意义，我们的文章几乎不可避免地会写得含糊不清、结构松散，而且不能切中要害。

这里面便蕴含着三步技巧的重要意义。它可以培养你有效地进行分析所需的能力。在实践两三次之后，你将对自己解析问题的能力非常有信心，能够通过对问题所含概念做深度分析而获得它的意义与含义。不过我们也看到，这些技巧与能力的重要意义不止于此。忽视了它们的重要性，文章就不能获得高分，因为评阅者会认为我们尚未培养起这些能力，因此在使用语言时不能对所提出的假设做出深刻、周密的质疑与思考。

分析与头脑风暴：两件不同的事情

以上这一切都说明了尽早"立界"的重要性，实际上应该一看到问题就开始。这意味着要做两件事情：首先，如我们之前所见，通过**你自己**对问题意义与含义的分析展开思考；第二，写下**你自己**关于此问题的看法。

> **立界**
>
> 1. 通过**你自己**对问题意义与含义的分析展开思考。
> 2. 写下**你自己**关于此问题看法。

现在是时候进行第二个环节了：用头脑风暴激发**你自己**的观点。这意味着你要对这个题目先倾倒出思想，不要借助任何书籍。你需要记录下你对这个题目所知道的东西，以及你认为会与问题相关的东西，尽可能迅速地记录下你的思想线索。

> **头脑风暴**
>
> 1. 对这个题目先腾空思想，不要借助任何书籍。
> 2. 记录你对这个题目所知道的东西，理清你的思想线索。
> 3. 记录下任何你认为与问题相关的东西。

你可能会认为这和我们之前所做的如出一辙，甚至还会认为头脑风暴仅是分析过程的一个组成部分。毕竟这两个过程都牵涉到不要借助任何书籍，尽快想出自己的观点并记录下来。然而，它们实际上大为不同，如果你合并二者，去掉其一，十有八九将会遇到问题。

在**分析**中，你揭示出已经存在的东西。也许它藏得很深，但通过对自己使用某一概念的方式进行反思、考验，如之前的"权威"或"广告"的例子，你将会看清这一概念的脉络，即它的基本特征。

反之，通过**头脑风暴**，你将超越概念：这不是分析，而是综合。通过分析，你解析了问题的含义，现在要将你认为与问题相关的观点、论述、论据合在一起。因此，分析是会聚性的，而头脑风暴则是发散性的，它是一个将不同来源的材料综合起来的过程。如果混淆了二者，则哪一个都做不好。

- 分析是会聚性的：揭示出已经存在的东西。
- 头脑风暴是发散性的：将不同的观点、论述、论据放在一起。

头脑风暴的重要意义

忽视了分析与头脑风暴这两种行为的区别，将其混在一起，你可能会遇到两个问题。首先，如果你过早停止分析而开始头脑风暴，你的重心将移离问题的含义和它包含的概念。结果就是你很可能发现没有有效的指导来引导头脑风暴进入有效领域。你因此找到的材料也会很有限，而且这些材料中有相当一部分相关性差，没什么用处。

另一方面，如果你只分析而不经历头脑风暴，那你就不能用**自己**的观点以及**你**对这个问题的认识来武装自己。那么几乎可以确定你会遇到这两个问题：

1. 你所读的研究资料会操纵你

没有你自己的观点作为保护，你会发现很难，有时候甚至不可能抗拒资料中观点的影响，也不能与其雄辩的论证相抗衡。结果，你会无意识地接受资料中的例子和判断，而不能做出充分的评价，你甚至会将大量的文献内容复制进你的笔记中。

2. 另一个同样严重的问题，便是很难避免将大量与你的目的并不相关的内容收集进来

这些材料会和它们的作者写书时的目标相关，但**他们的**目标很少能与**你的**目标完全一样。然而，经过了多日大规模的收集，面对这么多的资料，你可能很难割舍，看不出大部分笔记和你的文章并不相关，也就不能下决心抛弃它们。最终你很可能会说服自己，你可以把它们"变得"相关，结果就是写出一篇冗长、松散、不成形的作文，评阅者读你的文章时，不时迷失在一片一片没有相关性的材料之中。

因此，应该认识到头脑风暴与分析的区别。决定了要处理什么问题之后，立即分析；分析完成之后，立即进行头脑风暴。这样，在开始查找资料之前，你的潜意识可以获得一些时间，从你自己的数据库中搜索需要的东西。

如果你对自己的观点没把握，对论文题目的含义也不能清楚地形成自己的解析，你的思维就很容易被所读资料的作者和他们的意图控制。如果对这些作者没有准备好清晰的问题，你就很难得到你想要的清楚、切题的答案。

腾空思想

分析完问题含义之后，倾倒出你大脑中一切对该问题的认识。大多数人立刻声明自己对这个题材本就一无所知，因此除了跳过这个环节直接去看书别无选择。然而无论什么题材，无论学生们怎样声称什么都不知道，呼喊着抗议，我所见过的学生却大都可以将观点构建成一个颇有用处的结构，并以此指导他们判断哪些资料与文章相关，哪些不相关。

我们通过对自己的知识与经验的发掘，可以获得想法，形成可用来判断资料中的观点的标准，这样我们就可以不再可怜无助地被资料控制。我们都拥有足够的想法与经验，用它们与所读资料进行协商，对它们进行评估，并在这个过程中选择我们所需要的，抛弃不需要的。

- 阅读材料之前我们对手里的任何题材都有一定的认识。
- 基于我们的想法与经验，可以对资料中的观点进行评估，并从中选择我们所需的。

在这个阶段，你会不断地检查想法有没有偏离。但如果在观点喷涌而出，你发现思维正在流向没有预料到的地方和话题时，也不需要担心。最重要的是要将想法都倾倒于纸上，让思维创造性地自然流动、自我组织，一直到你倒空大脑中所有想法为止。稍后，你可以对这些想法进行编辑加工，将严格意义上不太相关的观点剔除。

实践　练习 7
腾空思想

以广告的例子为对象，清空你大脑中关于此题材的所有想法，用你之前构建出的分析作为基本结构，但如果你认为还有其他相关联的观点，也不必局限于此。

最重要的是，切记不要为思维设置不必要的钳制；让它自由地顺着问题流动，建立联系，分析问题，做出论证，将想法与论据合在一起。因此，在这个阶段无须为相关性太过担心。

头脑风暴之后得出的结构肯定会和下页的结构不同，但二者相似的可能性很大。你可能会用不同的例子和论据，会有一些不同的想法，然而总体结构是基于问题所含的要点之上，因此二者会大致相同。

当然，并非所有记在笔记里的都能用到写作中，有一些严格意义上来说未必会切题。头脑风暴的结果取决于你追踪自己想法的能力，你需要迅速记下这些想法而无须仔细考虑相关性。你内在的编辑者角色会在后面发挥它的作用。而目前的关键则是让思维在做出一切联系、对比、拓展之时，不会因顾虑相关性而被拖慢。

小　结

1. 头脑风暴对于立界很重要：查找资料之前先将**自己的**观点记录下来。

2. 头脑风暴是发散性的：我们从不同的资源中将观点聚拢。

3. 头脑风暴用我们自己的观点与经验武装我们，让我们能够对所读资料做出评估。

4. 必须避免被所读资料操控。

5. 头脑风暴的另一重要意义在于能让我们避免记下一堆无用之物并塞入文章中。

下一章提要

下一章将要学到如何增加做笔记的灵活性，从而帮你捕捉到更多的想法，更好地利用你的思维潜力。

①

论述"做广告的唯一目的就是让消费者在了解信息的前提下做出选择"

广告的概念

仅有信息性
例：火车时刻表
　无吸引眼球的广告词
　仅有信息
　　路线
　　站台 号码
　　时刻
　　出发/到达
　无劝导性信息

但有意图
为显示火车出行更便捷、更高效、更放松
例：小汽车十倍危险（于火车）
例：游乐会通知 = 只有信息
但是意图 = 鼓励人们参与 —— 为了为本地事业筹款

信息 = 表面看起来
实际的关键 = 意图
暗示/劝说我们采取某种行动
但是不是所有此类意图 = 广告 —— 取决于主题材
部分是宣传
尤其涉及政策和社会问题，例：警告吸烟有害健康
烟草公司曾经谴责政府所做的宣传
广告 = 公司和当地社区的商业产品与服务

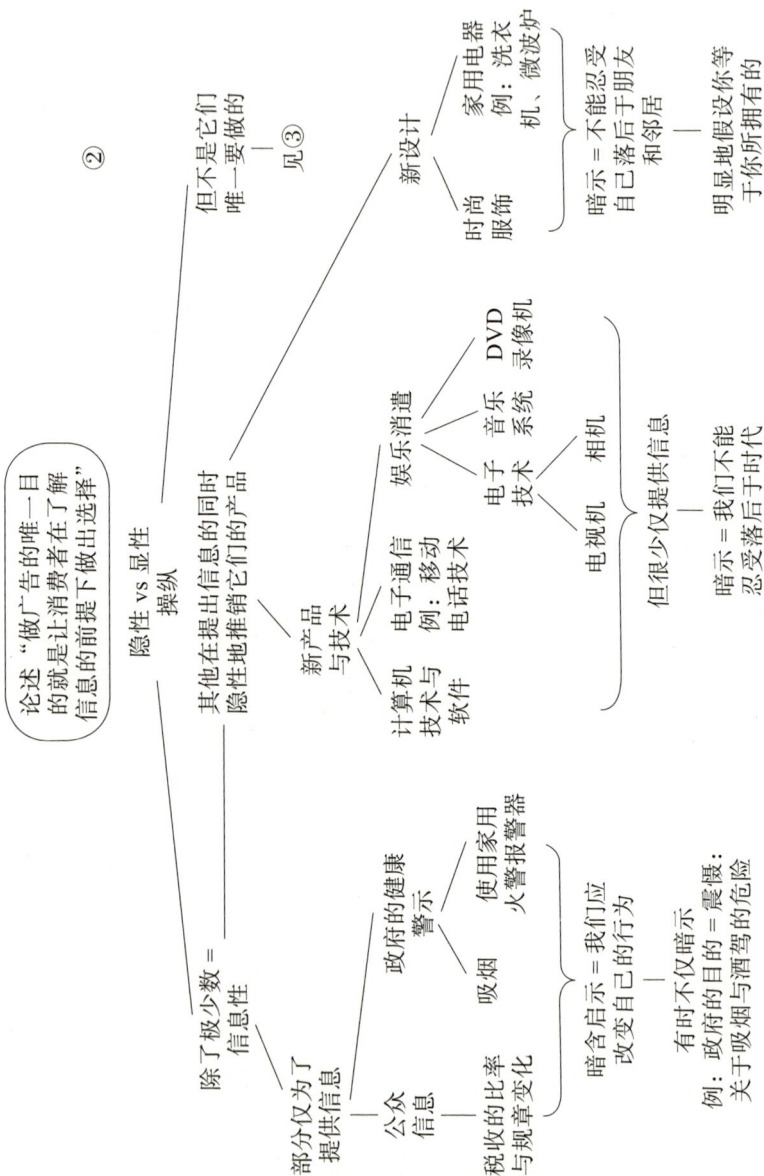

②

论述 "做广告的唯一目的就是让消费者在了解信息的前提下做出选择"

隐性 vs 显性 操纵

除了极少数 = 信息性 —— 但不是它们唯一要做的

部分仅为了提供信息

其他在提出信息的同时隐性地推销它们的产品 —— 见③

新产品与技术
- 计算机技术与软件
- 电子通信 例：移动电话技术
- 娱乐消遣
  - 电子技术
  - 电视机
  - 相机
  - 音乐系统
  - DVD 录像机
- 但很少仅提供信息
- 暗示 = 我们不能忍受落后于时代

新设计
- 时尚服饰
- 家用电器 例：洗衣机、微波炉
- 暗示 = 不能忍受自己落后于朋友和邻居
- 明显地假设你等于你所拥有的

公众信息
- 税收的比率与规章变化
- 政府的健康警示
  - 吸烟
  - 使用家用火警报警器
- 暗含启示 = 我们应改变自己的行为
- 有时不仅暗示
- 例：政府的目的 = 震慑：关于吸烟与酒驾的危险

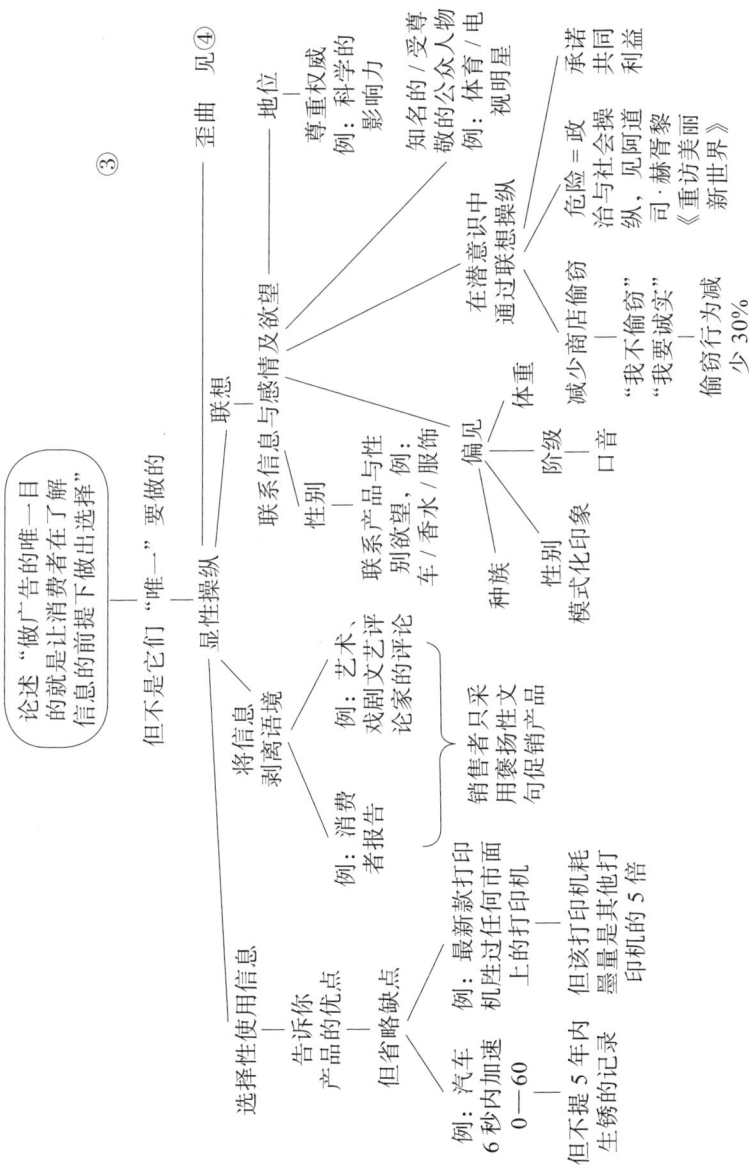

③

论述"做广告的唯一目的就是让消费者在了解信息的前提下做出选择"

但不是它们"唯一"要做的

- 显性操纵
  - 将信息剥离语境
    - 例：消费者报告
    - 例：艺术、戏剧文艺评论家的评论
    - 销售者只采用褒扬性文句促销产品
  - 选择性使用信息
    - 告诉你产品的优点
    - 但省略缺点
      - 例：汽车 6 秒内加速 0—60
      - 但不提 5 年内生锈的记录
      - 例：最新款打印机胜过任何市面上的打印机
      - 但该打印机耗墨量是其他打印机的 5 倍

- 联想
  - 联系信息与情感及欲望
    - 性别
    - 联系产品与性别欲望 例：车/香水/服饰
  - 偏见
    - 种族
    - 性别
    - 模式化印象
    - 阶级
      - 口音
    - 体重
  - 在潜意识中通过联想操纵
    - 减少商店偷窃
      - "我不偷窃"
      - "我要诚实"
      - 偷窃行为减少 30%
    - 危险＝政治与社会操纵，见阿道司·赫胥黎《重访美丽新世界》

- 歪曲　见④
  - 地位
    - 尊重权威
      - 例：科学的影响力
    - 知名的/受尊敬的公众人物
      - 例：体育/电视明星
  - 承诺共同利益

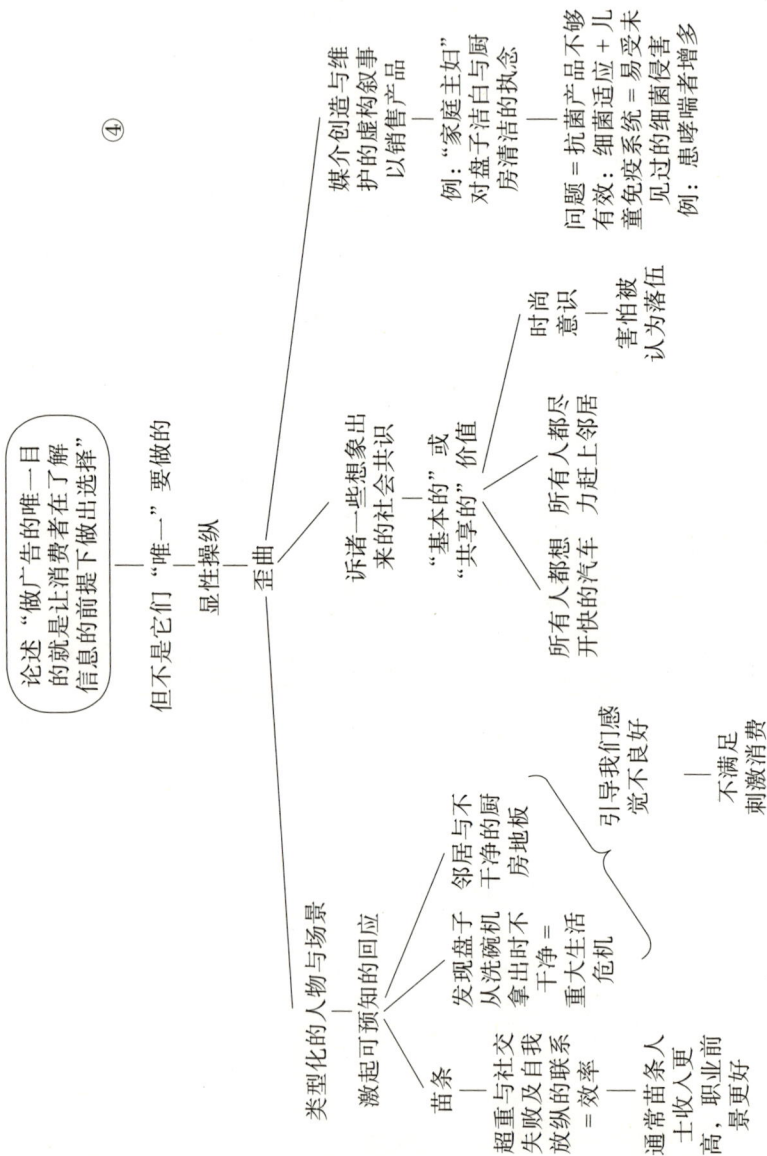

④

论述"做广告的唯一目的就是让消费者在了解信息的前提下做出选择"

但不是它们"唯一"要做的
|
显性操纵
|
歪曲

诉诸一些想象出来的社会共识
|
"基本的"或"共享的"价值
|
所有人都想   所有人都尽
开快的汽车   力赶上邻居

时尚意识
|
害怕被认为落伍

媒介创造与维护的虚构叙事以销售产品

例:"家庭主妇"对盘子洁白与厨房清洁的执念

问题＝抗菌产品不够有效;细菌适应＝易受未见过的细菌侵害
有效:免疫系统＝
例:患哮喘者增多
儿童受害

类型化的人物与场景
|
激起可预知的回应
|
苗条
|
超重与社交失败＝自我放纵的联系
|
通常苗条人更土收入更高、职业前景更好

邻居与不干净的厨房地板
|
发现盘子从洗碗机拿出时不干净＝重大生活危机

引导我们感觉不良好
|
不满足
|
刺激消费

■ 第8章

灵活性

在本章将学到：

- 如何更灵活地使自己的能力得到最佳发挥；
- 如何抓住更多自己的创造性观点；
- 如何在文章中更好地运用思维潜力。

在你的学习模式中，有很多互相关联的对灵活性的需求，现在来讨论其中之一。

我们都想自己的能力得到最佳的发挥。事实上我们中大多数人都拥有一些之前完全没有使用过的能力。为了对文章做出规划，你可能已经尝试过各种方法，想要找到适合自己的那一种。然而最关键的其实是灵活性。选择适合你手头工作的记笔记、做规划、阅读文献的方法，这样你将找到让你的能力得到释放的关键。不要只执着于一种已使用惯了的方法，你可能已经发现它并不是次次都能如你所愿起到作用。

- 要使自己的能力得到最佳发挥，就要有灵活性。
- 选择适合手头工作的方法。

例子

比如，你正在度假，车子坏在了一个陌生的地方，你不能联上网，能得到的只有一个当地的电话号码簿，你该怎么做？如果你想要找到当地的一家修理店，最高效的方法当然不是从第一页开始逐条往后看。显然你会快速扫过很多页来找到你要的信息，这当然是明智的做法。然而在学习中，遇到类似的问题时，我们却很容易执着于在每一项任务中都使用最熟悉的、可靠的逐字阅读的方法。

图式笔记

同样的方法适用于记笔记和做规划。在头脑风暴阶段，最有效的方法之一便是所谓的"图式笔记"，这在前面的例子中已经展示过。这种方法不是从一页的顶端开始，然后用句子或列表的方式呈线型往下记录，而是在一页的最中间写下文章的题目，然后将你头脑中对概念或观点的分析以枝丫的方式向外延伸发展。

优势

这种方法的优势在于它能够让你将创造性发挥到最大，因为它让你的思维以尽可能自由的状态去分析概念、建立联系、做出对比、追寻思维轨迹。由于你所用的表达方式限于单个的词或短语，你就不会去做构建完整句子此类不必要的工作了。我们大多数人都有这样熟悉的痛苦经历：一方面想要捕捉头脑里涌现出的大量想法，另一方面却苦于不能顺畅地把它们表达出来。结果，白白地看着精彩的想法来了又去，却没有足够的时间将它们迅速记录下来。

实践　练习 8

图式笔记

　　自己试着做一下：任选以下观点之一，尽快列出所能想到的正反观点。在一张空白纸上写下这一观点，然后在它下面划出两条斜线，一条向左，一条向右，分别指向正方观点与反方观点。

　　接着想出所有可能对它持肯定意见的观点。每想出一个观点，就在"正方"这个词下面划出一条向外发散的线，然后用一个词或一个最多由两三个词组成的短语记下它。如果一个观点分裂出不同的部分，或者延伸出不同的含义，就按照之前记录不同含义的方式，在这个观点下面划出分别的线。完成之后再转入下一个观点。

　　这一切要进行得很快，以便让你在观点一经涌现便能记录下来。一方论证完成之后，再转到相反的另一方，做法仍然一样。你在完成任一方的时候，都会同时想到支持反方的观点。记下它们，不要让它们溜走。这里的奥秘便是让思维自由流动，同时用笔记跟上思维的步伐。

观点：

　　1. 应该通过一条阻止记者侵犯个人隐私的法律。

　　2. 如果药物研究中的动物实验能挽救人类的生命，那么它们的痛苦也是值得的。

　　3. 限制个人在公共场所吸烟的自由是不合理的。

完成之后，你会意识到思维产生观点的速度如此之快，以至于我们不能时刻都可以找到合适的词语来记录，这可能是你之前没有充分意识到的。因此，我们需要一个能够捕捉所有涌现出的想法的系统，然后才能自由地将它们以某种似乎正确的顺序或形式记录下来。传统的线型笔记法在顺序和形式上都有限制：它不仅将我们束缚在对完整句子或至少是意义完整的短语的构建上 —— 这意味着我们在寻找合适词语的过程中有些想法就会流失；而且，更重要的是，这种方法迫使我们不得不将观点按某种顺序列出，如果想出一个观点但不符合这个序列，我们就不得不放弃它，只能希望以后可以用得着。不幸的是，往往后来我们想要回忆起它们的时候，却想不起来了。

图式笔记法

1. 让我们更有创造性。

2. 可以更好地捕捉观点，不会让任何观点流失。

3. 不会受制于要写出完整句子的要求。

4. 不会被迫用某种特定顺序去记录观点。

5. 让我们能更自由地使用更多自己的观点。

6. 更充分地看到观点之间的联系。

7. 快速、灵活。

我们在读书时用线型方法做笔记也一样。大多数人会发现一旦开始做笔记，就困入作者呈现观点的顺序，会按照作者的顺序去记录观点。要脱离这个困境，不是不可能，但非常困难。反之，图式笔记法让我们可以完全自由地处理观点。

或许这种情形可以最形象地用问路时得到的指点来解释。当你问某一个具体的地点怎么走时，人们一般会给出一串线型指示（比如：首先这条路走到头，然后右转，走到交通灯时……诸如此类）。这就让你不得不完全依照他们自己可能会走的那条路线。你不这样做，就会迷路。反之，图式笔记就像一个大城市的地图或者按字母顺序排列的城市指南：你可以清楚地看到可供选取的不同路线，从而做出自己的选择。

解放思维，增强想象力

主张图式笔记的人认为我们的大脑并不是用线型方式思维，因此，传统的规划和做笔记的方法并不是最有用的。它们强迫思维以非自然的方式运作，因此仅有一小部分思维潜力能够得到释放。我们之前已经看到，处理关键概念时，用簇状、互相关联、自成整体的方式来处理是最好的思维方式。那么不用传统方法，而用同样的方式来组织笔记、建立词与词之间的联系也是行得通的。

> 传统的记笔记方法强迫思维以非自然的方式运作，因此仅有一小部分思维潜力能够得到释放。

在采用了这种方法，并将其融为自己学习模式不可分割的一部分的学生中，这已经得到了证实。目睹我的学生运用这种方法，我作为指导老师也经历了最激动、最欣慰的时刻。学生们所产生的认识与见解，只有他们用自己独特的方式可以看到。他们在这个过程中所起到的作用如此宝贵、有意义，使他们中的大多数在人生中首次意识到学习可以如此激动人心。

通过给他们最大的自由，能够在想法出现时把它们记下来，就会在写作中注入更强的创造性。同时，这个过程也将他们自己的观点置于更加重要的位置，这样在查找资料时，就能更好地对所读资料进行评估和选择。

这种方法的灵活性实际上几乎没有止境。只要想到新的联系和观点，你就可以不断地把它们添加进去。所以，这种方法和其他系统不同，它不会阻止能力的发挥，而是给予你的思维最大的自由，让它能够发挥更大的想象力，创造性地做出更多的分析，看到更多新颖的联系与对比，并从不同的资源中更好地综合观点。

- 思维的工作模式并不呈线型。
- 思维就像图式笔记显示的那样，产生出簇状、互相关联的观点。
- 你可以以自己独特的方式运用你自己的认识与见解。
- 你能更好地评估与选择资料。

更适用于非结构性情境

从一本书中做笔记是一种结构性任务，因此线型笔记可以起到很好的作用。然而与之不同，图式笔记在非结构性情境中尤其适用。比如当我们想要一边回忆一边做笔记时，想法会迅速地大量产生，这时候图式笔记就有用武之地了。同样，在课堂讨论中，观点会迅速涌出，而且与从一本书中读取观点不同，课堂讨论的观点你无法控制，这时图式笔记也会非常有用。读书的时候，如果对难度很大的段落中的观点有所遗漏，可以通过回头再读拾起来，但上述情景中却不行。因此，需要一种既快速又灵活的记笔记法。

不过，图式笔记较之传统笔记法最大的优势也许更好地体现在创造性任务中，如解析问题、规划论文。当观点毫无预知性地从各种角度向你涌来时，图式笔记让你能够跟得上观点的快节奏；而且，借助图式笔记，你可以同时处理几行讨论内容。图式笔记完成之时，所有的观点就都摆在眼前了，你要做的只是决定论证最终采取什么顺序。

在一项研究中，牛津大学的本科生采用了这种方法之后，只用了平时所需时间的三分之一就完成了写作，但同时得到了更高的分数。

图式笔记更适用于：

1. 从回忆中记录笔记；

2. 课堂讨论；

3. 创造性任务。

头脑风暴与灵活性

为了使我们的能力得到最佳发挥，产生了对灵活性的需求。灵活性不仅可用于笔记策略，以便更好地捕捉观点，同样也适用于头脑风暴。然而在为了写出高分论文所做的一切努力中，头脑风暴是最有可能被放弃的一个环节，因为我们会急于推进，等不及阅读文献了。

然而，观点可以来自多种多样的资源，而且它们只会出现在有准备的头脑中。几乎每个人都有这样的经历：我们在词典中查过一个词，在之后的数日或数周之内，我们会到处看到或听到这个词——广告牌、报纸、杂志、收音机、电视，甚至朋友那里。但这并不是说它被使用的频率增加了，只是因为我们的头脑做好了注意它的准备了。

观点也是如此：一旦我们的头脑做好了准备，我们就会从种类各异的资源中摘取到观点和论据，并用于之后的写作。这就解释了为何要随身携带笔记本，有了它你可以随时、从任何资源中记录下观点，而不是让它们永远消失。

> 观点只会出现在有准备的头脑中。

在这种情况下，有必要再次强调观点的有机性：它们随着时间而生长、发展。如果能在很早的阶段就将涌现出的观点记录在纸上，潜意识就会悄悄地从你的资料储备中搜寻更多的观点和论据，以你起初考虑这些问题时从未想过的方式在观点间建立联系，对观点和概念做出分析。因此，当你最终看到你的观点时，会惊讶于它们竟已发展到这样的程度。

而且，每一次你处理这些观点时，头脑中都会设置一系列待解决的问题，这样你的观点就能得到进一步发展。因此，当你最终完成了解析、查资料、规划，并开始写初稿时，实际上你已经走过了一条很长的路。这时候，与你刚开始着手时相比，你的观点已经发展得更充分、更精微，并有更好的论据作为支撑。

- 为了捕捉最好的观点，必须让头脑做好接收的准备。
- 观点随着时间生长与发展。
- 每次在头脑中设置新的问题，观点都会得到进一步发展。

任务 2
对一个问题进行头脑风暴

以你在第一次任务中处理过的问题为对象。之前你已划出关键词与关键概念，并且对主要含义做了分析。现在对这个问题进行头脑风暴，以图式笔记的方式用最快的速度将你的观点记录下来。

为这个任务设置时间限制，如 30 分钟，然后把它放在一边。过一两天，再次回到你的笔记，将新出现的任何观点都添加进去。有些观点在此之前已经进入了你的潜意识，也记下来，否则会失去它们。

对问题进行了头脑风暴之后，你不仅对真正属于自己的观点进行了发掘，而且对你所知道的以及你想让参考书和文章所回答的问题有了清楚的认识，这样你就不太可能会将时间浪费在记一大堆不相关、无用处的笔记上。不过，这一环节成功的关键在于不能将自己死死地束缚在一种不当的方法上，限制了思维潜力，使它不能富有想象力地处理观点；而是要采用一种适合该项任务的方法。

小　结

1. 灵活性可以让我们的能力得到最佳发挥。

2. 根据任务选择相应的适合它的方法。

3. 图式笔记最适用于创造性工作及课堂讨论这样的非结构性情境。

4. 思维以自然的方式运行，它也以这样的方式关联概念与观点。

5. 头脑风暴可以将更多我们自己的观点运用起来。

6. 头脑风暴很重要，它可以让头脑做好摘取有用观点的准备。

7. 有自己的观点作为支撑，我们就不太会记下大堆不相关的笔记。

下一章提要

不过，在进入查找资料阶段之前，还有最后一件事待确认：你必须很清楚评阅者想要看到你运用哪些种类的能力。

■ 第9章

恰当地发挥能力

在本章将学到：

- 如何确保我们在回答问题时，所显示出的能力符合评阅者的期待；
- 如何准确地解析出问题中的"指导性动词"。

我们已经看到细致地解析问题是多么重要，因为问题可以告诉我们文章应采用什么结构，才能切题地回答所有问题。清楚了这一点，就可以避免记下大量不相关的笔记，以免它们进入文章，导致文章相关性差、结构松散、论述不清。

我们在开头时就曾说过，问题还能告诉我们另一件事情：评阅者想要看到我们发挥出什么样的能力。通常，我们常说的"指导性动词"可以清楚地告诉我们答案。下面所列的是问题中最常用的一些动词的定义，它们可以帮你避免因忽略或误用而产生的常见问题。

指导性动词

分析 将论点、理论或主张分离成其要素或组成部分；追溯一件事情的原因；揭示现象背后的普遍性原理。

比较 在两个或多个事物、问题或论点之间寻找相似点与不同点。也许（虽不是次次如此），在最后可以形成一个你认为可行的结论。

对比 将两个或多个事物、问题或论点相对立，清晰地识别出它们的区别和各自的特征。

批判 辨析出某一理论、看法、主张的弱点，并判断其优点。用相关的论据和推理进行论述来支持你的判断。

定义 概述某一词语或短语的确切意义。有些情况下，需要或者有必要对可能存在的不同定义或经常使用的定义进行考查。

描述 紧扣事实或你对该事情的印象，做出细致或形象的阐述。在历史科目中，它指的是按照事情发生的时间顺序对它做出陈述性阐释。

论述 用论证来做出调查或考查；仔细选择论点与支持论点的论据，对事情的正反两面都给出原因；检查含义。这意味着要扮演相反角色，即不仅论证你支持的一面，而且还要支持你可能并不赞同的另一面。

评价　对某事物、论点或信仰体系的价值从其真实性与有用性层面做出估测。这个过程中你会做出自己的价值判断，但不能仅提出单纯的看法：你的看法必须用论证和辩论作支撑。

解释　明晰化；对某一具体事件做出阐释和说明，给出原因。和"描述"不同的是，对"解释"而言，仅对事件做出陈述是不够的。解释某事件，就是要说明它发生的原因，通常需要对原因做出分析。

例证　用图、表或实例来解释或说明某事物。

解析　揭示你对某一事物意义或重要性的理解；使有模糊性、理解不一的事情变得清晰。通常需要做出你自己的价值判断。

证明　用充分的论据和论证显示某一决定或结论理由充分；针对可能产生的反对性观点做出回答。

概述　给出某研究对象的主要特征和基本原则，省略微小细节，强调它的结构和安排。

联系　一般有两种含义。对某些问题，它指的是叙述事情发生的次序——概述某事件的情节。此外，它还可以显示出某些事情如何互相关联或影响，或者显示出它们在多大程度上彼此类似。

评论　仔细考查为某一提议或论点而提出的话题或事例。这虽非必定，但也往往意味着以你对该事例的优势进行判断作为结论。然而，如果评论对象仅是某话题或主题，而非论点或提议，那么只需考查这个对象各方面的细节即可。

表述　简要并清楚地阐述某一情境的真实情况或某一论点的一个方面。不要求论证或论述，只需呈现事实或论点。同样，它不要求你形成判断，只需要做出报道。

概括　清楚、简洁地说明一个问题或论点的要点，省略细节和任何支撑论点或解释问题的论据和例子。

追溯　梳理出某一具体问题的各个发展阶段或某一主题的历史。

直接型问题与问句型问题

然而，尽管我们通过解析问题，知道了需要怎么做出回应，在这个意义上讨论了每一个指导性动词的含义。但是，有一些问题未包含任何明显的指导性动词。这类问题是直接型问题或问句型问题，它们可能会问："你是否同意……""在何种意义上，可以说……""主张……有多大的意义"，或

"对……有什么意见"等。显然，这些问题并不仅仅要求我们对自己的意见或看法做出表述：它们要的是对问题进行讨论，并分析对它们所持有的不同看法。

也许你已注意到，你在写作中处理过的问题要求我们做出的讨论类型各不相同。有的也许让我们考虑某事真实的"程度"，暗示我们应讨论它可靠性的界限在哪里；有的让我们考虑某一主张的"意义"，意味着我们必须考查它对问题的解决情况——它部分解决还是完全解决了问题——以及是否有更好的解决方案；有的仅仅问我们的"意见"，或问我们是否"同意"一个主张，将可能会涉及的评价置于开放状态。因此我们必须按照在前面几章所采取的方式解析问题，以便确定我们要做出的讨论应该是哪种类型。

实践　练习 9
指导性动词

尽你所能收集所选课程往年的试卷，越多越好，至少应足够形成一份代表性样卷。

将每一份试卷里的问题列入下列三栏：要求描述性、事实性答案的问题（"什么""如何""描述"类问题）；要求分析性答案的问题（"概述""分析""比较"及"对比"类问题）；要求对问题做出论述的问题（"批评""评价""讨论"类问题）。

完成之后，计算每一份试卷中每一类问题的比例。

小　结

1.指导性动词暗示了出题者想让我们发挥什么样的能力。

2.如果忽略或误解了指导性动词，会因能力发挥不当而被扣分。

3.有一些问题不包含明显的指导性动词。对这类问题我们必须依赖于对问题中其他部分的解析。

下一章提要

表面上看，事情很简单，到这里应该就可以结束了：正确理解了指导性动词，解答问题就不会走向错误的方向。然而，尽管这么说没错，但没达到足够的深度。和以往所做的截然不同，我们在这个阶段只有承认了对于学习的本质会存在不同的假说，才有可能改变我们写作的方式。否则，我们只会在已形成的学习模式中添加几种技巧和方法，然而一旦意识到它们并不符合我们的写作方式，就会默默地丢弃。结果，我们就不能学到所需的技巧，也培养不出这个学习层次上常被评测到的能力。

第 10 章

能力类型

在本章将学到：

- 大学教育的重心并不在于学习和记住事实，而是培养本学科中关键的方法与能力；
- 大学学习中培养不同学习方式的重要意义；
- 文章旨在测评的能力类型。

我们学习中的大多数问题都产生于这一点。在后面的写作阶段，还会讨论这个问题，但它的重要性足以让我们讨论两次。

大多数大学生对大学教育所持的理念，给他们的发展设置了这样那样的障碍。不幸的是，在大部分的学习时间里，我们都持有这样的理念：教育基本上就是"获得知识"。因此，学习一门科目只是要学习老师或教材这样的权威传达给我们的事实。这引导我们认为一个聪明的人就是能够记住大量孤立的事实。

不仅我们所学的课程大纲、参加的考试、一些老师的教学方式在强化我们对教育的这种理解，而且大量的社会和文化常规也是如此，尤其是极受欢迎的电视测验节目，要求选手们记忆大量孤立的信息条目。

被动的学习方式

持有这种理念的结果就是我们培养了一种被动的学习模式。课堂上，我们安静地坐着，获取事实和正确答案，相信这应该就是我们的首要任务。老师讲授，我们安静地做笔记。这样，最优秀的学生就是那种安静、耐心的学生，他们不加批评地逐字记录下老师所讲的所有内容。他们既不质疑，也不讨论或挑战，只是获取老师的讲授内容，对权威亦步亦趋地模仿。他们知道考试的成功与否就在于他们能用多少记下来的东西换取分数，此外再无他法。

然而，如果这就是事实，那么写论文就最不应该作为一种测评形式了，因为大家都知道文章是不确定的。文章测评的是广泛的能力 —— 分析、批评、论述、综合观点、构建前后一致的观点、运用论据、评价，以及记住事实。

- 大学学习并不仅仅包括对事实的精确再现。
- 大学学习涉及广泛的能力。
- 写论文的目的便是测评这些能力。

一种测评形式想要测评的能力越多，对单一的能力而言这样的形式的不确定性也就越大。而且，无论我们尽多大努力想要减少评分的主观因素，大多数评阅者都承认要在文章评分中彻底去掉主观性是不可能的。

其他以一种能力为对象的测评形式在这方面的问题要小得多。最确定的形式就是单项选择题，这种试卷的确定性为100%。单选形式保证对每个学生试卷的评分都绝对客观，标

准绝对统一。事实上，采用电脑评卷的话，人为因素可以彻底
去除。

因此，如果我们要测评的是对事实的记忆能力，很多人事
实上也是这么认为的，那么论文就是最不应该使用的形式。用
虽然有局限但确定性强的单选题试卷要好得多。这种形式尽管
只对有限的能力进行测评，但我们知道它具有绝对的客观性。

挑战权威

然而，大多数人逐渐意识到，我们需要测评的不仅仅是能
否记住从课堂上听到或书本上读到的内容。上大学以前，我们
一直认为我们的主要任务就是学习各种事实，以及将权威所说
的内容不加批判地再现。然而，上了大学之后，突然之间我们
就需要去挑战所听到的观点，需要会分析、论述，而且要求我
们要有自己的观点。

毫不奇怪，大多数学生会很迷茫。他们以前学到的是如果
以某种方式运用某个学习技巧，就会带来相应的成功。毕竟他
们之前的学习正是如此。因此，他们会继续坚持曾让他们取得
成功的做法：继续用同样的方法记笔记，用同样的方法阅读，
用同样的方法写作。

然而，他们现在面对的是不同的考试。基于对学习本质
的不同认识，所要求的学习模式也和之前有别。这一点不能明
白，他们就不能从低分文章中解脱出来。而且他们困惑的是，
他们以前也一直这样做，而且还很成功，现在为什么就不行了
呢？他们会在整个课程学习的过程中困惑不解、备受打击，以
为自己虽然上大学前很擅长考试，现在却无能为力了。然而，

他们实际上并不是缺乏相应的能力、动力甚或理解力，缺乏的只是释放自己潜能的相关技巧罢了。

- 在大学里，我们要求的不再仅是重复，而是要挑战权威观点。
- 大学的考试基于不同的理念，因此需要采用一种有别于上大学前所用的学习模式。
- 否则，即便我们具有相应的能力、动力、理解力，还是很有可能会得低分。

能力类型

因此需要清楚的一点是，以写文章为测评形式，那么测评的就不仅仅是理解力和记忆力，而是一系列范围更广的能力了。所有的课程大纲都是在六种"认知领域"的语境下设置的——对应的六种智力活动。按从简单到复杂的顺序列举如下：

1. 记忆
2. 理解
3. 应用
4. 分析
5. 综合
6. 评价

很多人很难摆脱一种认识，即考试的唯一目标就是测评我们的记忆力和理解力（能力 1 与能力 2），然而大多数大学课程的大纲设置都是以能力 4、5 和 6 的测评为目标。文章问题会用"论述""批评""分析""评价"等指导性动词，测评的能力包括对复杂概念和论点的分析，对来源各异、数量庞大的观点与论据进行综合，对论点前后贯通地构建，以及对他人的观点与论点做出论述与评价。

这些不是问"什么""如何"以及要求"描述"的问题，测评的不是记忆信息的能力——这种能力是以有正确答案为前提的，然而实际上在这个阶段并没有什么正确答案。牛津大学的一位老师在给学生的指导中是这样说的：

> 这绝对不是一个有关"正确"与否的问题（虽然你的指导老师所持观点如与你不同，可能会与你辩论），而是要展示出你对这个问题的理解，你需要写出一篇理据充分、结构平衡、有批判性的论文。[1]

实践 练习 10
课程大纲的教学目标

收集你所学课程的大纲，划出有关教学目标的内容。忽略课程内容及主题部分，只需要关注该课程旨在培养的能力部分，这些能力将是考试中的测评对象。

试着计算出记忆类内容和其他能力类内容在考试中将要占到的分数比例。有的大纲会给出真实的百分比，其他的不一定如此，那你可以咨询老师。当然，最有益的指导一定是在试卷上。所以，如前所说，要看往年的试卷。

不过，我们仍需要展示出自己能够理解并记忆事实，这是一门科目的核心知识部分。但对大多数以文章为测评形式的课程而言，这一部分的分数只占 30% ~ 40%。因此，不要过多地做描述。重要的不是我们知道什么，而是对评阅者所感兴趣的点我们能做什么。他们想要看到的是我们展示出相关能力，所以即便我们得出一个和评阅者的观点不同的结论，也不会对分数造成影响，因为根据我们的课程大纲，并未假定有无可争议的正确答案可用以换取分数。评阅者关注的是我们如何分析问题，展开论述，正反都能论证，有理有据，最终能基于论述做出慎重的评价。

例子

一门为哈佛大学社会学系一年级学生开设的课程很明确地告诉他们，课程的主要目标是培养一系列社会学学科所需的核心能力与技巧：

本课程旨在帮助学生培养进行社会科学分析的理解和操作能力：理解什么是研究问题，如何提出问题，有什么可供选择的答案，如何评价相关证据，以及在普遍意义上理解构建社会知识背后的逻辑……本课程的重点在于培养写作技巧，培养设定与设计研究项目的能力，以及培养批判性地评价社会学领域内实证研究的能力。[2]

这样的例子表明，大多数大学院系已经认识到，单纯学习科学或历史事实是学不到科学家和历史学家的思维的。在文学领域，基于这样的认识，现在大学中允许学生将指定文本带入考场。这样基本上就再也不会出现以前那种骇人且无益的景象了：成千上万的学生为了考试疯狂地死记硬背一本又一本的材料，然而考试结束不到三周，就把它们忘得一干二净。

小　结

1. 学习不是被动的——不是单纯地记住正确答案用来换取分数。

2. 学习是主动的——我们培养并发挥更高级的认知能力，文章就是为测评这些能力而设计的。

3. 只有 30% ~ 40% 的分数是为记忆能力而设置的。

下一章提要

鉴于此，我们应该随着发生了变化的教育理念，培养新的学习模式。下一章我们将讨论这一点的重要意义，以及要达到这个目标应该如何去做。

注　释

1. Eric Eve, *A Guide for Perplexed Students, 4: Tutorial Essays* (Oxford: University of Oxford, 2000), pp.3-4.

   网址链接：www.hmc.ox.ac.uk/

2. Mary Waters, *Sociology, 128: Paradigms of Social Inquiry* (Cambridge, Mass.: Harvard University, 2000).

■ 第 11 章

改变学习模式

在本章将学到：

- 学习技巧方面的很多常见问题产生的原因；
- 改变学习模式的必要性。

文章写作这样的学习任务意味着对学习目的的理解和以前不同了，那么显然现在需要一种新的学习模式：为了新的任务，需要更适合它的、不同的学习技巧。否则，如仍然坚持认为教育只是关于"知道事情"，那么就会有相应的后果，即我们会被很多显而易见的问题缠身而不能解脱。

普遍问题

记笔记

在记笔记时，我们仍然会坚持这种传统的理念，而且它看起来还是有一定的道理的。在专题报告会、研讨会、讲座上做笔记时，或是从查找的资料中做笔记时，我们不能有遗漏，记下来的都是事实，都是正确答案，如果有所省略，事实就不完整，考试就不能通过。结果就是我们逐字逐句地记录下了大量的笔记。更糟糕的是，这些笔记没有结构，因为我们只

是专注于精确地做记录——由于担心会记错，我们没做过任
何处理。

结果，我们手头会积下一大堆不能用的笔记，大部分与将
要在考试中解答的问题没什么关系。这给我们的复习环节造成
了一个最棘手的问题，就连最有想法的学生都对从哪里着手几
乎毫无头绪。

- 大堆不能用的笔记
- 逐字记录的笔记
- 没有结构的笔记

阅读

现在考虑一下这样的理念对学习模式中其他方面的影响。
我们可能会貌似合理地争辩说，看书或文章时，不能有任何灵
活性，不能根据不同的文章或文本采用速读或略读这样不同的
阅读方法，而是要逐字地读，否则，有可能遗漏非常关键的
信息。

在这样的理念之下，我们认为面前的这些文本就是事实部
分。如果我们不仔细读，就可能会损失能够用来换取分数的关
键信息。这样，阅读就变成了一个缓慢、耗时的过程。它和记
笔记一起占满了我们学习的全部时间。于是我们永远都无暇阅
读与科目相关的材料，没机会与他人的观点做比较，也没有机
会探索我们的理解空间。

- 没有灵活性
- 阅读速度缓慢
- 无暇阅读与科目相关的材料

写作

写作的情况也是如此。尽管指导老师无数次告诉我们要尽量用自己的话去写，然而如果我们接受的理念是教育便是以权威观点为主导，我们的任务只是理解和记住事实，那么老师的话只能落于空谈。

我们可以同样貌似有理地争辩说，文本现在就在这里，这是权威观点，是正确答案的源头，如果我们再耗时间将它们转换成自己的话，而不是从文本中精确地复制原文，就会改变原本正确的东西，这样我们会对正确性有所损害，实际上甚至会将正确的改成错误的，所以，倒不如直接抄袭，把它们大块大块地直接放在我们的作品中。无论多少次对学生说不要抄袭，因为抄袭就是窃取，是学术写作中几乎最严重的欺骗。然而，学生仍然继续这样做，因为他们坚信这些都是事实部分，他们的工作就是用这些来换取分数，这样才能取得成功。

- 不能转换成自己的话
- 抄袭

抄　袭

抄袭这个问题能够完美地说明本章要点。我们可以看到，抄袭的原因之一就是相信只有给出正确答案才能通过考试。然而，对抄袭所提出的解决办法往往反映出的是同样的理念，因此反倒加重了原来的问题。我们认为避免抄袭的唯一办法就是为每一个引用的、阐释的或用任何方式借用的观点都做出注释。换句话说，学生意识到为了得到满意的分数，他们必须用尽可能多的正确答案去换取分数，只不过现在采用的方式是引用文献。

> 学生用引用文献来换取分数，相信它们就是正确答案。

更为糟糕的是，学生会认为学习中不能产生什么新的东西。这就降低了学术写作的意义，使它仅成为对已有观点的重复利用，没有创新的机会，至少没有这样的要求。你要做的只是显示出你很努力，在每一段中都插入五六个引用文献。对学生而言，唯一的挑战仅是如何以最低的成本塞入最多的引用文献。他们会不可避免地认为教育的重点不在于**如何**思考，而是思考**什么**。

例子

一位成年学生在学生杂志上这样解释这个问题：

我认为高等教育最重要的目的是教会学生如何用复杂的方式去思考。可悲的是……大学……不由自主地想要教他

们思考什么 —— 这不是培养善于思考、有创新精神的人才的最好办法。

似乎有一种传统……一个观点如果之前被人谈到过就会显得更有效。我可以看到背后的合理性：如果一个观点能留在公众视域，那它肯定是经过了公众的检查；然而我怀疑这其中"英雄—创新者"的成分恐怕更大：如果发布观点的人足够重要，则其观点必定正确。

我在写文章时，不仅要给出事实和观点，还要准确地从文献中引用它们：如果这些观点只是我自己想出来的，是不是意味着它们是无效的？通常情况下，想到课程团队的意见和偏见会带给我巨大压力：这可能不应该，但感觉就是这样。我想到了 19 世纪亨利·比钦写下的关于牛津大学巴利奥尔学院院长的一句话：

"我是本学院之长：我所不知则不为知识。"[1]

当然，如果说学生最看重的就是以引用文献的方式用事实换取分数来给评阅者留下深刻印象，那么大多数学生是不会同意这样的说法的。然而抄袭是个模糊的说法，包含范围很广，就像中世纪的巫术罪名，只要能沾上边的似乎都能定罪。因此，学生会没有例外地谨慎行事，为每一处看上去有嫌疑的地方都给出参考文献，唯恐自己被拉入这种低级、原始的学习方式。在第 35 章，我们将会讨论抄袭的问题，你将会看到如何不至于成为他人观点的再利用者，如何避免抄袭。

创造新的学习模式

下个阶段，我们会开始建立一种新的、更灵活的学习模式，它可以让你在写作中具备应对各种挑战的能力。不过，成功的关键在于，你是否愿意接受改变的必须性。

只有存在真实的需求时，才会真正学到东西。如果仍然认为学习只是为了知道事情，那就没有改变的需要。如果继续按照以前的方式学习，那么阅读、记笔记、写作中新学到的灵活性与技巧只会附着在现有的学习模式上。随着时间的推移，它们肯定会逐渐悄悄脱落，因为如果理念没有改变，它们就没有意义。

有必要再次提醒自己，学习真正的快乐与挑战不在于能记住多少，而在于能用我们的头脑干什么。做到了这一点的学生才能真正为自己思考，能真正具有创新的能力，将知识的边界扩大。正如 B. F. 斯金纳所描述的，教育就是"忘掉所学的之后剩下的东西"[2]。

任务 3

做查找资料计划

• 你看到将要着手写的文章题目时，指导老师肯定同时也给了你一个包含书籍与期刊文章的阅读清单。你不必把所有的书目都读一遍，因此在开始查资料之前，有必要选出优先读的书。首先，根据研究方法将具有普遍性的与具体的区分开。然后，考虑各个类别中哪些书目看上去最为有用。有的会看起来太普遍，有的又会太具体。有些情况下你需要通过快读或略读来确定取舍。下一个阶段你将会看到如何去操作。

•不过，你已经知道了问题的意义与含义，也将知道你需要查找什么。一般情况下，指导老师会对资料中有帮助的部分做出一些提示，但并不是次次如此。对大多数问题而言，从具有普遍性的文献开始，再到具体的文献会更有帮助，不过这也取决于你对主题的前期认知。无论如何，你都需要将阅读范围缩小到具体章节。下一阶段你将看到具体方法。

•期刊文章也是如此。问题的解析和头脑风暴的过程将会让你对题目涉及的具体问题形成更清楚的认识，你也会更清楚将时间投入到哪里更好。大多数情况下，我们当然没那么幸运，能发现某篇文章讨论的恰好就是我们所要解决的。因此，你不得不对所读文献进行筛选，找出对你最有帮助的。

小 结

1. 除非改变学习理念，否则在记笔记、读文献、文章写作中必将遇到常见的问题。

2. 无论动机多么良好，抵抗抄袭的诱惑是很难的。

3. 我们可能会认为学习中不创造什么新东西，我们必须做的只是对已有观点的循环利用。

4. 要想培养一种新的、灵活性更强的学习模式，必需有相应的需求 —— 只有存在真实的需求时，才会真正学到东西。

下一阶段

至此，对问题要你解决什么，以及你想要从所选文献中得到什么应该有了更清晰的认识。你也知道了在做出解答时，评阅者想要从你的文章中看到你表现出什么样的能力。进入查找资料阶段之后，这些都会在你的学习模式中得到反映——你阅读文献和记笔记技巧的运用。

在下一阶段，你将学到如何运用这些技巧，来保证你不会仅停留在记住所读内容和模仿其他作者的层面。你将看到如何有技巧地用更复杂、更精细的方法处理观点。你将学到如何分析文章，然后从中提取出结构，以及如何对作者的观点做出批评和讨论，而非仅仅精确地将之复制。最终你将能够更好地创建出真正属于自己的观点。

注　释

1. Lem Ibbotson, "Teach us how, not what, to think", *Sesame*, August/September 2000 (Open University).

2. B. F. Skinner, "Education in 1984", *New Scientist*, 21 May 1964, p.484.

第2阶段　查找资料

引　言

　　到了现在这个阶段，我们可以充满信心地开始查找资料了。前面我们已经对问题的意义与含义进行了解析，在这个过程中，对其中包含的关键概念进行了分析。自此之后，又以先前形成的结构作为关键性框架对问题进行了头脑风暴。现在我们知道了两件事情：我们想要从资料中得到什么答案；对这个话题我们已知什么。如果我们需要把看到的观点移植到我们自己的理解中，然后将它们变为我们自己的观点，第二点就很重要。只有这样，我们才能技巧性地将观点令人信服地运用到自己的写作中。

> **我们已经知道：**
>
> 1. 我们想要从资料中得到什么答案。
>
> 2. 对这个话题我们已知什么。

最后，我们对评阅者想看到我们展示出什么样的能力做了界定。否则，正如之前所分析的那样，我们会以为问题主要是让我们显示出对它的理解程度，以及针对问题涉及的主题能够回忆起哪些事实，这是危险的。实际上，我们需要展示出自己可以发挥更高级的认知能力，可以对问题含义进行分析，从不同的资源中综合论点与论据，做出前后一致的论述与论证，以及对所运用观点可以进行批评与评价。

这意味着我们必须重新组织自己的学习模式。否则，我们记笔记和阅读文献的方式将会和以前一样保持不变：只能符合对最简单的认知能力进行检验的那类问题的要求。如果不对学习模式进行重组，我们所做的准备其实根本不是为了将要参加的考试，而是为了过去参加的那种考试类型。因此，我们将要讨论查找资料阶段中的三项关键技巧（阅读、记笔记、组织），旨在显示如何重新组织学习模式来满足发挥更高级认知能力的需要。

> 文章要考查的能力类型决定了学习的最佳模式，即阅读文献、记录笔记、组织文章的方式。

阅读文献

在文献阅读中，我们将看到，目的性对有效运用阅读技巧是非常重要的：要清楚阅读每一篇文献的原因，这样才能选择最合适的阅读方法。许多人不管阅读目的，习惯性地对每一篇文章都采取逐字逐句读的方式，然而快读或略读或许效率才能最高。灵活地选择阅读方法能够为我们节省很多时间，让我们有可能围绕该话题阅读相关文献，将更多观点与信息纳入自己的思考。

同时，我们也能有更多的时间处理自己的观点。我们将会看到这一点对避免成为"表层加工者"有多重要。所谓表层加工，即被动地读，不加分析，不对所读内容构建结构，或对文中论点不加批评与评价。我们将会讨论如何分析一篇文章，提取出它的结构，这样就能更有效地回忆起它包含的论点、论据和观点。我们同时还将学到如何用不同的方法提高对所读论点进行批评与评价的能力。这样我们就能成为一个"深层加工者"，即主动地对所读内容进行处理，形成更多自己的观点。

- 有目的地读。
- 更灵活 —— 既会逐字逐句读，也会快读和略读。

记笔记

在记笔记方面，很多同样的问题再次出现。与阅读文献一样，我们会看到不要将自己束缚于单一的记笔记法有多么重要。要根据所做的工作选择方法。我们会看到，针对不同的观点处理形式，会有最适合该项任务的记笔记法：适合分析与形成结构的线型笔记法及适合批评与评价的图式笔记法。在学习模式中培养更高的灵活性有助于我们选择更有效的方法，而且最终将帮助我们发挥自己最大的学术能力。

然而笔记方面的问题不止于此。最好的笔记可以帮助我们将自己的思维纳入一个结构中，这样我们就能迅速而准确地回忆并运用它们，尤其是在规定时间内。其中存在很多常见的问题，尤其是习惯性地做大量笔记，结果妨碍了结构的形成，增加了记忆观点的难度。我们将考查有哪些方法可以避免这个问题，能够形成有条理的笔记，方便我们准确地回忆起甚至是结构最为复杂的观点。之后，再经过学习巩固笔记的简单方法，我们将看到复习应考如何能变为一项易把握的、不那么令人生畏的任务。

最后，如果笔记能够帮助我们回忆起曾经读过的观点、论点、论据，也能帮助我们对作者的论点做出批评与评价，那么笔记也必须能成为自己思维的反映。许多学生从资料中摘录笔记时觉得很难形成自己的观点，这样会不利于他们在工作中保持专注，我们将对其原因做出考察。

- 对不同的观点处理方法，会有最适合它的记笔记法。
- 清晰、有条理的笔记会减轻复习的压力。
- 好的笔记应能反映出自己的思维。
- 正确的方法有助于我们保持专注。

组织规划

毋庸置疑，如果要成功地做出上述诸多改变，就必须以最有效的方式来组织规划我们的工作。在本阶段的最后一章，我们将看到如何重新组织检索系统以便开发自己的观点，并能随时随处将相关资料检索出来。同时我们也要考察应该如何做时间规划，并讨论如果时间规划不合理，会出现什么样的问题。忽略了上述任何一个因素，都难以将自己最大的能力发挥出来以更好地对观点进行加工处理。组织规划作为我们学习模式中的一个方面，可以帮助我们在写作工作中取得几乎立竿见影的提高，尽管大多数人往往对它不予重视。

- 为了做出上述改变，需要重新组织检索系统。
- 为了做出上述改变，需要重新规划时间。
- 二者都可以直接促进工作效率的提高。

■ 第 12 章

有目的地阅读

在本章将学到：

- 怎样做到只读你所需要的，从而更有效地利用时间；
- 明确阅读目的对选择正确的阅读方法的重要作用；
- 如何更灵活地运用阅读技巧，提高阅读效率。

至此，我们已经让想法现于纸上，对概念做了分析，明确了想要查找的东西。现在，我们应该有信心辨别出什么资料相关，什么不相关，做好进入查找资料阶段的准备了。

定位相关信息

不过，翻书之前，要注意！捡起一堆隐约看似有用的书就开始浏览太容易了。读的过程也许会充满乐趣，也可能会学到一些东西，但这样很难帮你写好文章。你已经解析了问题，对相关问题进行了头脑风暴，有了数个有待处理的问题和话题。你现在要做的，就是在阅读你选取的书籍和其他材料时，提出明确的问题。

而且，开始之前，就需要确定每本书里哪些部分确切地与你的研究相关。很少有书需要从头读到尾。因此，你需要查目录和索引，定位你感兴趣的问题和材料所在的页码。

大多数书籍只需做到这一步，但有一些书的章节标题有误导作用，几乎不能从中看出实际内容。这些书的索引通常也很短，起不到帮助作用。这种情况下，每章的第一段会很有用，作者会告诉你这一章要干什么；然后再读最后一段，它会解释该章的任务是如何完成的。

偶尔会出现上述读法不能起效的情况，这时你可以**略读**每一页，对每一章的内容获得一个大概的印象。或者，你若很清楚自己要用这本书解决什么问题，那么可以快速**查读**每一页，寻找可以给你答案的关键词。这两种方法会取得出乎意料的效果，但前提是你在解析问题阶段已经明确了要解决什么问题。

简而言之

检查：

- 目录页
- 索引
- 章节标题
- 第一章与最后一章
- 每章末尾与整本书末尾的总结
- 每章第一段与最后一段

略读文本，获得对目录、关键概念、结构的大概印象，并通过**查读**获取关键词。

经过了这个过程，你应该可以对一些问题做出回答了，这些问题能够决定你如何使用文献：

1. 它具有相关性吗?

2. 如果是，哪些部分相关？

3. 它采用了什么方法？

　　——方法的难度过大吗？

　　——专业性太强吗？

这一环节再次体现出我们工作方法具有灵活性的重要意义。我们有三种阅读方法可供选择，每一种都适合于不同的任务类型。

1. 如果我们知道一个文本或一篇文章对我们的工作极其重要，就可以采用**逐字逐句**的阅读方法。从这类文本中，我们期望用笔记提取出其主要观点与主要部分的细致结构。

2. 反之，如果我们只想从一个文本或文章中获取对内容的大致印象，或大概了解其关键观点和主要结构，那么最好**略读**它。

3. 如果我们是为一个具体的问题寻找答案，比如日期、名字、一组数字，或作者对某一话题说了什么，那么就需要**查读**。

这里的关键在于灵活性，而灵活性的关键在于头脑里必须有明晰的目的，这样你才可以选择最合适的方法。

实践　练习 11

有目的地阅读

　　在下面情境中，判断哪种阅读方法和你的目的最为吻合。

　　1. 在你参加的一个会议的前一天晚上，给了你一份长达

50 页的报告。你会略读、查读还是逐字读？

　　2. 你要参加一个会议，会议主持人是一个有不良人权记录的国家的元首。为了做准备，你要参考一份由国际特赦组织编写的关于该国司法体系的详细报告。你尤其想要知道目前有多少政治犯未经审判而被拘留，以及他们已被羁押多久。你会略读、查读还是逐字读？

　　3. 你要代一位突然生病的当地高尔夫俱乐部秘书工作。你需要读上次会议记录，来为下次会议制定日程。你会略读、查读还是逐字读？

　　4. 你收到了几月前预订的最喜欢的作者的最新的小说。在去上班的火车上，你开始读这本小说。你会略读、查读还是逐字读？

　　5. 你受某奖学金的资助在上大学。但是从下一年起，奖学金的资助条件要发生改变，这意味着你也许不再有获资助的资格。你刚拿到一份新的奖学金条例。你会略读、查读还是逐字读？

答案

1. 略读，以获得对内容的大致印象。

2. 查读，以知道国际特赦组织关于政治犯及其拘留有什么说法。

3. 略读，以找出上次会议讨论过并在下次会议继续讨论的内容。

4. 不愿错过任何内容，你会逐字读。

5. 你会逐字仔细地读，就像读法律文件一样，直到你最终对自己是否具备资格完全清楚。

小　结

　　1. 明确每一项资料里与你的研究有关的部分。

　　2. 选择与你的目标最吻合的阅读方法：逐字读、略读或查读。

下一章提要

　　如果我们的车坏了，要从电话簿上查找一个修理厂的电话号码，我们用常理就能判断出要用查读的方法。然而在学术研究中，要运用同样的常理做出判断却似乎难得多。对很多人而言，正如之前所讲，最可能的原因在于我们仍然坚信，如果要通过考试，就必须积累尽可能多的正确答案，而唯一的方法就是用这种阅读方法：对每一篇文章都逐字去读。结果便是我们处理所读观点的质量与深度都会受到影响，这一点将在下一章谈到。

■ 第 13 章

处理观点

在本章将学到:

- 在阅读过程中处理观点的不同方法;
- 如何提高对所读资料的记忆力;
- 如何通过分析性阅读从所读文章中提取出结构。

我们的写作质量最终将取决于处理观点的质量。有一些学生属于"表层处理者",他们读得很被动,即对所读资料不做积极的分析与构建结构,对作者提出的论点、论据、观点不做批评与评价。大多数情况下,这些学生很难回忆起他们读过的东西,他们能做的一般只限于对观点的"描述"。

如果问题要求他们"评价"或"批判性地评估"某一具体说法,他们往往不能给出适当的解答,只能发挥出较低层次的能力,包括对一个论点仅做"描述",或"概述"某一具体案例。前面已经分析过,这是一种由于忽略指导性动词的重要性而导致的错误。但这个问题的源头往往在于他们的阅读习惯,这种习惯将他们的能力发挥范围拖到一个他们自己并不愿意停留的较低层次。

表层处理

1. 在阅读中不做分析，没有为观点构建出结构。

2. 对所读资料不做批评与评价。

3. 由忽略指导性动词而引起。

4. 源于将能力发挥范围拖入较低层次的阅读习惯。

多次阅读

为了避免产生这样的问题，确保你能够进行"深层处理"，也许有必要对文本进行两次或三次的阅读，尤其对于专业性较强或论证非常严密的文本。

为理解而读

你第一次的阅读可以只针对较低层次的能力范围 —— 为理解而读，目标仅为理解作者的论点。这样的文献也许是关于一个你之前从未读过的话题，或者会包含一些陌生的专业术语，它们每次出现都需要你去仔细思考。

为分析与结构而读

在第二次的阅读中，你应该可以对文章进行分析，将它划分为几大部分以及更小的部分，这样就能看出如何在笔记中组织它。如果文本的难度不是太大，你或许可以在一次阅读中就完成这两项任务（理解与分析），但谨慎起见，不要过于匆忙。记住，因为你已经判断出需要读的页码范围而不是读完整本书，所以可以多花点时间将观点处理好。

为批评与评价而读

第三次阅读中，你对作者的论点进行批评与评价。显然在这一次与第二次的阅读中，我们的处理方式更为积极。在第二次阅读中我们对文章进行分析，提取出结构。在第三次阅读中，我们和作者保持一种对话，在对话中对他们的论点做出批评和评价。在第 17 章，你会看到当批判性地阅读一位作者的论点时你需要发现的所有典型问题。

给自己留出考虑时间

最后要注意一点 —— 不要仓促。必须在第二次和最后一次批判性阅读之间给自己留出一点考虑时间。你的思维需要足够的时间来处理所有的材料。最好是留一个晚上的时间，这样你能够将问题看得更清楚、更客观。如果在第二次为结构而读之后，紧接着直接就去批评和评价作者的观点，你自己的观点可能会和作者的观点融合在一起，那么你就没有给自己留出空间对作者的观点进行批评与评估了。你可能会发现自己几乎没有什么观点会与作者的相左。

任务 4

为分析与结构而读

读下面的文章，第一次为理解而读，而后为分析与结构再读一遍。离开几个小时，甚至一天左右，然后再回到这篇文章，用普通的线型笔记的方式梳理出它的结构。如果对怎么做不是很确定的话，可以读第 14 章的第一部分。

　　但是，记住，你的目标是梳理出要点之间的层级关系，以及主要部分及其他部分之间的层次关系。尽量裁去不必要的细节。如果有例子或解释你认为以后需要再用到，就用一两个词简单地做个注释，作为回忆的导引，这就足矣。使用能够联系起所需相关信息的简洁的词或短语，你自己知道怎么用就行。

　　要记住，这个练习最重要的部分就是让文章呈现出清晰、有条理的构造。如果不由自主地放入不必要的细节，就不可能达到这一点。在阅读与记笔记之间，你的思维将会自我组织，在潜意识中对文章形成一个非常清晰的结构。因此，必须培养出这样的技能，才能深入挖掘，将文章精确、形象地绘制在纸上。

　　如果你不断地告诉自己这个也要记下来，那个也要记下来，不然就肯定会忘记，就达不到上述目标。不要怀疑自己是否有能力记住那些不需要记下来的细节，怀疑它就是给思维设置障碍。

文章

商业中的伦理

　　近些年来，我们可以看到，全世界学习职业伦理和商业伦理课程的学生人数呈前所未有的态势在增长。研究表明，仅在美国、英国、加拿大，就有至少三百万学生选择哲学模块作为他们的专业学位课程，其中大多数都是伦理课程。

　　据世界资源研究院和阿斯彭研究所的近期研究结果得

知，超过半数的国际领先商学院现在将伦理学与企业责任作为特色必修课程。在他们的"超越灰色地带"，即两年一次的国际商学院排名中，根据其 2005 年的报告，91 所被认可合格的学校共开设 1074 门这类课程。而且，要求学生将此类课程作为个人项目的一部分的学校数量占比从 2001 年的 34% 增长到 2005 年的 54%。实际上，世界排名前十的每所学校都开设约 50 门这类课程。

在被《金融时报》誉为欧洲最佳的伦敦商学院，所有的 MBA 都要求选一门商业伦理和社会责任方面的课。英国莱斯特的德蒙福特大学近期在国际商务和企业社会责任方向设置了理学硕士学位。牛津大学赛德商学院与阿喀琉斯集团最近宣布创立了"牛津-阿喀琉斯企业社会责任工作组"，旨在将智慧辩论与实用建议引入他们描述为重要但发展不足的企业生活领域。

在美国，一些商学院成立了专业中心以应对伦理相关课程不断增长的需要。例如，乔治城大学就于 2000 年成立了商业伦理研究所，来激励对相关问题的实证性和应用性研究。波士顿学院成立了 5 个独立的研究所，主题涵盖了从企业公民、责任投资到工作-生活平衡以及伦理型领导。

课程快速增长的背后有诸多原因。最明显的也许是最近发生的企业丑闻事件，让专业人士与公司管理层更加意识到有违伦理的行为对职业生涯与商务的损害。然而也许还有更深层的因素。在美国，这类课程的增长得到了消费者压力团体的促进，他们要求加强伦理型企业管理，提高环保性能，而且不仅实行股东问责制，利益相关者也要问责。此外，公众愤怒，尤其是对于商业犯罪、贿赂、腐败、不负责任、环境恶化等事件的巨幅增长的愤怒情绪，也构成了近年来对商业伦理关注增长的原因之一。在欧洲，欧洲一体化进程中，各类标准愈趋严格，类似的力量也在推动着对伦理性实践重要性的关注。

但对许多公司而言，最关键的动力在于自身的利益。随着商业环境的变化，他们日益意识到好的伦理就是好的商业。良好的商业伦理政策是建立良好声誉的关键，良好声誉很可能会带来更多的未来商机、防止商业欺骗、激励员工，因为员工在信任雇主伦理标准的前提下可表现出更强的创造力。

自身利益也以另一种方式起作用。除了对建立良好声誉的考虑，美国越来越多的企业开始意识到健全的商业伦理政策是抵御不合伦理或非法行为的第一道也是最重要的一道防线。根据美国联邦量刑指南，如员工违法，公司要缴纳的罚金最高总数可达违法行为涉案金额加上法律、法庭费用之和的 4 倍。但是，如果该公司有健全有效的伦理制度，则最多只需缴纳该金额的 20%。每年，北美企业非伦理性行为的成本高达 1000 亿美元。

随着政府和公众态度的转变，伦理学似乎终于开始前途有望了。

答案

商业中的伦理

1. 伦理课选课人数增长 ——在美国、英国、加拿大约三百万
（1）将伦理课作为必修课：

"超越灰色地带"，由世界资源研究院和阿斯彭研究所对国际商学院的研究得知：

① 超过半数开设必修课

② 2005 年报告 —— 91 所学校开 1074 门课

③ 开设必修课的比例：

2001 年 —— 34%

2005 年 —— 54%

④ 排名前十的每所学校开设约 50 门课

（2）商学院中要求选择伦理课的群体：

① 伦敦商学院 —— 所有 MBA 学生

② 莱斯特的德蒙福特大学 —— 国际商务和企业社会责任（专业）设理学硕士

③ 赛德商学院 + 阿喀琉斯集团 —— 牛津-阿喀琉斯企业社会责任工作组

④ 乔治城大学 —— 2000 年成立企业伦理研究院

⑤ 波士顿学院 —— 5 个独立研究所

2. 原因

（1）近期企业丑闻 —— 意识到其危害

（2）消费者压力团体 —— 要求：

① 加强伦理型企业管理

② 提高环保性能

③ 所有利益相关者问责

（3）公众愤怒 —— 关于下列因素的增长：

① 商业犯罪

② 贿赂

③ 不负责任

④ 环境恶化

（4）欧洲一体化——标准愈趋严格

（5）自身利益：

① 良好声誉——

- 更多商机

- 减少欺骗

- 激励员工——信任

② 抵御不合伦理与非法的行为——

北美企业非伦理性行为年度总成本 =1000 亿美元

例：美国罚金 =（涉案金额 + 法律 / 法庭费用）×4

有有效的伦理制度需缴纳的罚金为上述金额的 20%

　　也许你的笔记并没包含这么多细节，但也无须气馁。这个练习最主要的目标是通过笔记尽可能清晰地反映出你对文章主要结构的理解。因此，如果你已经可以提取出学习伦理课程人数增长的主要原因，以及各层次的一些要点，就很好地完成任务了。

　　现在你可以知道，这不是一个简单的练习。要熟练完成需要用不同的文章再经过几次练习，但只要你清楚自己想要达到什么目标，就可以在很短的时间内看到惊人的进步。在阅读的过程中，你的思维会自我组织，对所读内容形成结构。那么，你的主要目标就是将它再现在笔记中。

小　结

1. 为避免仅做表层处理，有些资料必须读一遍以上。

2. 对难度最大的文章，第一遍为理解而读，第二遍为分析和结构而读，第三遍为批评与评价而读，这样会很有帮助。

3. 在每次阅读之间留出考虑时间，这样可以将问题看得更清楚、更客观。

下一章提要

进行到这一步，只要简单易记的关键词语可以激发起对要点的回忆，你应该就可以准确地回忆起文章的结构了。在下一章，我们将考察如何取得进一步的提高，以及笔记其他方面的问题。

■ 第 14 章

以分析与结构为目的记笔记

在本章将学到：

- 如何增加记笔记的灵活性，从而更好地发挥自己的能力；
- 如何为理解、分析、批评这几个不同的观点处理层次选择最适合的方法；
- 如何用线型笔记为你正读的文章构建出清晰、有条理的结构。

选择正确的记笔记法

现在你无疑已经认识到，在每个不同的观点处理层次（分析 / 结构、批评 / 评价），都有一个最适合它的记笔记法。

当然现在看起来这应该没什么奇怪的了。它证明了我们之前已经说过很多次的话，即灵活性和选择最适合的方法是写好文章的关键。对大多数要写的文章而言，要选择哪种方法是很明显的：以分析与结构为目的，选择线型结构；以批评与评价为目的，选择图式结构。

然而，总是有某一文本或论文似乎不能归入任何一类，任意一种方法单独使用好像都不适合所要完成的任务。在这样的情况下，我的方法是首先使用结构性强的线型笔记，然后再用图式笔记呈现出相关问题的宏观视图。这种方式可以帮你解决除了细节什么都看不到的问题，避免只见木不见林。

以分析与结构为目的记笔记

如之前所讨论的，我们在这一步的目标是辨别并提取观点的层次关系，这个过程涉及根据观点的相关性与重要性对它们做出相应的取舍。

尽管这项任务看起来很明显，但令人惊讶的是，仍有许多学生就是对它视而不见或做不好。和其他很多学习方面的技能一样，很少有人学过如何将自己的想法以最好的结构成形于纸上。不过有一些简单的系统可供我们学习。有些学生从来都不能超越只罗列离散的要点、完全没有任何结构的情况。或者就是更糟糕的情况：一些学生完全依赖于一段接着一段地摘抄，结构则深埋于庞杂的文字之下。

这样的话连最简单层次上的观点处理都很难进行。如果没有清晰的结构作为指导，我们要想回忆起互不关联的信息碎片是非常费力的。结果，学生们的文章得分比他们原本能得到的要低，这完全是因为他们没有学到相关的组织技巧以将自己的理解结构化。他们坐下来准备复习的时候，面临的简直是一项毫无希望完成的任务 —— 一堆一堆的笔记、松散的要点罗列、看不到任何结构。

- 提取出要点之间的层次关系。
- 只选择相关与重要的点。
- 我们需要在笔记中呈现一个清晰的结构来帮助我们
  记忆。

可以将这个比喻为头脑的两种归档系统。比如，有这样一个学生，他用一个巨大的纸箱子将所有的纸片都投进去，不按照任何成系统的顺序。那么，当他在考试中遇到问题时，就把头深深地探进箱子里，绝望中带着一丝能够找到有用的东西的希望。不幸的是，最好的情况也只是找到一些有一点点联系或略沾点边的东西，但这却是他唯一的材料，只能最大可能地想办法利用了。

相反，还有一种学生，他会将自己的观点都系统地归类，放入一个大脑档案柜，知道面对问题时，自己可以从头脑中检索到结构化了的、相互联系的论点，并能以引用和论据作为支撑，因而他可以在此基础上充满信心地发展出自己的观点。大多数人只要知道如何去做，并具有充分的技能，都可以做到这一点。

实践   练习 12

笔记的结构

我们需要问自己一个问题，我们处在这两个极端之间的什么位置？我们的笔记结构性有多强？它们可能充满了难以回忆起来的段落、冗长的描述，也可能结构分明，包含了能够准确无误地帮我们回想起所有所需观点的关键词语。

以你在近两周内做的一组笔记为例，基于以下三个标准对它做出尽可能客观的评估：

1. 要点之间是否具有层次关系，各部分是否能按层次分为一级、二级、三级；

2. 关键词或短语是否能清晰地指向观点；

3. 每一部分之间是否有清楚的空间能让你一眼就看出笔记的整体结构。

给自己打分，每一条总分为 10 分。

如果总分在 24~30 之间，你没什么需要担心的了。如果给自己打的分在 15~24 之间，那你仍有工作要做。如果结构不够清楚，你可能需要选择更有利于记忆的关键词，或增加各部分之间的空间以便更清楚地看出结构。如果给自己的得分在 15 分以下，也许你并没有搞清楚为什么要做笔记，也不清楚你需要回答什么问题。结果就是什么都看起来有些关系，值得记下，结构却迷失在堆积的词语中。解决办法就是更清晰地解析问题，这样才能知道哪些相关哪些不相关。或者，你只需要改进记笔记的基本技巧，在下面的部分以及后面两章，我们都能从中获益。

当然，最严峻的考验在于能否回想起所做笔记的主要结构。所以，在给自己打完分之后，对着笔记开始回忆，尽量想起你看过的要点。如果你觉得这一步有难度 —— 其实大多数人都会如此，你就需要对记笔记的方式做一些改变，让结构更清楚，这样你就可以准确地回忆起所记的内容了。

线型笔记

线型笔记也许是最熟悉、运用最广的做笔记方法，因为它能够满足大部分需要。但我们已经看到，在大学里考试的设计初衷并不仅仅是评估理解力，因此一段接一段的简短的描述性段落，甚至列表的形式都没有太大的实际价值。在这个学习阶段，考试关注的是更广泛的能力类型，包括论述、批评、从不同资料中综合论点与观点、建立联系及进行对比、评价等不同的能力。因此，针对各种新的需要，有必要采用更复杂、更适合的笔记法。这种方法应能促进我们能力的提高，而不是紧紧地束缚能力的发挥，阻碍其发展。

> 好的记笔记方法应能促进能力的提高，而非阻碍能力的发展。

线型笔记最适用于分析型任务，它可以记录论点与文章的结构。在你构建结构的过程中，每一步，或每一次缩进，都意味着将分裂出层次更小的部分。这些部分接着可以再次分为更小的部分。这样，最复杂的论证都可以用非常易于理解的结构呈现出来。此外，凭借大写或不同颜色清楚地标出关键词，可以让我们很容易回忆起它们所指向的那些观点或信息，这一点也同样重要。

以下所选例子来自遗传学课程中的一组笔记：

基因

1.定义：

（1）遗传中基本的物理与功能单位

（2）碱基序列 —— 含编译蛋白质制造命令

（3）以染色体为载体

2.紊乱：

（1）基因变化阻止蛋白质发挥正常功能

（2）蛋白质：

　　① 维持大多数生命功能

　　② 大多数细胞结构的构成成分

3. 基因疗法：

（1）定义：纠正引起疾病的有缺陷的基因的技术

（2）方法：

　　① 替代 ——

　　　　• 正常基因替代功能异常的基因

　　　　• 异常基因通过同源重组替代正常基因

　　② 修复 —— 异常基因被修复 —— 选择性回复突变

　　③ 调控（调节开启 / 关闭的程度）改变

4. 一般方法：

（1）运载体 = 载体分子将基因转移到靶细胞

（2）病毒 = 最常用的运载体：

　　① 培育用以感染细胞

　　② 用治疗基因替代携带疾病的基因

　　③ 类型：

　　　　• 逆转录酶病毒

　　　　• 腺病毒

　　　　• 腺伴随病毒

　　　　• 单纯疱疹病毒

（3）非病毒转运系统：

　　① 直接将治疗基因导入靶细胞

　　② 制造脂质体 —— 人工液体泡囊体 —— 通过靶

　　　细胞膜传递 DNA

③ 将治疗 DNA 黏合到附着在特殊细胞受体的分
子上

④ 将第 47（人造）染色体导入靶细胞

5. 细胞：

（1）胚系（精细胞、卵细胞和它们的干细胞前体）——诱
发变异 = 争议性 ——影响后代

（2）体细胞（疾病携带者的成年细胞）：

① 间接体内疗法 ——体外修饰和回输细胞

② 直接体内疗法 ——在体内细胞中改变基因

可以看出，这个结构很简洁清晰。只要稍做观察，就可以
提取出要点及其支撑性论点和论据，记住它们，然后检验是否
可以回忆起它们的结构。

小　结

1. 在不同的观点处理层次有不同的记笔记方法。

2. 灵活性和选择正确的方法很重要。

3. 如果学会将观点清晰地结构化，可以更有效地回忆起并
运用它们。

4. 线型笔记适用于记录论点结构与文章结构。

下一章提要

下一章，我们将学习如何组织笔记，从而让结构尽可能清
晰，这样就可以随时精确而快速地检索出观点。

■ 第 15 章

记住笔记内容

在本章将学到：

• 掌握做笔记的技巧，使笔记结构清楚，便于准确记忆；

• 如何避免做笔记过程中的常见问题；

• 如何组织和完善笔记。

好的笔记重在结构清晰。大脑能记住的是结构，而不是文本中的某个列表或几个段落。因此，要让笔记简明、清晰。不要认为某一条内容如果不放在笔记里，就再也想不起来了，事实并非如此。笔记的结构就像是一张网，它引导你回忆起的东西远比你想象中的要多。但是它必须是一张好网：结构合理，逻辑关系清楚，且不包括任何无用信息。

• 大脑记住的是结构，而不是列表或段落。

• 让笔记保持简明、清晰。

• 清楚的结构就像一张网，它引导你回忆起的东西远比你想象中的要多。

构建清晰的结构

下面几种方法可使你的笔记结构清晰：

1. 关键词

选取清楚的、便于记忆的词标明结构中的要点。在上一章关于基因的笔记中，那五个要点都不难记忆，尤其是用"定义""紊乱""基因疗法""一般方法"和"细胞"等关键词表示时。笔记中分支部分的内容也要用关键词标明，但并非每一步及所有的分支部分都需要如此：只需标明各个要点以及重要分支部分，其他内容就会自然引出了。这一点你不用怀疑，试一下就会知道。

因此，只需选取清楚的、便于记忆的词来标明主要分支部分，如"运载体""病毒""胚系""体细胞"，以及"替换""修复""调控"这几个头韵词（英文单词分别为"replacements""repairs""regulation"，首字母均为"r"）。这些词未必需要多么漂亮、巧妙，只需方便记忆即可。

2. 大写

所选取的关键词必须突显出来，便于一看即知笔记的结构。如果透过笔记中的这些关键词，不能看到结构，那么这个结构也就没什么意义了。有些人会选择把关键词全部大写。

3. 颜色

如果你觉得大写还是不能突出关键词，可以把它们用不同的颜色标出来。不用标得太花哨——你不是在创作现代艺术品——但可以用两种不同颜色的笔，这并不复杂。一种颜色用以突显关键词，另一种用于其他内容。这种方法的有效性会令你惊讶。有些人在上学时期为备考而做的笔记，多年后部分笔记内容仍可以在头脑中精确地再现，这样的例子并不少见。

4. 间隔

为了让结构更清楚，笔记写得不能太拥挤。因此，每个要点之间都应该留出充足的空间。这样做虽然是为了避免过于拥挤，但同时也让你有机会将阅读过程中发现的其他相关信息添加进来。

5. 缩写

大部分人都会使用缩写，并对一些常用的词创造具有个人风格的缩写形式。然而，当你列出标准缩写形式时，有很多学生都会目瞪口呆，例如：

因此	$\therefore$
因为	$\because$
导致	$\rightarrow$
增加 / 减少	$\uparrow \downarrow$
多于 / 少于	$> <$
将会 / 应该	wld/shld
将会是，应该是	w/be，sh/be
等于	$=$
不等于	$\neq$
平行	llel

不过，尽管为了让笔记更清楚、简洁，必须用这样的缩写形式，但指导老师应该也明确地对你讲过，这些缩写不能出现在文章终稿中。

简　洁

在第一次以理解为目的阅读文章之后，过段时间为构建结构再次阅读。如果这两次阅读之间所留出的时间充足，你就更可能做出清楚、简洁的笔记，不包含任何不必要的信息。这样就不会陷入一个最耗时的工作，即在笔记上再做笔记，而很多人都不得不做这一项工作，原因就是第一次做的笔记太不简洁。

不幸的是，有很多学生认为笔记之上再做笔记也是有意义的。他们认为用更简洁的方式重新誊写一遍笔记，是一种学习。他们坚信把笔记写在纸上就是把笔记记在脑子里，然而，事实完全不是如此。

做笔记是思考的一种替代形式，一种更愉悦的形式。它是一项我们可以下意识地进行的活动。实际上，做笔记可以是学习中最轻松的那部分。当不需要给大脑下达新要求的时候，就可以想些其他更愉悦的事，如做做周末计划，想想去年假期的美好时光等。

做笔记过程中的主要问题在这里也就凸显出来了：大多数人都会觉得笔记要做得简洁很不容易。我们的大脑在下意识地工作时，会觉得每一点信息，无论大小，都会对以后的理解非常重要。不出意外，他们的笔记不会有多精简，结构因此模糊不清，到了复习阶段，又得对已做的笔记再做笔记。

- 在以理解为目的的阅读和以结构为目的的阅读之间留出时间，这将有助于把笔记做得更清楚、简洁。
- 不要认为必须把所有的点都记录下来。
- 要简洁。

笔记必须是对我们理解的记录

但是，还有另外一个原因，让问题变得更棘手。大部分人常常怀疑自己记忆细节的能力，所以，就会不由自主地记下将来"可能"会有用的东西。这就不可避免地导致笔记内容堆叠，模糊了主要结构。而正如我们之前所看到的，要很快回忆起那些细节，这个主要结构正是唯一的途径。

为避免出现这一问题，我们必须不断提醒自己两件事：第一，我们的记忆力远比自己预计的要好，这一点基本上是可以确定的；第二，我们不是要对相关话题进行一个百科全书式的描述，无须把所有已知事实都记录下来。要让笔记发挥作用，就是要记录我们自己的理解和思考，而不是别人的想法。

> **提醒自己：**
>
> 1. 你的记忆力远比你想象中的要好。
> 2. 你做的不是一个百科全书式的描述。

我们首次读一篇文章，或刚读完文章就立刻着手做笔记时，会很容易忽视这一点。我们容易丧失自己的客观立场：看到的只是作者的想法和观点，而不见自己的。我们的思维需要时间来消化这些观点，并且重新自我组织。你会发现，如果在阅读和记笔记之间留出一定的时间，思维就会自发地为文章中提取出的观点构建出一个结构。

留给思维足够的时间让它完成这一工作之后，我们需要组织思维，继续推进，将自己的理解呈现在纸上，而不是摘抄原文。否则，我们自己的思想就会被作者的观点所劫持，只会简单地从文章中复制观点，而没有自己的思考。记住，细节方面的东西是随时都可以返回来进行检查的。

- 不要记录那些将来"可能"会有用的信息。
- 给思维留出时间，让观点能自我组织起来。
- 不要让作者劫持你的思想。

实践　练习 13

以分析与构建结构为目的记笔记

从你为写文章而准备的参考书中选一章。首先为了理解通读一遍，隔一天左右，再读一遍，第二遍阅读的目的是分析和构建结构。之后留出几个小时，让你的思维进行自我组织。然后，拿出一张白纸，尝试回忆这一章内容中你感兴趣的要点，理出它们的大致结构。

在这个过程中，克制住返回文章中去检查的想法，哪怕是为了检查一个事实点，也不要返回去看。你可以用一小时左右的时间来回忆文章的结构。通常情况下，你并不需要这么长的时间，但为了练习，给自己留出足够的时间，做得彻底一些。

你将会惊喜地发现，在没有帮助的情况下，你竟然能将互相联系的点连接成一个复杂的结构。日后当你再想怀疑自己的记忆力时，就没那么好的理由了。你会发现，你的思维为你构建出一个多么清晰、简洁的结构，围绕这个结构，如有必要，你可以充实添加笔记内容。不过，在添加笔记细节的过程中，时刻提醒自己，不要在结构框架中塞满不必要的细节，让笔记显得杂乱不堪。切记，笔记如果不能记录你对主题的理解，就没什么用。

提取作者构建的结构

大多数文章很容易看出作者的思路和所构建的结构，但并非所有的文章都是如此。在某些难度较大的情况下，你需要进行阐释，把作者所说转换成自己能够理解的语言和结构，这样有助于你将文章与自己的思考结合，将文章中的观点转换为自己的观点。通过这种方法，观点就具有了普遍性，它们既属于你，也属于文章的作者，并且不会有抄袭的危险。这需要去除一切作者特有的表达形式，提炼出观点的实质。

- 根据你能够回忆起来的结构，用你自己的话记笔记。
- 将文章的观点与你自己的思考结合。
- 观点具有普遍性 —— 只有表达和推演的形式才是作者独有的。

然而，即便是最难懂、结构最糟糕的文章，其作者也会留下线索或文字标记，指示文章所遵循的结构。我们虽然对这些标记很熟悉，但常常会漏过它们。位于引言和结论位置的句子往往是对文章主要观点的表述。在这些地方，你会找到一些容易记忆的关键词，它们能够启发你想出更多的观点。

阅读文章的正文时，像“首先”“最后”这类词能起到指示文章结构的作用，告诉你将要讨论或者已经讨论过了多少要点。另外，还有一些引出例子的词语，像"例如""比如"等，意味着你无须对接下来的文字做出细致的笔记。一个单词，一个短语，或者一个句子足以在必要时帮助你回忆起相应的例子。其次，还有一些常用的"逻辑指示词"，如表示转折的词（相反、然而），表示推进论证的词（进一步、因此、从而），有关这方面的内容将在第 4 阶段做详细解释（见第 30 章）。

根据指示理出线索：

1. 引言和结论中的句子。

2. 找出以下提示的词语：

结构："第一""第二""最后"

例子："例如""比如"

转折："相反""然而"

拓展："进一步""因此""从而"

整合笔记

　　上述所有方法都有助于从阅读内容中提取清楚的结构。不过，如果说好笔记的一个主要特征是结构清晰，那么正如之前多次提到过的那样，它的另一个特征就是灵活性。

　　如果要复习了，却发现关于该话题所做的笔记散落在文件夹的各处，这会是一件非常糟糕的事。这个问题产生的原因在于做笔记的方法，即组织笔记的方式让你无法在原有笔记的基础之上做出修改或添加新内容。结果，对于同一个话题，在文件夹里可以发现多处与之有关的笔记，它们之间毫无关联，而且对话题的处理方法也不尽相同。

　　没有什么比这更让人困惑、懊恼的了。当你为了考试开始有规划地复习时，却发现必须得重新整理笔记。没办法，只能在原有笔记的基础之上，重新再做笔记，将笔记内容整合起来，而这一工作原本在开始时就该完成。

　　有必要提醒自己，笔记只是原材料，并不是写下来就不能动了。随着阅读的推进、理解的加深，你的观点会发生变化，这时你可以对笔记内容进行添加、调整和修改。当你对话题的理解发生变化时，笔记也应随时做出相应的调整。因此，你需要掌握一种记笔记的技巧，让自己不但能够将发生的变化记进来，同时最终完成的笔记还应该是一个连贯的体系。

整合笔记法

1. 使用活页文件夹。

2. 使用索引卡片。

3. 在各部分之间留出足够的空间。

4. 只在纸张的一侧书写。

　　为使笔记具有灵活性，可以使用活页文件夹，方便随时添加新的内容，对已有内容进行扩充或修改。还可以使用索引卡片，将课程内容分解为不同的话题，用卡片记录独立的引文、数据和例子（见第 18 章）。另外，在记笔记的时候，每个部分之间要留出足够的空隙，在新材料出现时便于添加。同样的道理，只在纸张的一侧书写，相对的另一侧空着，也是为了方便添加新内容。

小　结

1. 尽量保持笔记结构清晰、简洁。

2. 相信自己能够记住笔记中省略掉的东西。

3. 在阅读和记笔记之间留出一定的时间。

4. 在笔记中记录**自己**的理解，尽可能使用**自己**的话。

5. 关于同一个话题的笔记，将它们整合在同一个地方。

下一章提要

运用以上技巧，学会这种灵活的记笔记方法，你就能够更自信地将自己对所读观点和论述的反应记录下来，这一点将在下一章中讲述。

■ 第16章
以批评与评价为目的记笔记

在本章将学到：

- 批评和评价观点的四个步骤；
- 如何在笔记中记录自己对文章的批评和评价；
- 如何提高注意力。

一般来说，论述和批评某一观点中隐含意义的能力，首先依赖于分析论点结构所需的技巧，区分开支持和反对的观点，才能做到心中有数，进行下一步的讨论。除此之外，为了进一步记录自己的观点和批评，制定做笔记的策略也十分必要。

然而，由于做笔记的方法不当，数小时的埋头苦干之后，也许只会逐字摘录下一些不够相关的内容，这使得大多数人永远都到不了对作者的论点进行批评和评价那一步。出现这一问题的主要原因是解析问题这一步被轻易地跳过去了，并且未根据以下两个问题做出图式笔记：

1. 问题中有哪些点需要查找资料，并在文章中考察？
2. 针对这些问题，自己有哪些认识和思考？

实际上，如果忽视了这两个问题，就会不清楚该读哪些文章，盲目地进入查找资料阶段。不了解问题中有哪些要点，也就不知道要去发掘什么了。

制定评价作者观点的标准

同样地，由于对问题要点并未形成自己的认识和思考，在接下来的阅读中，也就无法将文章的观点转为自己的理解。因此，文章中的观点自然还是别人的观点，我们只能获得一些碎片式的、缺乏条理的信息。或许，最严重的问题是，我们没有什么标准可以用来判断作者的观点，也就无从对其进行批评和评价。

读完一篇文章，很可能完全赞同作者的观点，很难提出批评意见。接下来，读另一个作者的文章时，同样地，又会完全赞同这一作者的观点。但这一作者的观点与上一作者的观点是相矛盾的。我们很容易迷失在这两种观点之中，难以衡量两者的优点。没有一个判断作者观点的标准，就无从论证，结果就只能不加批判地照搬、复制文中的观点。

如果不能解析问题，就会：

1. 不知自己要从文章中获得什么。
2. 不知自己要思考什么，因而不能把读到的东西转为自己的理解。
3. 只能记住文章中零碎的观点和信息，缺乏条理。
4. 没有判断作者观点的标准，无法做出批评和评价。
5. 只会照搬、复制文中的观点，缺乏批判性思考。

精力不集中

上面的问题也很好地解释了为什么大部分人只能在短时间内集中精力，却很难自始至终全神贯注地做一件事。因为仅仅理解文中的词语，然后把它们抄在笔记本上，大脑所做的工作是比较简单的，并没有得到充分利用，于是它就会去想一些更有趣的事情。比如，期待周末的聚会，或回想去年暑假的事。大脑在做诸如此类事情的同时，可以继续处理我们交给它的那些简单任务。但问题是，一页读完了，或者花了两个小时做了笔记后，却很难想起其中的一个词。文章确实读过了，但除了摘录词语之外，并没有对信息做任何其他层次的处理。

因此，自始至终都必须避免被动的、蜻蜓点水式的处理信息方法。把阅读和做笔记的过程分为三个不同的信息处理层次会很有帮助。同时，掌握灵活做笔记的技巧也有很大的好处，它能让我们在笔记中融入更多自己的观点和批评。

所以，做一下尝试吧，尤其要尝试图式笔记。如果对某些特定的文章而言，你觉得线型笔记可能会更合适，也可以尝试。读完之后找个时间，拿出一张白纸，挖掘并写下你自己的观点和批评。实际上，你的看法在阅读完成之后，在大脑中已经经过了自动整合。这个过程不需要太长时间。现在，看着这些观点涌现出来，你会惊奇地发现它们居然这么精彩，而且你对该话题竟能谈这么多。

> 留出时间，拿出一张白纸，将自己对所读的东西的观点记录下来。

提出相反意见

即便如此，仍有很多学生觉得在对文章的批判性思考方面，自己和别的学生相比存在着不足。如果你也有这方面的问题，下面的四步式技巧有助于对阅读内容进行批判性思考。在下一章，我将列出在阅读过程中你应去寻找的常见漏洞。以下步骤可以帮助你做出系统的分析。

第一步：是否存在例外？

当某作者提出一些对其论点十分重要的看法时，即便你同意他们的看法，也要提出相反的意见：问自己，到底有没有例外？

例如，一个作者的观点是"所有的犯罪分子都来自社会底层"。你可能想到报纸上曾刊登过，有一些罪犯反而来自特权阶层。

第二步：如果有例外，这些例外是普遍性的还是个别性的？

个别性例外：如果这些例外仅是个别性的，作者坚持自己的观点没有问题，但你也已经找到了证据，足以证明作者的说法需要加以完善，应该将你所发现的这些个别性例外考虑进去。

回到上面的例子，即使例外仅限于一两个来自特权阶层的罪犯，作者也应对其原来的说法加以完善。

普遍性例外：如发现一类具有普遍性的例外，请继续第三步和第四步。

比如：大多数白领犯罪、计算机犯罪都由拥有大学文凭者犯下。在这种情况下，相反的观点处理起来就没那么容易了：你必须接着考虑下面的问题。

第三步：作者的观点是否太绝对？

如若发现一类普遍性例外，首先一定要问自己，原观点是否太过绝对，即论据并不足以支撑观点。如果确实如此，作者的观点就不能继续成立，必须在总体上修改措辞，对观点加以限定，或放弃整个观点。

上述例子中，论据是不能支撑论点的，如果还想保留这一论点，就必须做修改，把白领犯罪及计算机犯罪排除。然而，这样的话论点就会变弱，局限性太大，最好的办法还是放弃整个论点，因为它会让人怀疑如果进一步深究的话，还会继续发现其他类别的例外。

第四步：这一论点是否只具有部分解释力？

或者，论点虽然无法修改，但仍有比较大的价值，不能放弃，这时唯一能做的就是扩充论点，将目前被排除的例外囊括进来。如果这一做法可行，你所得出的结论很可能是作者一开始并没有注意到的，或者是与他自己的论证并不符合的。

比如，你也许会同意作者的看法，但对不利的社会地位是那些人犯罪的根源这一观点有所质疑。你可能会认为还有一部分犯罪是由于其他方面的缺失。他们可能从未有过不利的社会地位，但也许生活中稳定的父亲角色缺失，比如家庭破裂，或一直从一个寄宿学校到另一个寄宿学校，从未与父母建立过持久的亲子关系。

因此，对于这个例子，如果观点能加以扩展，将新的不利因素类别包括进来，或许仍可以坚持。然而，这样做的话，作者所得出的结论可能会超出他的预期，或者论证的方向会与他论证的主要目标发生偏离，因为她本来要论证的是所有犯罪都具有社会阶级性。

不管结果如何，不论是进行到第二步、第三步或第四步，你都会发现自己可以有理有据地批评作者的观点，或对其提出自己的看法。用同样的方法做下面的练习。为了让自己能够按步骤进行，可以将以下图表放在手边做参考。

论点 ➡ 例外 ➡ 个别性例外 ➡ 限定 ➡ 一些、少量、大多数、很多

普遍性例外 ➡ 太绝对 ➡ 限定 ➡ 排除例外类别

放弃

只具有部分解释力 ➡ 限定

放弃

扩充观点，囊括其他例外类别

实践　练习 14

以批评和评价为目的做笔记

仔细阅读下面的文章，理解全文。阅读两遍之后，用图式笔记的形式显示出文章的结构。然后按照上述四个步骤，逐步进行，针对文章的主要看法对自己提出问题。在这个过程中，或许你尚不能有很大的收获，但至少会在潜意识中开始思考这些问题。然后，将笔记放置一两天。

再次拿起这篇文章时，重复这几个步骤，并对作者的观点进行批判性评价。你现在的目标是用图式笔记的形式记录下你对文章的反思。因此，让你的思维自由、快速地对问题做出思考。记住，你现在要发现的是思维自发构建出的

结构。因此，当观点涌出之时，有两点很重要：一要流畅，二要反应快速，这样才能将观点结构化并毫无遗漏地记录下来。

完成之后，可与下面的答案进行对照。

文章

肉食主义者的信条

当今这个时代，对所有动物的同情心都被唤醒了，但仍有一些事实不容置疑。人类经历过漫长的进化，最终形成了一个视吃肉为理所当然的人类社会。人类的优越感事实上是建立在对劣势物种的剥削之上的，后者没有人类的智慧和道德能力：不能思考，不能做决定，不能交流。

近几年，彼得·辛格对这一观点提出了有力的批评，他的著作《动物解放》（*Animal Liberation*）自 1975 年出版以来，反响不断。他谴责人类的食肉行为，因为这种行为建立在一种恣意的道德基础之上：物种不同，对其应用的道德也不同 —— 人不能原谅吃人的行为，但可以接受食用其他动物。他指出，这和那些我们一听就会谴责的道德性区分有何区别呢？比如在性别和种族方面的偏见。我们认为，这些都是不当的道德区分。我们谴责种族主义和性别歧视，以及任何其他形式的、以不当的道德区分为基础的歧视，比如区别对待智力低下的人就是不为人们所赞同的。

他认为，唯一的非任意性的道德区分是与知觉相关的区分。知觉是一种感知痛苦（suffer）的能力。这种感知能力也是个体拥有趋利意识 [interest（利益，兴趣）] 的先决条件。

我们踢一块石头，不会有道德上的负担，可如果踢一只老鼠，就会受到道德的谴责。因此，任何动物只要有感觉痛苦的能力，可以体验快乐和幸福，就会趋利避害，我们就应该给予它们道德上的考虑。

相反，R. G. 弗雷在《疼痛、趋利和素食主义》[1] 一文中指出，有感知能力并不是个体趋利的先决条件，最起码，不是必要条件。他辩称，一个感觉不到疼痛的人仍然具有趋利意识。

弗雷在文中提到的第一个例子是关于他的一位士兵朋友的。在越南服役期间，他的脊椎、头部和神经受到大规模的损伤。他神志清醒，却感觉不到疼痛，但他仍会有自己的利益追求。他希望被照顾的利益追求现在因受伤而更为强烈。除此之外，他还关心妻子和孩子，还想维护自己的名誉。尽管他现在感觉不到疼痛，也不知道自己的名誉可能会受到损害，但这些趋利的倾向仍然存在。

第二个例子是关于卡伦·柯因兰的。这是一个昏迷中的病人，她也感觉不到疼痛，但仍有明显的趋利意识。弗雷提到，如果有摄像师进入病房给她拍照，她会感到个人隐私受到侵犯。而按照辛格的观点，如果她感觉不到疼痛，就没有利益需求。事实上，人们似乎都有这一趋利的意识，就如同每个人都想保护个人隐私，这和感知疼痛的能力毫无关系。

通过上述观点，可以看出，人在多个方面都区别于其他动物，而且这种区别并非基于恣意的划分。要承认这一点很难，但事实的确如此。

答案

一般来说，我们对论点的批评会聚焦于以下三点之一，下一章中我们会详细讨论。

1. 论证的前后一致性；

2. 支撑观点所用的论据；

3. 展开论证所用的语言。

对这篇文章的批评，我们主要针对其语言。可以问这样的问题："我们使用疼痛这个概念时，是否表达出了我们想要表达的意思？还是说，我们所指的实际上更广或更窄？"下面我们来看弗雷对辛格观点的批评，以及弗雷为论证其观点所举的例子。

第一步：是否存在例外？

对弗雷所使用的"疼痛"概念，是否存在例外？有没有其他疼痛类别未能包含在这个概念里？换句话说，"疼痛"的所指是否比文中所用的概念更广？在那个越南士兵的例子中，弗雷看起来使用的是狭义上的"疼痛"概念，仅指身体上的疼痛。但是，他的朋友当然还会感受到精神上的疼痛，对他自己、家人和名誉的苦恼、害怕、缺乏安全感等。按照辛格的理论，这个士兵仍然有利益追求，因为他可以感受到这种类型的痛苦。

第二步：如果有例外，这些例外是普遍性的还是个别性的？

在这个例子中，例外具有普遍性，而非个别性，因此，无法通过对弗雷的观点加以限定使它能将这类例外包含进来。所以，我们必须进入第三步或第四步。

第四步：这一论点是否只具有部分解释力？

并不是说他的观点太宽泛太绝对，不能像第三步一样加以修改限定，而是说观点太狭窄，只能解释有限的疼痛类别。如果把弗雷的观点加以扩展，使它能包括目前被排除在外的更为广泛的疼痛类别，也就等于承认了辛格的观点。

通过同样的步骤，可以得出下页参考答案中其他的批评性观点。掌握这个技巧之后，可以根据自己的需要，将它应用于任何要求你对观点做出批评、论述和评价的写作任务中。例如，你为写文章所列出的必读书目中，有一些是需要优先阅读的，你从中挑选一本，然后完成下面的任务（任务5）。

任务5
以批评与评价为目的记笔记

在这项任务中，从你计划阅读的书中选一章。首先，通篇阅读理解文章内容，一两天之后，拿出一张白纸，尝试回忆文章的基本结构。

完成之后，认真审查结构中的每个要点，用本章所学的方法进行批判性评价。用图式笔记将自己的理解记录下来，其间，让自己对作者的观点做出自由探索和思考。如果有时有所偏离也不用担心，一定要让自己的想法完全激发出来，再进入下一个观点。如果有哪个观点不好安放，标注出来，不要存有以后再整理的想法。一定要让自己自由、彻底地对要点做出分析，进行比较，并将自己在其他地方看到的论据

肉食主义者的信条

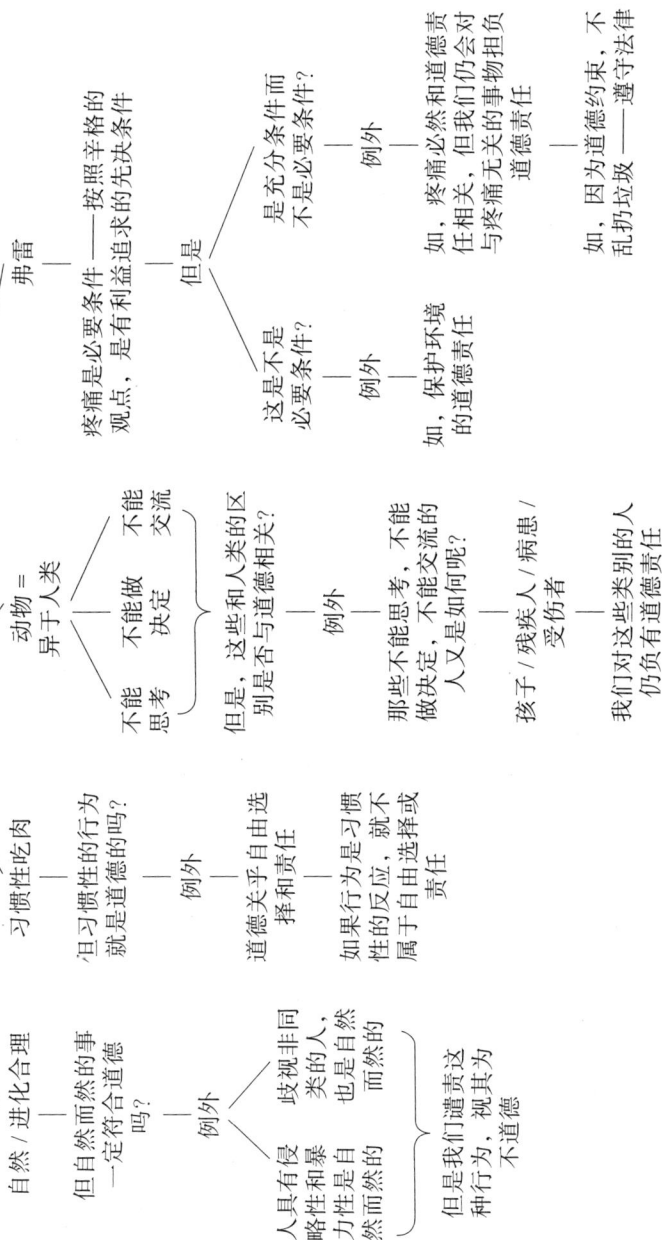

自然 / 进化合理
- 但自然而然的事一定符合道德吗?
  - 例外
    - 人具有侵略性和暴力性是自然而然的
    - 歧视非同类的人,也是自然而然的
    - 但是我们谴责这种行为,视其为不道德

习惯性吃肉
- 但习惯性的行为就是道德的吗?
  - 例外
    - 道德关乎自由选择和责任
    - 如果行为是习惯性的反应,就不属于自由选择或选择责任

动物 = 异于人类
- 不能思考　不能做决定　不能交流
  - 例外
    - 但是,这些和人类的区别是否与道德相关?
    - 那些不能思考、不能做决定、不能交流的人又是如何呢?
    - 孩子 / 残疾人 / 病患 / 受伤者
    - 我们对这些类别的人仍负有道德责任

弗雷
- 疼痛是必要条件——按照辛格的观点,是有利益追求的先决条件
  - 但是
    - 是充分条件而不是必要条件?
    - 这是不是必要条件?
      - 例外
        - 如,保护环境的道德责任
        - 如,疼痛必然和道德相关,但我们仍会对与疼痛无关的事物担负道德责任
      - 例外
        - 如,因为道德约束,不乱扔垃圾——遵守法律
    - ∴ 疼痛 = 充分条件 ≠ 必要条件

肉食主义者的信条

弗雷　　卡伦·柯因兰

弗雷

他是否如弗雷所说，真的具有利益追求？

越南朋友

疼痛 —— 例外

是否为狭义的疼痛，即仅是身体疼痛？

他还能够体验精神上的疼痛 —— 焦虑感，压力，不安

∴疼痛≠仅身体疼痛

如你自己不能直接维护自身利益，由他人，由他人代你维护维护利益——朋友/亲戚来负起保护你的利益的责任 —— 朋友

例外

当发现自己遭受试验时，会感到受到了伤害，我们在这个意义上有利益诉求

朋友或亲戚出于道德原因怕你知道他们的行为你不解，只有这种情况下，才能说我们决了这个问题发生了什么，但不知道仍有利益诉求

不为你所知的事物不会伤害到你

例外

如果声誉受损，则仍意味着你受到和你不相干的人的伤害

=朋友/亲戚有责任保护你的利益

∴弗雷认为此人自己有利益诉求的观点是错误的 —— 代理

卡伦·柯因兰

同样的问题：她自己有利益诉求吗？

例外

她的利益被代为保护，如：父母——作为她法律意义上的保护人——会像病人着想的保护人自己那样去做

平行问题＝环境与我们保护环境的责任

它不能"知道"　　不能感觉疼痛

也就是说

疼痛＝有利益诉求的充分条件
但是疼痛≠有利益诉求的必要条件

都纳入笔记中，只要它们与你当前所处理的问题相关。

记住，你是要让大脑自发地组织信息，然后把组织起来的东西记录下来。只要挖掘开发，就会有结果。要做好这个工作，思维必须高速运转。这样，思维才有可能建立联系，做出比较和对比，将信息、论据和例子利用起来，这一切你可能都未曾想过。

为了帮你更好地辨别什么样的批评才是相关的，请看下一章内容。将下一章末尾的列表复印出来，养成在进行批判性阅读之前参考它的习惯。

小　结

1. 正确的记笔记方法可以提升批评和评价阅读对象的能力。

2. 解析问题能够使我们和作者的观点保持充分的距离，从而客观地做出批评。

3. 记笔记也有助于提高注意力。

4. 体验图式笔记，在想法和批评出现时以最快的速度将它们记录下来。

5. 运用四步法将自己的批评引导出来。

下一章提要

你将惊喜地发现，通过你自己的思考，能够创造出那么多有趣的观点、批评和例子。你的文章不但变得更有趣，而且会更流畅，更有说服力，因为这些都是你自己真正的想法。如果你觉得对所阅读的对象进行不同角度的批评比较难，在下一章

中会列举出常见的问题和易犯的错误，这样你就知道应该关注
什么了。

注　释

1. R. G. Frey, "Pain, Interests, and Vegetarianism"，出自他的专著 *Interests and Rights: The Case Against Animals* (Oxford: Clarendon Press, 1980)，第 11 章。

第 17 章

批判性思考与阅读

在本章将学到：

• 如何发现作者论点展开过程中的错误；

• 如何评估作者是否有充足的论据支撑论点，并由此得出可靠的推论；

• 如何发现作者在语言使用中最常犯的错误。

写作中，不管是谁，每个人都会出错。例如，没有通过基本的逻辑推理来验证某一观点是否真能推导出另一观点；论据太过片面，缺少验证；对语言的深层含义未经思考，语言使用具有误导性，前后不一致。这三类错误几乎包含了你阅读文章时需要仔细辨别的批评点，因此，养成时常检查的习惯。

三类错误

1. 论点

1.1 结论的得出是否有理有据？

1.2 论点中是否有隐含的假设？

2. 论据

2.1 作者使用的论据是否充分、可靠?

2.2 论据的呈现是否准确?

2.3 作者从论据中得出的推断是否可靠?

2.4 作者从论据中得出的推断是否相关?

3. 语言

3.1 作者的意思是否清楚?

3.2 用词是否前后一致?

1. 论点

1.1 结论的得出是否有理有据?

检查限定词

限定词是指观点表达中表明程度的词,如"一些""所有""几个""每个""从不"。假如作者的观点是"大多数人"同意某件事,在最后结论中就不能说"所有人"都同意这件事。然而,很多情况下,由于作者会隐藏限定词,这类错误就难以发现。

例子

安全驾驶报告

作者可能在报告中称,研究发现年龄大的司机比年轻的司机开车更安全。因此他认为,既然菲利普比马克年长,所以菲利普开车更安全。但是，研究者的调查结果也许只能说明，上述结论只在"大多数"情况下是正确的，而作者却认为"总是"如此，因此他做出推断，菲利普比马克开车更安全。

无效结论：论证中的指称泛化

隐藏限定词不仅会夸大结论，还会诱导作者得出缺乏论证支撑的结论。有时作者或许以为自己论点中的指称具有泛指性，但其实并非如此。泛指意味着该指称覆盖了所有的事物（"所有司机"，而不是"一些司机"）。如果作者论证说：

"商人对待他们的员工态度很差。"

会因此得出结论：

"因为约翰是商人，所以约翰对待他的员工态度很差。"

作者认为他所隐藏的限定词是一个具有普遍意义的词，如"所有的"，但实际上，被隐藏的也许是一个像"有些"这样的局部性限定词。在这种情况下，论点中的指称不具有"泛指"性。比如只是"一些"商人对待员工很差，而约翰或许是一个对待员工很好的商人。所以，要养成多问这个问题的习惯——"这个说法具有普遍性吗？"

转换表述

转换表述是指将句子的**主语**和**补语**互换。如果可以说：

"没有女性（主语）是这支足球队的成员（补语）。"

也可以说：

"这支足球队的成员中没有女性。"

从例句中可以看出，当某群体中可以**完全排除**另一群体的情况下，这种转换表述是可行的。但是，当某群体**完全包含**另一群体时，就不能转换表述了。例如，可以说"所有的猫都是动物"，却不能转换过来说"所有的动物都是猫"。因此，这里有两个原则需要牢记：

转换表述——两个原则：

1. 完全排除的可以转换。

2. 完全包含的不能转换。

肯定与否定

假定或**假设**是很容易辨认的，通常为"如果……就……"的结构。例如，你的观点是这样：

如果一个运动员被发现服用兴奋剂，就会被取消参赛资格。

从上述例子可以看出，这个句子包含两部分，"如果"引导的部分被称为**前提条件**，"就"引导的部分是该条件导致的**结果**。因此，在这个例子中，还可以进一步推导出如下观点：

斯蒂芬被发现服用兴奋剂，因此，他将被取消参赛资格。

换句话说，**前提条件为肯定性**，原表述成立。反言之，**结果为否定性**，原表述也成立。因此，可以说：

斯蒂芬没有被取消参赛资格，因此，他未被发现服用兴奋剂。

从上述例子中可以看出两个简单的规律。只有在**前提条件为肯定性**或**结果为否定性**的情况下，论点才是有效的。记住下面这个简单的表格：

	前提条件	结果
有效	肯定	否定
无效	否定	肯定

实践　练习 15

肯定及否定

　　用自己的话解释以下论点为何是无效的：

　　• 斯蒂芬没有被发现服用兴奋剂，因此，他不会被取消参赛资格。

　　• 斯蒂芬被取消了参赛资格，因此，他被发现服用了兴奋剂。

答案

　　在上述两种情况下，斯蒂芬也许是由于其他原因而被取消了参赛资格。

1.2 论点中是否有隐含的假设？

　　不仅限定词经常被隐藏起来，假设也会如此。作者没有意识到自己做了假设，或者觉得没有必要说清楚做了什么假设，因为大家都知道也都同意这一假设。当然，这种情况下也并不意味着论点就无效了。但判断论点是否有效，首先要搞清楚这里面的假设到底是什么。

例子

隐含的假设

　　在资料中或许会看到这样的观点："近几年，去教堂的人数显著上升，这表明我们的社会正在成为一个更有宗教信仰的社会。"

可以看出，该观点存在一个隐含的假设：人们去教堂的唯一原因是参加宗教活动。实际上，原因可能是多样的。因此，应时刻提醒自己：作者是否做了合理的假设。

2. 论据

2.1 作者使用的论据是否充分、可靠？

非典型性例子以及不充分或有偏倚的论据

写作过程中最常见的问题之一，是将观点的归纳基于非典型性例子之上，以及基于不充分或有偏倚的论据之上。这是由三类常见的错误导致的，通过下面三个简单的问题可以辨识这样的错误。

三个问题

1. 此归纳是否基于足够数量的例子之上？
2. 这些例子的抽选是否合理？
   - 是否典型？
   - 是否存在明显的特殊条件？
   - 是否有例外？
3. 所归纳出的观点可能正确，那它是否理所当然地可信？

2.2 论据的呈现是否准确？

即使论据充分、可靠，有些作者也会出现夸大或低估论据的情况。发现这样的问题并不难。在本书第34章，对写作中如何辨别与避免这类问题有专门的讨论。

数据

避免这一问题的方法之一就是精确地使用数据，但是数据也可能有误导作用。所以当作者提供论据时，有必要习惯性地考虑以下三个问题：

1. 是否有**隐藏因素**需要考虑？

如果年度犯罪数据显示犯罪率上升，那么，是否有可能某些类型的犯罪以前没有报告过，而现在有了报告的途径，但并非由于犯罪行为的增加？

2. 相互比较的多组数据间是否**缺乏统一标准**？

3. 论点中是否使用了**绝对数字**来进行比较？

如果年度犯罪数据显示犯罪率上升，还需了解近几年它上升的速度，以及该国人口的增长速度，否则很难确定犯罪率上升有多大意义。这种情况下，比较性数字，如每十万人中的犯罪率有多大，会是更为可靠的指标。

2.3 作者从论据中得出的推断是否可靠？

类比

类比法是根据论据做出推论的最自然的方法：找一个我们熟悉的事物，它与待解释之事物在大多数方面都相似，我们假设二者在更多方面也将会具有相似性，因此可做出推论。例如，牛顿用小球碰撞来类比解释光分子或粒子的运动。

但是，要注意有些作者会在类比推理时犯错，他们忽视了用来类比之事物与要解释之事物之间的差异，或者不顾合理性，勉强寻求相同点。

例子

新闻报道

报纸上关于一个会议发言人有这样一则报道："发言人在会议上说，媒体的大肆报道助长了足球暴力的恶化。这样说无异于把坏天气归咎于气象局。"

另外值得注意的一点是，尽管类比法可以有效地阐明观点，但也只能得到一个假设的推论，并不能确立推论。如果两个事物之间存在着确定的因果关系，并非仅有某种生动的相似性，我们也只能保证从此事物的一组特征推论到另一事物的另一组特征是合理的。因此，用类比法进行推理时必须注意以下三点：

（1）类比与推论之间的**联系**：

- 这种联系在什么时候会断开？所有这样的联系都可能会在某一点上断开。

- 是否存在因果关系：该论据能否表明此事物导致了另一事物的发生？

（2）涉及的**数量**问题：

- 在类比中所能列举出的例子的数量——例子越多，越可靠。

- 在类比中，类比对象和所解释对象之间共有特征的数量和种类。

（3）类比和所得推论之间的**关系**：

- 推理是否力度得当，有无夸大其相同点？

- 类比对象与所解释对象之间的相同点与不同点具有什么意义？

过于简化

1. 模式化印象　所有的作者都会对事物有一些模式化印象，有些是较为合理的，有些则不然。因此，应该对模式化印象养成质疑的习惯，考虑它们是不是通过合理的归纳而形成的。不合理的模式化印象会迎合人们内心的偏见，引导人们按照特定的方式做出反应，而不是对论点进行细致的思考。也就是说，它们如同一条捷径，让人们通过它越过了对论据的深度评估。

> 这些模式化印象是来自合理的归纳，还是对人们偏见的有意迎合？

2. 稻草人谬误　为强化自己的论点，有些作者会有意无意地过于简化对某一情景或观点的描述，从而为自己对之做出否定提供理由。

例子

奇迹

那些认为奇迹永远不会发生的想法是非常荒谬的，因为我们生活在一个充满奇迹的时代：电视、电脑的相继问世；太空旅行也成为可能；先进的医疗技术能够治疗更多的疾病，其中一些疾病放在 50 年前就是绝症。

在上述论点中，作者把奇迹不会发生等同于杰出的发明不会产生，这样的话，要证明这一说法的错误就不难了。但这种论证的方式，却有违那些提出奇迹不会发生的人的初衷。

3. 诡辩法　与稻草人谬误的情形一样，诡辩法也是将论点过于简化的一种方法，只不过这种方法是省略可能会削弱其论点的观点，而强化能够支撑其论点的观点。或者，作者还可以在某种情境下使用该论点，而在可能产生相反结论的情境下，对该论点弃而不用。

如不确定作者是否存在上述问题，可进行以下验证：

（1）把作者现在的观点和以前的观点进行**比较**。

（2）评估作者提出该论点的**动机**。作者或许是在利益的驱使下宣扬这些观点。

（3）考察其表达的确切性。有些论点会省略一些相关的要点，并使用泛化的、模糊的语言掩盖这种省略，因此，要借助"谁""什么""为什么"和"怎么样"等问题，弄清楚作者的确切意图：

①**谁**做的研究？由谁资助的？

②通过 X，作者要表达什么**意思**？这一研究涉及什么数字？

③**为什么**这是唯一的解释？为什么要进行这一研究？

④该研究是**如何**进行的？

4. 虚假两难谬误　这种简化论点的常用方法的目的是让读者得出作者想让他们得出的结论。作者会引导你误以为这一问题只有两种解决方法，而实际的解决方法不止两种。由于担心另一种解决方法不理想，你不得不接受作者提供的方法。通过"唯一"一词的使用可以辨别大多数比较明显的例子。因此，应注意论点中"唯一"一词的使用，思考是否真的只有这"唯一"的选择。

例子

"做广告的唯一目的就是让消费者在了解信息的前提下做出选择。"

在关于广告商的文章写作中，我们已经质疑过这是不是广告商的"唯一"意图。

无效的因果推断

有些作者经常会推断说，某一事物导致另一事物，然而有可靠证据表明事实并非如此。这种错误经常发生在以下三种情况下：

1. 后此谬误；

2. 因果 / 关联；

3. 多种原因与根本原因。

1. 后此谬误　更为准确地说，这是"后此，所以因此"（post hoc ergo propter hoc），即"发生在此之后，所以是因此而发"。这种错误是认为一事物紧随另一事物发生，所以这一事物是由前一事物引起的。当看到两件事经常相继发生时，人们通常会联想到因果关系。

迷信

像类比一样，这类错误十分常见，也由此产生了许多流传甚久的迷信说法。有些人发现从梯子下经过常常会带来厄运，因此产生了这样的迷信说法，认为在梯子下面经过就会带来厄运。

2. 因果 / 关联　当人们弄不清两件事是因果关系还是相互关联时，也会出现类似的错误。

例子

心脏病

　　在西方国家，心脏病患者数量不断增加。当人们试图解释这一现象时，发现80%的心脏病患者同时伴有肥胖问题。这一关联看起来很有说服力，但是否还有其他因素呢？或许80%的心脏病患者日间都爱看电视，但人们却不大可能认为看电视是患心脏病的原因。

3. 多种原因与根本原因　实际情况往往比人们想象的要复杂得多。大多数事情的诱发因素不止一个，如第二次世界大战爆发的原因，或者反社会行为增加的原因。只有当一个原因独自即可产生结果时，才可确定为单一原因。但有些情况下，看起来似乎有多种因素同时在起作用，但实际上只存在一个根本原因，它可以解释一切。因此，问自己：

（1）此原因是否可以独自产生此结果？

（2）是否存在一个能够解释全部结果的根本原因？

2.4 作者从论据中得出的推断是否相关？

有些作者极力想证明自己的观点，会避开其论点的弱点，转而去证明一个并不相关的论点。在阅读过程中，应当注意避免以下几点：

1. **攻击个人（人身批判）**　避开论证中的弱点，转而诋毁指出这些弱点的人。

2. **公众效应（群众论据）**　从众心理认为大多数人认为是对的就是对的，有些作者通过迎合这种心理来鼓吹自己的观点。因此，注意以这些短语开头的说法，如"我们都知道""众所周知"等。

3. **权威效应**　由对文章的批评转而依附权威。养成提出以下问题的习惯：

（1）权威人士是否知晓作者的观点？

（2）作者的观点是否基于细致研究或广泛阅历？

（3）作者的地位是否赋予了他比旁人更高的权威性？

（4）作者是否展现出超乎众人的观察力和敏锐的判断力？

（5）作者的动机是什么？他是否在经营其个人利益？

4. **担忧心理**　作者可能不直接证明自己的观点是可信的，而是试图引起人们对接受与其相反的观点所要承担的后果的担忧。

5. **妥协折中**　此外，作者可能会告诉读者，其论点是两个不理想的极端观点之间最"合理"的一个，从而让读者能够接受其观点。实际上，几乎每个论点都可以看作两个对立观点之间妥协的结果，因此，并没有足够的理由让人接受这样的观点。况且，真理既有可能在两个极端的中间，也有可能在两个极端中的某一端。

3. 语言

本书开头写道，写作是一种思考形式，也是最困难的一种形式。只有清楚把握自己的观点，并连贯地组织推进，才能思路清晰、写出好的文章。

3.1 作者的意思是否清楚?

行话

我们在思考过程中会产生疑惑，让这些疑惑显露出来的最好方法就是把自己的想法写下来。而隐藏遮盖疑惑的最好的方法则是使用行话。行话是指专业人士使用的特定术语，他们认为行话是表达自己观点的最佳方式。学生都被引入这样一种认识：如果想要在自己的领域内取得成功，就必须使用专业术语，即行话，尽管有时行话毫无意义，还会引起更多的困惑。

简单来说，行话是没有时间认真思考的人群使用的语言。作者使用行话的目的是把一些观点直接搬运到自己的写作中，而无须深入探讨论证。行话的使用会使很多观点变得模糊，产生多种阐释的可能。然而，我们会认为自己不应该不知道它们指的是什么，因此不会停下来好好思考这些模糊之处，而会继续前进。

不过，这不是你自身的问题。把自己训练成为行话拆解专家吧。遇到不理解的地方，要求自己掌握它们的确切所指。在阅读时，将行话准确地转换成符合实际生活的具体词语。语言不可离开实际生活。如果不可以进行这样的转换，那这行话就是完全无意义的空谈。

实践 练习 16

拆解行话

尝试使用行话拆解技巧，将下面这句行话转换成日常语言。完成后参考下面的答案。我不能保证这个答案完全正确，还是有很多地方需要考虑的。

促进交流技巧发展的介入。

答案

一个促进人们交流的项目

负载词

我们看到的以及使用的很多词语都是"负载"的。它们不同于行话，行话的意思不易为人所理解，而负载词的意思则是有一部分未得以显露。负载词带有情感态度或价值判断，会对我们的思维在不知不觉中产生影响。通过这种方式，作者让我们未经认真思考，就接受她的观点。

像"民主""自由"这些词会使人们产生积极的联想，而"强硬分子""极端分子"会带来消极的联想。因此，作者只要使用了这些词语，无须费力做出论证，就能够有信心让读者接受自己的结论。因此，应当养成习惯，注意观察词语是否是负载词，如果有这样的疑虑，那就将它们转换成中性词，再检查论点是否仍然具有说服力。

将负载词转换为中性词，论点是否仍然具有说服力？

避开要害

作者操纵我们想法的另一种途径就是避开问题的实质，即将要论证的结论同时也当作假设，换言之，将本要通过推理得出的结论混入假设之中。

例子

政治家

一位政治家可能会提出："你们必须承认，对单亲家长提供太多的帮助是一件坏事"，或者"你不能否认，在课堂上给学生太多的自由并不是一件好事"。

你不得不同意作者的观点，不是因为帮助单亲家庭或给学生自由在原则上是一件坏事，而是因为使用了"太多"一词，就意味着"量太大而成为坏事"。这实际上只是一种同义反复表述，所给的信息不过是"X 是 X"，虽然真实，但没什么意义。任何东西如果太多就不是一件好事，但实际上问题的关键所在是"太多自由"和"太多帮助"到底指什么？

3.2 用词是否前后一致？

然而，仅有清晰的观点还是不够的：当作者的用词能清楚表达意思时，还应保持用词的一致性。通常，最难发现的那些错误就是由于作者用词缺乏一致性。

含糊其辞

这类问题中最常见的是含糊其辞的逻辑谬误，即同一个词，作者在不同地方使用，却表达了不同的意思。

例子

澳大利亚的商业广告

澳大利亚一则呼吁人们保护环境的商业广告是这样的：一位演说者被一群正在种树的人围绕着，他手里握着一把泥土，让泥土从他的指间流出。与此同时，他告诉我们，如果不保护我们的土地，那些在二战中曾为此而战（他同时做握住泥土的动作）、为保护土地而战的战士们会对我们这代人感到深深的失望。

这则商业广告利用了人们没有意识到战士们誓死保护的"土地"（land）和表示土壤（soil）的"土地"之间的区别。土地代表着文化、价值、遗产以及生活的方方面面，会遭受侵略者的威胁。这与人们种植庄稼的土壤完全不同。这一论点之所以具有说服力，是因为"土地"（land）具有多义性，在上述论证中的不同地方指的是不同的事物。

实践　练习 17

广告宣传活动

阅读下面的论点，看看能否找出其中的错误。完成之后与所附答案进行比较。

作为公民，爱国是我们的义务，我们都应该承担起保

护国家不受别国攻击（attack）的责任。目前，我们正在遭
受进口商品的侵袭（attack），我们因此有责任通过购买国
货保护自己，如 XXX，这个产品完全为我们国家的公民所
拥有。

答案

这一论点的说服力依赖于"attack"一词的多义性。它的
第一种意思是指军事攻击，保卫国家则是一种爱国义务；第二
种意思是指经济竞争，这却是国际贸易中的正常现象。

检查清单

如果想训练自己辨别以上错误的能力，可以登录我们的同
步网站（www.howtowritebetteressays.com），里面有相应的练
习。对大多数人而言，关键在于如何在阅读中养成对这些问题
进行常规性检查的习惯。可以把下面的清单打印出来，方便平
时使用。

清单中的内容看起来不算少，在阅读时不需要逐一对照，
只需在批判性阅读之前提醒自己这份清单的内容即可。如此阅
读两三次之后，对清单中的内容就会有越来越深的印象，逐渐
就无须有意提醒了。读完文章之后，再次浏览清单内容，根据
记忆对照检查。在第 5 阶段（修改阶段）交文章之前也应注意
这些问题。因此，在此之前以他人的文章为对象训练这方面的
技巧是很有帮助的。

1. 论点	
1.1 结论的得出是否有理有据?	☐
限定词	☐
用词泛化	☐
转换表述	☐
肯定及否定	☐
1.2 论点中是否有隐含的假设?	☐
2. 论据	
2.1 作者使用的论据是否充分、可靠?	☐
非典型性例子 / 不充分或有偏倚的论据	☐
2.2 论据的呈现是否准确?	☐
数据	☐
2.3 作者从论据中得出的推断是否可靠?	☐
类比	☐
过于简化（模式化印象、稻草人谬误、诡辩法、虚假两难谬误）	☐
无效的因果推断（后此谬误、因果 / 关联、多种原因与根本原因）	☐
2.4 作者从论据中得出的推断是否相关?	☐
（攻击个人、公众效应、权威效应、担忧心理、妥协折中）	☐
3. 语言	
3.1 作者的意思是否清楚?	☐
行话	☐
负载词	☐
避开要害	☐
3.2 用词是否前后一致?	☐
含糊其辞	☐

小　结

1. 通过了解这些常见的错误，基本上可以知道做批评性阅读时的所有要点。

2. 最常见的错误出现在以下几个方面：作者如何展开论点、呈现论据、得出推论，以及如何使用语言。

3. 阅读前以及阅读后，养成对照清单检查的习惯，可以提高辨识错误的能力。

下一章提要

下一章将学习组织构建文章的方法，以便激发出更多自己的观点和见解，并且更有效地将它们应用到文章中。

■ 第 18 章
构建检索系统

在本章将学到:

- 如何构建高效的检索系统,有效地捕捉自己的观点和见解;
- 写日志和做笔记的重要性;
- 如何利用索引卡和项目盒收集信息。

如果想激发出更多自己的观点和见解并将其用于写作中,就必须花时间构建一种高效的查找资料策略。这一策略的关键在于一个有效的检索系统,能够让我们**随时**、**随地**获取有用的信息,在需要这些信息时,又能将它们快速呈现出来为我们所用。

创造一个这样的系统并不困难,但需要一定的想象力和灵活性,后者尤为重要。在前面的阅读和做笔记的过程中可以看出,如果灵活性不够,信息处理就只能停留在表面,也就脱离不了对指导老师和资料的依赖。

检索系统也是如此。如果不经深思熟虑地选择及安排检索系统的各个组成部分,就会错失很多我们自己的精彩观点,写出的文章也会缺乏新意,只能局限于模仿他人的观点。简单地说,这一系统应该提高文章的质量,而不是起阻碍作用。这是研究模式中非常重要的一部分，影响不可谓不大。这一系统运行得当，我们就能获得丰富的、独到的观点，而且是真正属于我们自己的观点。否则，即使我们在写作中竭尽全力，也难以摆脱模仿他作，文章依旧平淡无奇。

> 如果没有有效的检索系统，将会错失很多我们自己的精彩观点，写出的文章也只是模仿他作，缺乏新意。

寻找自己的资源

大多数人都惯于利用手头便利的资源，如指导老师开的书单或参考文献。但除此之外，还可以通过查阅所推荐文章的参考文献，发掘其他的文献和文章。有些文献会在你看过的参考文献里都出现，这就足以说明这样的文献在该领域价值很高，具有权威性。同时要注意文章的出版年份，如果你看到一篇发表于 1995 年的文章在参考书目中推荐了一篇发表于 1975 年的文章，你可能会发现，在 1975 年之后，其实有其他文章已经取代了它。不过如果事实并非如此也不必惊讶：大多研究领域都有一些经典的文献，它们在该领域备受推崇，是不可取代的存在。

除了参考文献，也许最不能得到充分利用的资源就是图书馆及其馆员了。现代图书馆不仅是书籍的储藏地，它们还从大范围的资源中收集信息，对之整理分类。大多数图书馆归类整理了数量巨大、题材广泛的杂志、报纸、期刊和政府报告。此外，大多数图书馆还配备电脑终端，能够让我们使用网络，进入专业数据库。许多图书馆还存有大量教育资料录制品。

资源

1. 指导老师的推荐

2. 参考文献

3. 图书馆：

　3.1 杂志

　3.2 报纸和学术期刊

　3.3 政府报告

　3.4 网络

　3.5 专业数据库

　3.6 教育资料录制品

大脑是最丰富的资源

对于大多数人来说，上述列表包含了大部分我们可以利用的资源，但它忽视了最丰富的观点和论据的来源之一，主要是由于我们没有习惯这样认识它。我们每天都会与朋友或熟人交谈，听广播，看电视，在开车回家的路上、公交车上或火车上进行思考。在所有这些场合，我们的大脑会吸收各种观点，并将它们进行加工，自发组织形成复杂的结构。忽视了这类丰富的资源，就是我们自己的损失了。虽然这类资源并非来自权威性的书或文章，也不是源自学识渊博的指导老师，但它能够产生丰富的见解，滋养思维，从而产生有趣的、有用的观点。

应该利用自己独处的时间，不受朋友、电视、广播和读书计划的影响，静下心来思考。我们独处家中，却畅游在神思之中。在很多时候，人们很难准确回想起自己当时思考的内容，但这未必是件坏事。沉思的时候大脑其实是在加工一天中收集的信息，使它们结构化，如有需要，可方便获取。

不过，有些时候，与其独坐室内，在虚静中消磨时光，不如专注思考某一个话题，梳理信息 —— 这项工作的作用可能超出大多数学生的预期。这个认真思考的过程是对自己的观点和见解的回应，而不是对他人、对一本书或指导老师的回应。沉思的结果会让你惊讶。当然，这结果可能会立刻显现，但也可能数天之后才出现。当你有一日头脑中突然就出现了各种观点、见解和独特的文章结构，也许那时你还会惊讶它们是怎么来的。

实践   练习 18

开发自己的观点

坐下来，拿出一张白纸，选取下面的任一题，或从正在学的课程中选择一个问题，分别写出支持和反对该论点的理由。

在无干扰的 30 分钟内完成这一练习。每写出一个论点，都思考是否需要将它分解为更小的点进行分析。如有需要，则进行这一步。尽你所能将大脑中出现的所有观点和想法都倾倒出来。

题目：

1. 现有医疗资源不足以满足人们的所有需求，因此，那些自伤的病人应该被放到最后医治。

2. 如今的学校教育更注重考试而不是教学。

3. 在现代商业环境中，贿赂、送礼、拿佣金应被视为正常、合理的行为。

独处时，有些学生会在大脑中规划整篇文章，有些学生会着重攻克某一难题，或思考一个之前从未真正理解的复杂论点。在没有任何干扰的情况下，比如没有他们之前解决问题时所依赖的书籍或其他参考资料的干扰，学生们会用自己的语言解决难题。即便解决不了，至少他们第一次能有这样的机会发现问题是怎么回事。

人们并不只是在安静的环境中才会产生丰富的想法和观点。当与朋友讨论某一话题时，人们会不自觉地用到书或文章中的观点，在讨论的过程中，会自发地产生一些有趣的想法和观点。其实，人们每天在读报纸时，都会获取和正在研究的话题相关的新论据，或者看到一段话，可以引用来支持自己将要在文章中用到的一个观点。而且，会有一些茅塞顿开的特殊时刻，一些困扰我们许久的问题，忽然变得清晰可辨、焦点突出。

每天抽出 30 分钟独处的时间，不受外界干扰，完成以下任务：

1. 对文章做规划。

2. 梳理出问题。

3. 记录下日间与朋友讨论时想到的观点。

4. 从报纸中摘录论据和引言。

5. 观点清晰显现时，记录下来。

随身携带笔记本

在所有这些情况下，都需要运作良好的检索系统，尤其是一个小笔记本，随身携带很有必要，可以随时记录乍现的想法，或者能有纸张用来列出论点和勾勒出规划。记录下的都是自己关于该话题的内心独白，它们或许深埋于内心，但的确存在。尽管在这些想法中，有些较为明显，有些较为隐蔽，但需要构建出一个检索系统将它们都挖掘出来，才能够让它们得到最好的运用，然后我们再转身投入其他事情中去。

> 我们都需要一个检索系统，能够挖掘出自己的想法，让它们得到最好的运用。

有意思的是，最具创造性的观点和独到的见解并非产生于一般意义上的学习情境中，比如课堂上或写文章时，而常产生于无意间。如果在这些见解产生之时我们并未做好准备，不能充分利用，那对这些丰富的观点和见解而言真是一种浪费。而且尤为重要的是，它们是真正属于自己的想法。在接下来查阅资料的过程中，这些观点和见解能够得到进一步加强，但如果没有及时记录下来，过后肯定会被遗忘。即使有时候尚能想起来一小部分，但有价值的部分、独到的见解以及这些观点首次出现的方式将被永远遗忘。而正是有了这些，这些观点才不但对你而言生动而清晰，对别人也是如此。

- 在大脑对观点进行梳理的时候，在笔记本上把它们记录下来。
- 你将获得丰富的、属于自己的独到见解。
- 在观点出现之时及时记录，否则将失去其出现之时的生动性。

坚持写日志

不过，发掘并记录自己观点的方法不止一种，但最有效的方法可能莫过于坚持写日志了。手写或打字都可，每周写两到三次，每次至少半个小时，以此锻炼写作能力。

不同于主要描写日常事件的传统日记，日志注重对观点的表达和发展。对大多数人来说，这样自由、无限制的写作机会是很少的：大部分时间我们都在阅读资料，或在做笔记，这种不受所读的或所参考的资料影响、真正属于我们自己的观点虽然其实一直都在，但很少能浮出潜意识为我们所察觉。

索引卡系统

为了让检索系统更为完善，可用索引卡系统作为笔记和日志的补充。根据提纲，可划分出不同的主题，每个主题内用索引卡分出不同的部分。当产生一些有趣的想法、碰到一组独立的数据，或看到有用的引言时，会很难决定将它们如何具体处理。写在一张纸上吗？写下来后又如何归档呢？况且纸张也很容易弄丢。要解决这个问题，就需要一个简单、灵活的系统来保存这些独立的信息，否则信息容易丢失，我们也不知道该怎么处理。卡片系统正好能起到这样的作用。

每一条信息（引言、观点、论点、一组数据）使用一张卡片，这样就形成一个检索系统，可以在任何时候便捷地找到需要查看的内容，特别是在复习备考阶段，或在文章的资料收集阶段。检索卡系统使用几月之后，你几乎很难想通之前没有它你是怎么过来的。

实践　练习 19
记录分散的资料

在接下来的一周，遇到你想要保存但又不知道存到何处的资料时，在下面的表格中相应的地方打钩。

有趣的观点	
引言	
数据、统计	
例子	
书或文章的标题	
其他条目	

还有一点，大部分同学都发现检索卡系统可以使他们在写文章时不再受作者观点的支配：一方面，由于卡片的空间有限，只能记录所需的观点，因此能够避免陷入作者复杂的论点网络中；另一方面，卡片可以根据需求整理、调整顺序，所以可以根据自己的想法来安排顺序，而不是完全依照作者的顺序。

合理的检索卡系统还可以有效地防止抄袭倾向。抄袭不仅会打乱文章的平衡，而且还会让你的表述和想法失去连贯性，让你很难控制文章结构，因此也不能保证论点的相关性。更严

重的是，它会阻碍你发展自己的观点。一旦将作者的观点视为
无可非议的权威表述，就只能一味认同，没有任何磋商和挑战
的想法。

抄袭

- 打乱文章的平衡。

- 让你的表述和想法失去连贯性。

- 很难控制文章的结构，因此也不能保证论点的相关性。

- 阻碍你发展自己的观点。

运用检索卡系统，你可以在每张卡片顶端准确记录资料来
源，而且由于空间有限，你不得不将作者的观点转为自己的话
来表达。如果文中的短语或某部分内容如此精彩，无法用自己
的话加以总结，你就只能简短地摘抄一两句话，这当然需要细
致地选择了。

索引卡系统

1. 保存容易丢失的分散信息。

2. 随时便捷地找到想要的内容。

3. 自己来决定组织观点的顺序，而不是按照作者的顺序。

4. 有助于避免抄袭。

项目盒

最后一点，可以从专业作家那里获得启发。很多作家都经

常会为手头上的工作准备一个项目盒或者文件夹，用以存放碰到的一些资料，在日后的写作构思阶段或许会用得上。你也可以这样做。找一个文件夹，或一个纸盒子，专门存放对将要写的文章或将要研究的题目有用的资料。只要碰到可能有用的东西，就把它放进去。这些资料可以是从报纸或杂志上剪下来的文章，从电视节目中摘录的信息，或是任何能够提醒你记住某个观点的东西。

这一做法有很多优点。就实用方面来看，有一个专门的项目盒或文件夹可以收集更多的资料，否则这些资料很容易被忽视。知道有一个地方可以让我们专门存放各种资料，我们就会处处留意有什么资料可以收集。

- 知道有一个地方能存放各种资料，我们就会处处留意，收集更多资料。
- 采用这种方法，即便在我们对话题并没有专门思考的时候，大脑也会对它保持持续关注的状态。

此外，这一方法不仅使大脑能够在看到资料时识别出哪些有用，还能使它处于持续处理观点的状态。即便在没有对研究课题进行有意识的思考的时候，仍然时刻将文章写作视为一项一直在进行着的工作。这样的话，写作就成为一项开放的、持续进行的工作，不会因为研讨会或辅导课的结束而停止，也不会放下书本就不再进行。这一方法会鼓励我们不断地发展自己的观点，不要受常规研究方式的限制。

小　结

1. 必须构建一个有效的检索系统，以激发自己产生更多的观点。

2. 一个灵活、有效的系统有助于捕捉我们最精彩的观点，写出具有新意的文章，而不是模仿别人。

3. 你自己的大脑和经历是你最丰富的资源。

4. 随身携带笔记本，坚持写日志，随时捕捉自己的精彩观点。

5. 利用索引卡系统和项目盒保存易于丢失的分散信息。

下一章提要

构建了有效的索引系统之后，还需学会有效地管理自己的时间。下一章将学习有哪些简单的方法，可以让我们不仅确保有充足的时间捕捉自己的观点，培养思维和写作技巧，同时还能有放松的时间。

第 19 章

时间规划

在本章将学到：

- 如何缓解学习压力；
- 如何规划时间，让自己的想法和写作技巧得到更好的应用；
- 如何在最少的时间内做最多的事；
- 规划放松时间和规划工作时间的重要性。

尽管新的检索系统要求人们更有效地利用时间，但并不一定意味着需要更多的时间，而是意味着我们需要更有计划、更有条理地工作，这样才能找出规律的时间段，为一周的工作做好安排，这样对思考和写作都大有裨益。

为什么要制订计划？

或许你会疑惑：我总能按时完成工作，为什么还需要做时间规划呢？这是个好问题。简单来说，有时我们或许觉得自己没有制订计划，也没有必要制订计划，但实际上却总在以各种方式规划着自己的时间。我们也许没有专门坐下来拿出一张纸，严格地为需要完成的事项制订一份时间表，但实际上在大脑中已经做过规划了。对一周中需要在什么时间做什么事情，我们是有一个大概的想法的。你或许还有可能做一个列表：有些人每周都会做一个完整的单子，把下周需要做的事情全部列出来，然后在接下来的一周内尽量按照列表完成任务。

　　上述方法对一部分人来说非常有用，但对大部分人来说并没有什么效果。我们经常会把任务拖延到最后一刻，致使没有充足的时间完成工作。或者所选择的工作时间并不合适，任务完成情况当然不会理想了。另外，如果没有时间表，人们会一直挂念着自己还没有完成的工作，这会使人身心疲惫、烦恼、忧虑，会打消很多人的积极性，剥夺学习的乐趣，甚至会带来巨大的、有损健康的压力。

　　然而，即便这样的情形很容易避免，我们似乎仍然认为这就是学习的正常状态。但如果制订了工作计划，使工作具有重复性、规律性，从而成为一件常规之事，就可以让我们摆脱时刻提醒自己完成任务的负担。每周我们都可以安排专门的时段来完成专门的任务，这样可以缓减任务压身的紧迫感。对很多人而言，这种紧迫感是一种几乎无法忍受的沉重负担，规划时间在很大程度上有助于消除这样的压力。

- 人们都在以各种方式制订计划。
- 没有合理的计划，可能就不能给自己留出足够的时间完成任务。
- 工作效率低，说明选择的工作时间段可能不合适。
- 合理的计划可以让我们无须时刻提醒自己完成工作，避免不必要的精力损耗和压力。

恰当的时间做恰当的事

　　缓解压力并非制订计划的唯一益处，通过规划时间，我们还能对自己的学习状态有更多了解，知道自己在哪个时间段工作效率最高。每个人都会大概知道自己在什么时刻精力最集中，创造力最强。有些人喜欢在晚上到凌晨这段时间工作，因为不会受到打扰；有些人喜欢早起，利用早饭前的几个小时处理工作，他们觉得这个时间段很安静，日间的烦扰尚未来临，有利于独立自由地思考。

阅读

　　如何安排时间看似属于个人喜好的问题，却影响着工作质量。规划如何最好地利用时间，是要经过仔细思考的。有些任务，像阅读，就需要精力高度集中。我们都有过这样的经历：午饭饱餐一顿之后去图书馆，坐下来翻开书努力读，看了一两个小时之后，却发现根本想不起自己看了什么。在最不合适的时间，勉强自己做不合适的工作，结果就是在翻开的书本面前昏昏欲睡。

　　几年前，英国的一所大学对"午餐后犯困"现象进行了调查研究，发现它给人身体造成的影响堪比酗酒，其影响甚至会延续几天，身体才能慢慢恢复。在这种情况下，或许商人不宜做出会影响他人生活的重大决定，操作危险设备也不宜在此时进行。同样，这时也不宜读书，或做其他需要高度集中注意力的事情。中午饱餐一顿后，消化食物需要消耗很多能量，那么做其他工作所需的能量供应就相应减少。同时，随着体温升高，人们会感觉困乏，因此，此时集中精力做事情几乎是不可能的。

分析、头脑风暴与做规划

其他任务，尤其是创造性任务，更需要集中精力。分析、头脑风暴和为文章做规划都涉及从多种资料中综合想法和论据，思维需要高度聚焦，才能得出观点并分析观点之间的关系。这是一个主动性强、深层次运作的过程，最好在精力十足、不受外界干扰的情况下进行。

实践　练习 20
何时工作效率最高？

回答下列问题，判断自己是否在恰当的时间做恰当的事。

1. 你认为完成下列任务的最佳时间是什么？

2. 你实际上完成下列任务的时间是什么？

	1	2
解析问题		
阅读		
做笔记		
制订规划		
写作		

要想使自己的能力发挥到最佳水平，就要学会在恰当的时间做恰当的事。如果每周需要完成一定的阅读任务，最好的办法是在周计划表中安排两三天的上午来完成。这种安排对分

析、头脑风暴以及文章的具体规划工作也同样适用。还有一些时间段，我们的专注力可能也不易受到干扰，比如，傍晚、晚上或深夜。也有些人推迟午饭时间，为自己争取四到五个小时上午的高效时间段。

18世纪德国著名的哲学家伊曼努尔·康德（Immanuel Kant）在下午完全不工作。当然，大多数人不可能做到每天下午都不工作。但是通过制订时间表，可以为需要高度集中注意力的工作安排合适的时间段，而利用下午时间做一些不费精力、烦琐的事，诸如整理笔记、梳理或重写讲座或研讨会的笔记。还可以用来读文章，在每周必读的杂志中挑有用的内容，浏览你研究领域的期刊，找出需要阅读的文章。除此之外，每周还可以留出两三次写日志的时间，每次写一个小时。

- 在学习中，了解自己，找到最适合自己的学习方式非常重要。
- 这样便能保证将需要高度集中注意力的工作放在最恰当的时间去做。
- 在恰当的时间做恰当的事可以提高工作质量。

找到更多的时间

精心合理地制订计划、规划时间还会带来意想不到的收获。人们普遍认为，自己的时间已经安排得非常紧凑，很难再挤出更多的时间做其他事情了。每天看起来都工作很长时间，牺牲了放松的时间，也没有时间做自己喜欢的事。这样看起来，要更有效地安排时间是不可能的，几乎是无稽之谈。

但是一旦制订好计划，强迫自己设计出最佳的工作模式，就会发现时间远比当初想象的要充足。如果没有清晰、合理的计划，就会过于放松，对工作的内容和速度就都不好把握，只会笼统地知道完成这项任务的大致时间，不清楚完成任务之后还能干什么，以及一天结束之前要完成哪些工作。结果，我们花费在工作上的时间会多于实际需要的时间。

帕金森定律

帕金森定律对上述现象也有很好的描述。英国历史学家、作家、政治学家塞西尔·诺斯科特·帕金森（Cecil Northcote Parkinson）有句著名的话："只要还有时间，工作就会不断扩展，直到用完所有的时间。"在开展工作时，如果不能清楚自己在一定时间内该取得什么成果，就会受到帕金森定律的影响。该定律所指的现象会像电脑病毒一样，可能会入侵我们学习中的各个环节，然而大多数学生即便受到影响，也全未发觉。

> 帕金森定律像电脑病毒一样，可能会入侵学习的各个环节，但大多数人都未曾发觉自己已受影响。

勤奋的学生受的影响最大

通常，受帕金森定律影响最大的竟然是那些最勤奋努力、积极向上的学生。他们没日没夜地学习，常常感觉疲惫，最后体力不支，陷入挫败和沮丧之中。不管他们多么努力，还是感觉时间不够用，能按时完成任务就已经很困难，更别说围绕话题了解其他相关内容了。他们也知道，要想透彻地理解问题，而非模仿别人的文章，就应该多了解一些相关内容，然而构想虽然很好，却没有时间付诸实践。父母也会担心，这样一直埋头苦学，到最后身体可能会受不了的。

不管他们多么努力，似乎都没有办法解决这一难题。长时间没有规划地学习，他们很难对观点产生客观的想法，因为他们无法与所看到的观点保持一定的距离。最终，他们不能将其内化成自己的观点，也完全没有信心把握这些观点。课上，他们要对读到的观点做出解释，颇感费力。然而，有些学生仅读一部分就能形成理解，做出推论。他们能看出有哪些明显的问题可以提出来，作者论证中存在什么弱点，文章背后存在一个什么样的结构。与那些花数小时阅读文章并认真做笔记的学生相比，这些学生的收获要多得多。

> 如果没有有效的计划，勤奋的学生只会：
> - 长时间无规划地学习。
> - 和观点不能保持距离，导致不能客观地解读观点。
> - 不能将书中的观点转化为自己的观点。
> - 不能把握观点，解释文中的观点时颇感费力。

有些人花很少的时间却能取得好成绩，这看起来当然不公平。按理说，越努力工作的人越应取得好成绩，然而事实往往并非如此。只有那些制订了合理的计划，有效地利用时间，并且勤奋努力的人才能取得好成绩。

做好时间规划，可以争取更多时间用来：

- 围绕话题广泛阅读。
- 客观地看待问题。
- 将读到的观点转化为自己的观点。
- 使用观点时更有信心能把控好这些观点。
- 取得更好的成绩。

工作越努力，越要放松

　　工作越努力，越要放松，原因其实很明显。那些没有合理地规划过工作时间的人对此会更能理解。当你开始工作时，时间一点一点过去，不受你控制，也看不到终点。你不知道完成这项任务需要多长时间，也不知道完成任务之后该干什么。你所知道的就是工作必须得做，所以要一直工作，直到完成。即便是工作最积极的学生，这样下去也会心生厌倦。

　　工作进展不能预期，带给人的压力非常沉重。因此，我们会寻一点能够缓解压力的事情做一做，让自己的大脑略作休息。例如，突然发现铅笔必须得削了，书籍该整理了，脸书和推特上的信息也需要回复了。总之，不管什么事情，只要可以把工作放一会儿，缓一缓就行。即使再投入工作中，也会觉得完成之日遥遥无期，不可预见，因此总想找个什么事情做做，能休息一下。这时候，注意力很容易被琐碎的事分散，每次工作时总会分神五分钟，或者十分钟。显而易见，休息时间是应该提前计划好的，没有计划，工作时就会不时地停下来，浪费掉不少时间。

反之，如果不仅为工作时间做计划，而且为放松时间也做计划，我们就能清楚自己的目标和预期。在一定的时间内完成工作之后，可以适当放松一下，作为对自己的奖励。这时候可以约朋友喝喝咖啡，也可以去健身或游泳。当然，与此同时，无须每当休息时就不由自主地觉得不该停下来，该回到工作中去。而有了合理规划的时间表，我们就会知道工作和放松的时间都已经安排好了，一切都在把握之中。

如果不规划时间表：

- 未经规划的时间一点点过去，我们不停地寻找能分神的事情。
- 很难保持注意力集中。
- 休息的次数过多。
- 觉得应该回到工作中去的困扰挥之不去。

实践　练习 21

个人周时间表

在制订时间表之前，应清楚了解自己目前的时间分配情况。我们需要知道自己的时间安排得怎么样，哪里还需要做出改进。

抽出一周的时间，按平时的习惯安排工作。根据下一页的时间表准确记录自己每个小时的实际安排。如果你是在学习，就记录下学习的内容和方式——做笔记、阅读、制订规划等。如果你是在放松，同样也记录下活动的方式。记录的内容要尽量详细，才能准确了解时间是如何分配的。

一周结束之后，分别统计学习、放松、社交、旅游、睡觉、吃饭以及其他活动占用的时间，并分析这些信息。把学习再按照内容和方式进行进一步的细分，比如是做笔记还是阅读，也是很有助益的。

个人周时间表							
	周一	周二	周三	周四	周五	周六	周日
24:00—1:00							
1:00—2:00							
2:00—3:00							
3:00—4:00							
4:00—5:00							
5:00—6:00							
6:00—7:00							
7:00—8:00							
8:00—9:00							
9:00—10:00							
10:00—11:00							
11:00—12:00							
12:00—13:00							
13:00—14:00							
14:00—15:00							
15:00—16:00							
16:00—17:00							
17:00—18:00							
18:00—19:00							
19:00—20:00							
20:00—21:00							
21:00—22:00							
22:00—23:00							
23:00—24:00							

这一方法可以让你准确地了解自己是如何安排时间的。从中可以清楚地发现存在的问题以及解决的办法。大部分学生会惊奇地发现他们真正学习的时间要比想象中的少太多。他们会意识到如果要顺利完成任务，自己在时间安排方面有一些设想是不合理的，也会意识到目前的时间运用方式也不是最优的。之前某时间段内他们曾为最紧迫的任务做了某种时间计划，他们易于将这种计划遵循下去，然而从长远来看，这并不一定是最合理的时间分配方式。

小　结

1. 即使人们声称自己不需要制订计划，还是会以各种方式计划着，倒不如认真制订一个计划。否则，人们会把任务拖延到最后一刻，致使没有充足的时间完成任务。

2. 制订计划可以更好地保证精力集中，可以减轻心理压力，不用时刻想着是不是该工作了、时间是否充足等问题。

3. 在恰当的时间做恰当的事，才能取得最好的结果。

4. 制订时间表可以提高处理观点的效率，同时也能获得更多的放松时间。

下一章提要

完成上面的练习之后，你会对一个合理的时间表有更好的认识，它能使你更好地发挥个人能力，更有效地利用时间。下一章中，你将逐步学习如何制订这样的时间表。

■ 第 20 章

制订个人时间表

在本章将学到：

- 如何一步步地规划自己的时间表；
- 给大脑充分的时间处理获取的信息、生成自己的观点的重要意义；
- 如何保证自己能在恰当的时间做恰当的事。

现在你已清楚地了解到自己的时间分配方式，那么对于需要做什么样的调整也就有了更好的认识。再印一份周时间表，按照你认为可能的最佳时间分配方式填写这个表格，这个时间表应该保证你的能力得到最佳的发挥。按照下面的步骤进行时间规划时，记住我们之前已经强调过的要点。

第一步：规律性活动

第一步，在时间表中填入每周必做的日常活动，如家庭聚会、吃饭、睡觉、社会活动、漫步、兼职等；外加规律性的上课时间，如每周必须参加的课程、研讨会、辅导课等。

第二步：学习时间的长短

接下来需要想一想每天用来学习的时间。这个问题现在看起来似乎没有意义：需要多长时间就用多长时间啊。有时候，实际所用的时间还会超过时间表上所列的时间上限。但是必须要设定一个限度，否则帕金森定律就会起效，工作时间就会无休无止。如我们之前说过的那样，你将会浪费时间，遇到很多麻烦，承受焦虑和压力。

按照常规，每天设定六个小时左右的学习时间。在没有课或没有其他工作时，可以多学一会儿。但是要注意，每天超过六个或八个小时的量，第二天精力就很难恢复，不仅身体十有八九会感到疲倦，而且大脑也不能有效地处理前一天塞给它的信息。结果，当你需要这些信息的时候，你会思绪混乱，条理不清，也不能精确地回忆起本该记得的细节。

- 确定每天的学习时间，避免受帕金森定律所控。
- 确保学习时间充足，但不要过度，否则第二天会发现不能消化前一天接触到的东西，不能精确、有条理地回忆前一天学到的内容。

第三步：放松

可见，放松时间和学习时间一样需要认真规划。每周安排好放松的时间和学习的时间。记住，要尽量在工作和放松之间做好平衡，否则，如我们之前所说，大脑就得不到充分的时间用来从事消化吸收工作。因此，每周可以抽出一天时间不安排任何工作任务，使自己身心得到完全放松。在时间表中规划这一天的必要性几乎等同于任何其他项目。工作越努力，就越需要好好放松。

周内其他时段的规划也同理。如果白天已经非常疲倦，晚上就可以尽量安排一些放松性的活动。比如，每周定时参加俱乐部，约朋友在固定时间段看电影、吃晚餐。也可以用来安排一些看上去很难挤出时间去做的运动，比如健身或游泳。但是，和前面规划休息日一样，这些时间段也是需要规划好的。现在来想一想在这些时间段里你可以干什么。

> - 哪一天可以作为完全的休息日。
> - 如何利用这一天。
> - 一周中还有哪些可用来休息的时间段。
> - 一天结束时，如何放松。

第四步：规划时间

需要精力高度集中的工作

工作之外的活动时间都安排好了，接下来就到了规划学习时间这一步了。首先找出自己学习效率最高的时间段，安排一些需要高度集中精力才能完成的任务——阅读、分析、头脑风暴、规划文章以及写作。安排这些任务时，记住务必制订时间表的最主要的两个原因：

1. 认真规划写作中的每一个阶段，这样就能有充分的时间锻炼每一阶段涉及的技能。

2. 让你的潜意识有时间加工读过的材料，从而生成你自己的观点。

写作的五个阶段

可见，需要一个合适的时间表，保证在写作的每个阶段都能最合理地利用时间，每周如此。有了这个时间表，工作就有规律、能把握。比如，每周五开始着手下周五需要交的文章，那么，周六早上就可以安排一个小时用来进行头脑风暴，解析问题。周日用来休息，有利于让潜意识在这一天处理观点，并产生新想法，这样周一开始工作时思维就可以接上了。周一和周二主要进行资料性工作，周三开始做文章规划，过一个晚上，到了周四动笔之前还可以增添新的内容。周四开始写作，周五进行修改、打印并准备提交文章。

如果每周写一篇，那就只需制订一份周时间表。但如果有需要两到三周时间的文章，就需要制订两份或三份时间表。无论什么情况，只要工作方式有规律、有固定模式可循，就可以清楚地知道自己什么时候该干什么，从而在一个文章周期内规划好每一步。同时你也会对工作充满信心，因为你知道你的时间得到了最好的利用，你的能力也得到了最好的发挥。

需考虑：

- 什么时候用来安排最需要高度集中精力的任务，在这个时间段内让自己的工作效率达到最高。
- 上述五个阶段分别安排在什么时候，能保证每次任务中各个阶段的工作都有章有序地进行。

其他工作

多样性

计划好前面的工作时间之后，其余的工作就比较好安排了。对大多数人而言，保证每天工作的多样化会有助于提高效率。长时间做笔记、阅读、写作容易使人疲倦，因此需要休息时间，同时工作方式也需要有变化，以保持精力充沛。在学习中，只面对一个科目也会让人感觉乏味，因此，最好的安排是一天穿插几个科目，这样在返回任一门科目时，观点都已经得到了完全的消化，也有助于与学习内容保持一定的距离，看问题会更清楚。

但是，多样性程度太高或方式太复杂也容易导致混乱，这样会打断工作的连续性，难以发现知识点之间的不同与联系，也不能像在持续工作状态下一样形成深刻的理解。因此需要在方式的多样性以及同时进行的科目数量方面取得平衡，保证每一天都过得既有趣又有成效。

- 让时间表体现一定程度的多样化，让大脑有一定的时间消化材料。这样还能让自己和话题保持一定的距离，可以把问题看得更清楚。
- 把握好平衡：过于多样性会打断工作的连续性，并制造混乱。

各个时段之间留出足够的时间

同样，每门科目或每个工作时段之间也需要留出足够的时间，有助于消化读过的观点，并更有效地运用观点。事实上，制定时间表不仅是为了保证完成所有的任务，更重要的是，还能帮助你更深刻地理解学习内容。同时，这也是一个不断积累的过程，我们基于之前的认识不断地加深了解，最后能熟练掌握并牢牢记住这些观点。在完全掌握这些观点之前，可能需要多次阅读、做笔记和思考。

可以看出，留出时间用以消化和处理观点是非常重要的。因此，可以把一个学习任务分为几个部分进行，例如：两个小时为一个部分，中间可以有大约 30 分钟的休息时间。利用休息时间可以和朋友喝杯咖啡，在此期间，大脑会下意识地处理和组织观点，帮助你更清楚、客观地掌握它们。最后，你会发现自己能够对读过的观点进行批评、论述和评价了，而非不加批判地接受。不过，休息时间不应太长，否则就得有个重新回到观点的预热过程，需要重读已读过的文章，白白地浪费时间。

- 每门科目或每次工作时段之间需要留出足够的时间，有助于消化读到的观点。这是一个积累的过程，上一时段所做的工作是下一时段的基础。
- 将每个时间段切分为易于操作的几个部分，例如：每学习两个小时，休息一次。这样有助于更清楚、更客观地理解观点。

具体化

最后，时间表的制定应尽量具体。模糊的时间表，由于缺乏细节，效果不佳。如果不能确定完成任务的时间，帕金森定律就会乘虚而入，我们就会不由自主地延长工作时间，导致休息时间减少，还只能完成预期任务的一小部分。

为避免出现上述问题，应该尽可能让时间表具体化：每周、每天用多少时间来工作；为了确保永远保持最佳的学习状态和充足的休息时间，每个时间段应该多长；各项任务需要多长时间。要保证你对所学科目以及每个时间段的学习方式——阅读、做笔记、规划文章、写作等——都非常清楚。

计划详细的休息时间也同样重要。明确工作完成之后可以干什么，不要低估设定这个目标的重要性：这是完成任务的回报，是对自己辛苦工作的奖励。长时间无计划的工作会让你不由自主找一些能分神的事情做，规划休息时间则能帮你减轻压力，避免这一问题。这样能节约不少时间，不至于不时地刷刷脸书、推特或在书架前来回踱步，注意力随时都能被手边的事情吸引。

此外，休息时间要计划一些与工作截然不同的事情。如果你已经连续看了两个小时的资料，那就最好不要通过花一小时看一本读了一半的小说来放松，不管它多么有吸引力。最好的放松方式应该是做运动，如跑步、游泳，或者散步。也可做一些具有创造性的活动，比如玩乐器、速写或画画。再或者保养一下车，或搭建书房的书架。重点在于，工作越努力，越应该好好放松。工作时间需要规划好，娱乐时间也必须规划好。

以下条目要尽可能具体

1. 每天工作几个小时。

2. 每次工作的时长。

3. 完成每项任务所需的时间。

4. 学习什么内容。

5. 每次的学习方式。

6. 工作之后的放松 —— 工作结束给自己一点回报，有助
   于保持学习动力，集中注意力。

简言之

- 确定每天学习的总时长。

- 规划放松时间 —— 把握好学习和休息之间的平衡。

- 确定自己工作效率最高的时间段，以安排最需要高度
  集中注意力的任务。

- 分别做好写作中五个阶段的时间计划。

- 保持每天学习内容和方式的多样性 —— 但不要打乱
  工作的连续性。

- 每个时段之间需要留出足够的时间，有助于消化读过
  的观点，并更有效地运用观点。

- 将每个时间段切分为易于操作的几个部分，例如：每
  学习两个小时，休息一次。

- 具体化：每周／每天的工作时间，每个时段的时长，
  每项任务所需的时间，每个时段内的学习内容和方
  式，以及休息时间。

任务 6

制定个人时间表

　　在本项任务中，准备一份个人时间表，如果该项任务的工作周期为两到三周的话，就准备两到三份时间表。根据本章的四个步骤仔细制定自己的时间表，学习时间和方式要尽可能具体。完成之后，可以对照上述八个要点进行检查。

　　按照这一时间表工作一段时间，如一到两个月。你会发现由于你是不得不根据这个时间表做出调整，因此有些地方也许不能立刻适应。还有些地方可能需要做出微调，因为有的任务或许改日或放在其他时间做会更好。但不要很快就频繁地做出调整，必须留出充足的时间让自己看到一个逐渐成形的工作模式，然后再考虑可能需要做什么样的调整。

　　记住，长远来看，能准确地反映时间表是否有效的是以下几点：

- 是否能让你按时完成任务；
- 成绩是否有提高；
- 是否能用到更多自己的观点和技能；
- 工作的压力是否得到缓解。

小　结

　　1. 用你工作效率最高的时段来安排那些最需要高度集中注意力的任务。

　　2. 规划休息时间与规划工作时间同样重要，而且放松的方式要和工作方式有明显的差异。

　　3. 工作和休息时间规划都要尽量具体。

4.将写作中的每一阶段都纳入时间表，形成规律、有序的学习模式。

5.每个学习时段之间留出充足的时间，用以消化、加工观点，以便在运用时对它们有很好的把握。

下一阶段

根据本阶段所讲内容重新构建自己的学习模式，可以在短时间内显著地提高自己的工作质量。最直接的影响就是积极处理观点的能力增强，能够用到更多自己的观点，而不是简单地复制资料中的观点。此外，构建细致的检索系统，你会发现能收集到如此多的与你的文章相关的参考资料。检索系统与合理的时间表能够给你更多的机会发展自己的能力，这些能力将会是你所选课程中要评测到的。

可以看出，上述内容的关键在于组织，这一点在文章写作的下一阶段——文章规划中也同样重要。命题者经常反映：学生失分不是因为不理解话题，也不是能力不够，而是文章组织欠缺，导致写出来的文章逻辑性差，模糊费解。和构建检索系统与规划时间表一样，合理的规划可以带来立竿见影的效果。那些平时得分中等的学生将会看到，自己的成绩往往能够提高两到三个等级。

第3阶段　文章规划

引　言

　　通过上一阶段的努力，你现已掌握了大量材料。现在，你应该更有信心，因为你不仅更好地理解了收集到的材料，还通过将它们与你的想法进行整合，形成了自己的观点。在不同层面上，以理解、分析与构建、批评及评价为目的，你对材料已经进行了完全的加工处理。最后，你从所读材料中整理出了结构清楚的笔记，同时在笔记中也以批评和评价的方式记录了你自己对这些观点的看法。

　　另外，通过构建检索系统、制定合理的时间表，那些有用的资料，包括你自己的观点，不管在何处，只要一出现你便可以将它们收集、记录。你会发现自己的写作水平明显提高，批评、论证和评价观点或论点的认知能力也得到提升。完成这些工作之后，你将进入写作的下一个阶段，即对文章做规划。很多人认为这是最重要的一个阶段，但它也是受到忽视最多的一个阶段。在这一阶段不仅学习如何规划文章结构，还有提高记忆力的方法，以及如何提高复习和应试技巧。

文章的规划

文章结构如果没有经过精心规划，很难写得出色。评阅者不了解你的文章会提出什么论点与观点，但清晰的结构可以帮助他们找到你论述的轨迹。如果文章没有好的结构，就不能抓住评阅者的注意力。而且，如果看不出论点之间的相关性，或不明白你在说什么，为什么这样说，那么无论你写得多好，也得不了高分。通过规划，连最弱的论点都能够增加其说服力。精心规划文章的结构，可以使内容清楚，逻辑性强，紧切命题，可以让单独存在时较弱的论点获得支撑，增强说服力。

文章不经过规划：

1. 很难抓住评阅者的注意力。

2. 评阅者看不到内容的相关性，不会给出好分数。

3. 精心规划的结构可以让较弱的论点也变得更有说服力。

在这一阶段，我们将要看到写作之前对论点进行细致演练的益处。在第一阶段，已对文章的问题做了解析，对观点进行了头脑风暴，这一阶段将要对文章做出规划了。通过规划文章结构，可以确保所有论点切题，论证清晰，前后一致，也可以确保有充足的论据支撑它们。同时，还可以避免遗漏一些对文章而言至关重要的内容或论点。

另外，通过对论点进行细致演练还能避免同时面临写作的两大难题：清楚地表述自己的观点以及寻找能精确表达这些观点的词句。

> **在细致的框架内演练论点的益处：**
>
> 1. 确保所有论点都切题。
>
> 2. 论点表述清楚，论证前后一致。
>
> 3. 有充足的论据支撑论点。
>
> 4. 未遗漏重要内容。
>
> 5. 避免同时面临写作的两大难题：清楚地表述自己的观
>   点以及寻找能精确表达这些观点的词句。

有效地完成上述目标需要经过两个阶段：编辑观点与给观点排序。为确保文章写得成功，必须无情地删除与话题无关的材料，无论收集这些材料曾经是多么的不易。否则，问题就会留到后面的阶段，处理不好的话，会严重影响文章表述的清晰性和结构的逻辑性。无关的内容还会造成结构散乱、论点缺乏说服力，并破坏我们之前努力建立起来的逻辑链。为观点排序也是如此，如果观点之间在逻辑上前后连贯，文章会更具说服力。

> **无关材料：**
>
> • 降低文章的清晰性。
>
> • 导致结构散乱不清。
>
> • 破坏观点的逻辑链。

为考试而规划

然而，规划的好处不止这些。为文章规划好结构，就为复习阶段提供了核心材料，能更轻松地回忆起考试中要用到的论点与论据。接下来将学习如何针对大纲所列话题的相关典型性问题做准备，由此提高应试技巧和复习效率；同时，还将探讨记忆力如何发挥作用，以及如何增强记忆力。

第 21 章

规划文章：争取最高分

在本章将学到：

- 如何通过精心的规划来抓住读者的注意力；
- 如何通过规划来加强最弱的论点；
- 如何在写作前细致地对论点加以演练。

完成了前面两个阶段的任务（解析问题与查找资料）之后，文章的结构布局应该已经在心里成形了。很多情况下，这个结构与查资料之前在头脑风暴过程中所做的图式笔记可能不会有太大的差别。

规划的重要性

不过，为文章的结构做规划也是至关重要的，在这个过程中你将尽你所能对文章的论点进行最细致的演练。这不仅会使结构更清晰，内容更连贯、更符合逻辑，还会让写作变得轻松许多。文章有没有经过规划，是很容易看出来的。

抓住读者的注意力

阅读他人的文章，就像进入一座陌生的城市，很容易迷路，需要有人为你指引方向；更糟糕的是，如果不是一开始就有人告诉你，你甚至会一片茫然，不知道自己为何在这里。文章的结构规划则像城市的地图，通过引言和每段开头的"主题句"（第4阶段），作者告诉读者现在要带他们到哪里去，需要在哪里转弯，以及为什么要这么走。

　　文章未经规划，主体部分推进不清晰，评阅者就肯定不能顺利地读下去。文章抓不住他们的注意力，即使你的论点很有说服力，论据应用得也很巧妙，文章也得不了高分。评阅者如果看不出文章内容的相关性，必然不会重视它。他们不应该代替你花费精力去搞清楚文章写的是什么，为你弥补文章中的不足。文章写成什么样，评阅者就把它按什么样来对待，否则就得在你的文章上花太多时间，来猜测你到底要表达什么，那么批阅你的文章就会占用本该用在别人文章上的时间。

　　　文章未经规划，主体部分推进不清晰，评阅者就肯定不能顺利地读下去。文章抓不住他们的注意力，就得不了高分。

　　评阅者经常发现，学生考试不通过或者成绩不理想，不是因为他们不了解话题，也不是不具备能力，甚至也不是因为没完成任务，而是因为文章抓不住读者的注意力，评阅者看不出文章与问题之间的相关性在哪里。问题的症结往往都在于没有对文章做规划。

　　以下是一位哈佛教授对此的看法，很有代表性：

　　　　文章漫无边际是一个很常见的问题。忽而这样想，忽而又转到另一种想法；正在总结概念，忽然转为反驳某一观点，然后又开始重述文章的题目。文章显示不出清晰的结构，逻辑推进模糊不清。[1]

规划会增强较弱论点的说服力

实际上，规划带来的好处远不止这些。用清晰的逻辑发展步骤来告诉读者文章的布局，读者就能跟上你的思路，你也就将文章置于一个安全的网络之内。很多情况下，一些较弱或界定不明确的论点，如果成了清晰的逻辑论证的一环，就可增强说服力，提高准确性。

我们对此应该都有体验，遇到不认识的词时，大多数情况下可以通过上下文推测出它的意思。评阅者也会如此。在评阅文章的过程中，遇到表述不清的词句或解释，如果它们属于精心规划、逻辑清晰的一系列论点或观点的一部分，那么意思就会变得很明显。上下文意思清楚、结构合理，论点就会从中获得说服力，增强清晰性。

写作前的细节演练

规划不仅使文章逻辑链清晰，还能对主要观点及其重要细节进行梳理，为接下来的阐释、说明和发展论点做好准备。同时，可以防止遗漏文章的关键部分或论点。

但是，对所做的规划亦步亦趋也是不明智之举。如果产生新观点或发现新联系，就需要重组材料，把新内容添加进去。但要保证这些新材料确实对论证有用，而不是不切题的冗言赘语。然而检验文章规划是否成功的最后一步，则是在写作之前将论点的细节用详细的笔记写下来。通过这一步，你可以对文章所需什么材料做到了然于心，并对如何使用这些材料也做了细致的演练，因此就不会在最后一刻才发现又要做修改了。

规划不但能帮助你得高分，还有更重要的作用：这是理解话题不可或缺的一步。它让你有机会将论点用笔记的形式演练出来，帮你看清楚自己有没有很好地理解论点。

对细节进行演练，可以确保：

- 占有了所有需要的资料。
- 重要部分没有遗漏。
- 在写作前清晰地理解了论点。

一个让人诧异的事实是，有那么多的学生没有对文章做规划的习惯，这会使他们不得不同时解决写作中的两大难题：组织观点并为它们规划合理的顺序；与此同时，选取恰当的词语，以适当的力度与口吻，按照事先规划的方向展开论证。想要同时完成这两个任务几乎是不可能的，除非是以前写过多次的话题。

写作中的两大难题

1. 组织论点并为它们规划合理的顺序。
2. 选取恰当的词语，以适当的力度与口吻，按照事先规划的方向展开论证。

以线型模式演练论点

规划阶段演练观点所需用到的技巧和方法与头脑风暴阶段所用的不同。这就是为什么一些学生更习惯使用线型模式来演练观点，而不是使用在解析问题阶段用过的图式模式。不过，总体来看，在规划阶段使用线型模式和图式模式的学生各占一半。

然而，这两个阶段有明显的差异。演练观点是一个深思熟虑、逐步进行的过程，不像头脑风暴阶段，观点在丰富的想象中流淌而出。因此，写作前将图式模式转换为线型模式，有时会感觉更为好用，这是有其合理性的。不过，不要忘了灵活性。有些任务采用图式模式可能更为方便，也有些任务需要将这两种模式结合使用。

在考试中，时间有限，如果想更快地将头脑中涌现出的观点记录下来，图式模式显然是最有用的。但是，当你要写文章时，特别是第一次接触这个话题，使用线型模式逐步将观点演练出来，对观点能有更好的掌控力。

实践　练习 22

使用线型模式演练论点

问题

论述"做广告的唯一目的就是让消费者在了解信息的前提下做出选择"这一观点。

在解析问题阶段，已使用图式笔记模式对这一问题展开了头脑风暴。现在，将这个笔记转为线型模式，想一下文章中的论点应该包含哪些细节，将这些细节演练出来。

把自己的想法与下面内容进行对比，可能没有这么详细，但必须能清楚地显示需要详细到什么程度，才可以解决写作中可能会遇到的大部分问题。

答案：线型规划——演练论点

论述"做广告的唯一目的就是让消费者在了解信息的前提下做出选择"这一观点。

一、广告

1. 仅提供信息：

例如：列车时刻表

（1）没有朗朗上口的广告词——"让火车带走您的紧张和疲劳"

（2）不含说服性的信息——"小孩免票"

（3）仅提供信息：

　　　① 路线

　　　② 时间——出发和到达

　　　③ 站台号

但是，意图＝核心特征

　　　① 表明乘火车出行更方便、更快捷、更轻松

　　　② 例如：宴会请柬——仅提供信息——但是意图＝鼓励人们出席，为地方事业筹集资金

2. 因此，提供信息＝表象

• 重点＝意图——建议／说服我们采取特定行动

二、信息性

• 仅有少数＝信息性

1. 一些广告只为提供信息：

　　例如：公共信息 —— 规章与税率变化

　　　　　政府警告 —— 吸烟，家庭火警器的使用

2. 另一些在提供信息的同时隐蔽地宣传商品：

• 这些信息关于：

（1）新产品与新技术

　　① 电脑技术与软件

　　② 通信，例如：手机

　　③ 娱乐 / 爱好

　　　　• 数字技术 —— 电视、相机

　　　　• 音乐系统

但鲜有广告仅提供信息：

示意 = 跟不上进步，会有不好的后果

　　（2）新设计：

　　　　　例如：时尚 / 衣服 — 家用电器 —— 洗衣机、洗碗机、

　　　　　微波炉

示意 = 落后于朋友与邻居会有不好的后果 —— 攀比 / 嫉妒 / 炫

　　耀性消费 —— 你由你拥有的东西界定

三、但这并非广告商"唯一"做的事：

• 显性操控

1. 选择性使用信息：

• 只宣传产品的优点，不谈缺点

　　例如：汽车发动机可在 6 秒内从 0 加速到 60 —— 但不

　　　　　会告诉你该发动机有 5 年后就生锈的记录

　　例如：某款最新打印机的功能比市面上其他打印机都强

　　　　大 —— 但不会告诉你该打印机墨盒的价格是其他
　　　　的 5 倍

2. 断章取义地使用信息：

· 在一篇批评性的报告中，只选取对该产品有利的评论

例如：消费者协会的批判性报告

例如：广告商在艺术、文学、戏剧批评家的负面评论中，
　　　将对该商品有利的只言片语抽取出来

3. 联想：

· 把产品信息与强烈的情感和欲望联系在一起

（1）性别 —— 将产品与性联系起来

　　　例如：汽车—衣服—香水—酒

（2）地位 —— 对权威的尊重

　　　例如：科学的威望 —— 身着实验室工作服，推荐洗
　　　　　　衣粉、吸尘器、洗碗机、洗洁精等

（3）受欢迎 / 受尊敬的公众人物

　　　例如：男 / 女运动员或电视明星代言手机、功能性饮
　　　　　　料、衣服、除臭剂、洗发水

（4）偏见：

　　　① 性别模式化形象

　　　② 阶层 —— 口音

　　　③ 体重 / 体形

　　　④ 民族

（5）通过联想进行潜意识的操控：

　　　① 减少商场偷窃行为，如"我不偷窃""我要诚实"
　　　　这类信息。20 世纪 70 年代的实验显示商场偷窃行为

减少了 30%

② 危险：

　　• 政治与社会操控

　　参考：奥尔德斯·赫胥黎的《重返美丽新世界》

　　• 增进商业利益

　　受潜意识的操控，购买不需要的产品

4. 歪曲：

（1）塑造原型人物与情节，实现某种预设的效果：

　　① 人人都想变得苗条 —— 将超重与社交失败和自我
　　　　放纵联系起来

　　② 人们都相信，洗碗机中取出来的盘子不干净就意
　　　　味着重大的生活危机

　　③ 如果让邻居发现自家厨房地板不干净，那就是一
　　　　件会影响一生的不光彩的事情

　　④ 诱导我们自我感觉糟糕 —— 不满足感激起消费欲

（2）迎合某些想象出来的社会共识 ——"基本的"或"共
　　　同的"价值观：

　　① 我们都想要最快的汽车

　　② 我们都想与邻居步调一致

　　③ 我们都时常焦虑会落伍

（3）为了销售产品，媒体编造并维护一种谬论
　　　例如：家庭主妇的执念就是要将衣物洗得洁白无瑕，
　　　　　　地板拖得一尘不染

小　结

1. 文章的规划就像文章的地图，为读者指引方向，防止迷路。

2. 文章的引言和段首的主题句为读者指示文章中的每一处转折。

3. 抓不住评阅者的注意力，就得不到高分。

4. 清晰的、逻辑性强的结构能使最弱的论点变得有说服力。

5. 将文章要写到的内容细致地演练出来，可以帮助你梳理出主要论点和重要细节，并加深理解。

6. 做好规划还可避免同时面临写作中的两大难题。

下一章提要

至此，你不仅能够意识到细致地演练观点的重要性，还会发现在编辑观点和组织其顺序的过程中会出现的问题。下一章将会更细致地针对这两方面的问题进行探讨。

注　释

1. Michael Sandel, *Writing in Moral Reasoning, 22: Justice* (Cambridge, Mass.: Harvard University, 2000).

第 22 章

材料的编辑与排序

在本章将学到：

- 如何编辑材料，构建出清晰的、符合逻辑的文章框架；
- 如何给观点排序，使论点连贯，更具说服力；
- 如何让你的文章给评阅者留下良好的印象。

文章的规划包含两个阶段的常规工作：编辑材料以及对其进行排序。这两项工作不宜操之过急，必须仔细、用心地完成。

要想完成这两项工作，需要具备做军事计划所需的品质：无限的耐心，同时还要冷静、果断。你可能已经与一些想法、观点或论据建立起了某种情感上的联系，但是如果它们于文章无益，就必须忍痛割爱。意识到一些费力收集来的资料竟然与文章无关，这无疑是很痛苦的，但你必须这么做。否则，就会把问题推延到后面的阶段，处理不当的话，会严重影响到文章的清晰性和结构上的逻辑性。

还需注意的一点是，写作时，不能一味地把所有你知道的都一股脑塞进文章中，试图以此来吸引评阅者的注意力。评阅者要评价的，是你分析问题的能力如何，以及能否判断哪些信息与文章相关。不要以放弃展示这些能力为代价，而试图通过显示你知道多少来打动评阅者。评价、论述问题会用到更复杂的技巧，因此能赢得更高的分数。如果这些能力不能得到展示，即便能让评阅者看到你懂得很多知识，你也会意识到它们与命题所涉及的问题并不一定相关。

- 果断去掉不能与话题紧密相关的资料，即便这些资料是你费力得来的。
- 无关的材料留在文章中只会使你的文章缺乏清晰性，并损害结构上的逻辑性。
- 要得高分，就要让评阅者看到你解析复杂问题的能力，以及能够紧贴问题展开写作的能力，而不是向他们显示你懂很多知识。

编　辑

如果没有花足够的时间用以解析问题，编辑资料这一步将会非常麻烦。谁都不想放弃任何费力找寻并记录下来的资料，尤其是那些我们知道一定会给读者留下深刻印象的材料。如果没有一个清楚的标准，规定哪些材料与话题相关，哪些无关，你会发现很难避免使用一些无关的材料。

这些无关的信息将会制造不必要的干扰，打乱文章的结构，削弱论点，破坏你努力构建起的逻辑链。反之，如果对问题所指有清楚的认识，坚决果断地筛除无关的材料也就容易得多了。

去掉所有无关的材料，否则，就会制造不必要的干
扰，打乱文章的结构，破坏你努力构建起的逻辑链。

排　序

尽管对论点进行排序不会像舍弃那些你已产生了感情的材料那样心痛，但也需要坚定的意志才能完成，否则就会受手头材料的摆布。就算是放弃做笔记时记录材料的顺序，也可能会很不容易。

对材料按自己的需要重新排序，而不是依照做笔记
时记录材料的顺序。

对观点进行排序时，最简单的做法就是采用描述事件或事物的方法，这几乎不需要经过什么思考。但是，要警惕！这样不仅会导致文章内容不够相关，而且只需用到最低级的能力，凭这个难以得到高分。

除非题目要求，否则避免给出描述性的解答：
- 它们会导致内容不相关。
- 它们只能展示最简单的能力，所以得不到高分。

遇到需要对某观点做出论述或批判性评价的题目时，对问题的两个方面的呈现应该不偏不倚。即便你对某一方面更为赞同，也要站在反面对另一面尽你所能强力论证，让你的观点具

有说服力。这样，评阅者就会明白你已经全面了解这一问题，
思路是开阔的。而且，他们还会看出你具有独特的才能和灵活
的思维，能够站在反面进行论证，即具有自我反思的能力。这
样一来，就能显示出你不会囿于已有想法，你的思维能超出已
有想法并接受新的观点。这一过程中，你将展示出自己思维的
周密和想法的成熟。

> 即便你赞同某一论点的某一面，也要站在反面去论
> 证，这样可以展示出自己思维的周密和想法的成熟。

　　不管是哪种问题，按照上升顺序组织观点通常都不会错：
从最简单的到最复杂的，从说服力最弱的到最强的。对于我们
刚讨论过的那类观点，把它们的每一面都分两个部分来进行论
述，在每一部分之内，将观点按照上述上升顺序进行组织。这种
组织方式是符合逻辑的，尤其是有些时候，需要先透彻地论证
那些简单一些、更为显而易见的论点，以此为基础，再清楚地
论证最复杂的论点。从心理学的角度，这样的组织方式也有其
意义。把最精密的、最深刻的论点放在文章的最后，评阅者会
觉得整篇文章都像最后这部分那样精彩。他们在考虑给你什么
样的分数时，脑子里想的正是文章最后这个周密、新颖的论点。

实践　练习23
对材料进行编辑和排序
问题
　　是否存在这种情况：一个人拒绝遵守某条法律，却可被

认为是正当的?

根据第一阶段所学内容解析上述问题：写出你的观点，尽可能全面体现这一问题的意思与含义。此项练习中，不需要进行头脑风暴，因为下面将给出一系列笔记内容，你需要将这些信息进行编辑和排序，形成写作的大体框架。但你对问题的解析应该能让你清楚地知道哪些信息与问题相关。之后阅读下面的笔记，判断哪些与问题相关，哪些需要去掉。然后，把留下的笔记内容按线型模式排序，呈现出你写作的思路。

完成之后，将你构建的框架与后面的答案相比较。

笔记

1. 列出主要的法律类型：习惯法、判例、成文法、惯例。

2. 正当违反法律的情况：

（1）政府缺乏大众合法性—缺少大众的支持—独裁政府。

　　例如：种族隔离

（2）政府是合法的，但多数人对某少数人群进行极端统治。

　　例如：德国—纳粹政府—1935 年《纽伦堡法案》

　　例如：美国—20 世纪 60 年代民权运动—种族隔离

　　　　—马丁·路德·金

（3）政府的权利超出正常范围 —— 非必要情况下限制个人自由。

（4）个人的法律义务和道德义务产生矛盾。问题：哪个具有优先权？

　　例如：警察认为朋友犯了罪，但道德层面上有义务帮助朋友，不将他交给警方。

3. 为什么圣雄甘地故意违反法律，采取非暴力行动使得印度以和平方式脱离英国统治？指出其原因。

4. 问题：政府合法，法律与个人的良知与原则相冲突，如和平主义。

例如：贵格会教徒不愿交用于研发核武器的那部分税

5. 危险：社会崩溃——允许人们选择性地遵守或违反法律。

6. 描述 1906 年由妇女参政权论者发起的公民不服从运动，目的是争取妇女选举权。

7. 记录 A.V. 戴西关于法制可以保障政府运行有序、非任意性的观点。

8. 只有个人的行为可能会对他人造成伤害时，政府才有权限制此人的自由（约翰·穆勒）：

（1）如果你在公共场合，向别人大声地说出攻击性的、带种族偏见的话，政府应干预并制止这一行为。

（2）你具有言论自由的权利，但是如果你发布色情信息并对他人造成伤害，政府就应该限制你的言论自由。

（3）如果雇主既不给员工听证的机会，也不加补偿，无缘无故解雇员工，政府就有权限制雇主的行为。

（4）你的行为如对别人造成身体上的伤害，政府有权限制你的自由，如:（让别人）被动吸烟。

9. 如果你的行为只对你自身造成伤害，政府是否有权干预并限制你的自由，如：吸烟、不戴头盔。

10. 关于这方面的辩论，下列人物做出了很大的贡献，阐述他们的观点：

苏格拉底

亨利·梭罗

彼得·克罗波特金

马丁·路德·金

约翰·罗尔斯

文章规划

问题

　　是否存在这种情况，一个人拒绝遵守某条法律，却可被认为是正当的？

　　1. 问题：政府侵犯人们的自由—人们如能选择性地遵守或违反法律会有造成社会崩溃的危险

　　2. 政府缺乏大众合法性—缺少大众的支持：

　　　　拒绝遵守法律 = 正当的

　　　　例如：独裁政府、种族隔离

　　3. 政府是合法的：

　　（1）多数人对某少数人群进行极端统治

　　　　拒绝遵守法律 = 正当的

　　　　例如：德国—纳粹政府　1935 年《纽伦堡法案》

　　　　例如：美国—20 世纪 60 年代民权运动—种族隔离

　　　　　　—马丁·路德·金

　　（2）问题 = 政府合法，法律与个人的良知及原则相冲突

　　　　例如：贵格会教徒不愿交用于研发核武器的那部分税，由于信奉和平主义。

4. 良知 / 原则：问题 = 政府的权力超出正常范围 —— 非必
要情况下限制个人自由

(1)"伤害"的延伸 —— 只有个人的行为可能会对他人造成
伤害时，政府才有权限制此人的自由（约翰·穆勒）：

① 如果你的行为只对你自身造成伤害，政府是否有权
干预并限制你的自由，如：吸烟、不戴头盔。

② 你的行为如对别人造成身体上的伤害，政府有权
限制你的自由，如：（让别人）被动吸烟。

③ 造成心理伤害，政府是否有权限制自由，如：在
公共场合，向别人大声地说出攻击性的、带种族偏
见的话。

④ 道德伤害。你有言论自由，但如果你发布色情信
息并造成对他人的伤害，政府就应该限制你的言论
自由。

⑤ 经济伤害。如果雇主既不给员工听证的机会，也不
加补偿，无缘无故解雇员工，政府就应该限制。

(2)优先权的问题：当个人的法律义务和道德义务产生矛
盾时，哪个具有优先权？

例如：警察认为朋友犯了罪，但在道德层面上有义务
帮助朋友，不将他交给警方。

编辑

因为这些笔记不是你自己做的，你对它们的应用只能停留
在浅层：你不能超出这些笔记内容，尽管让你自己收集信息的
话，也许会获得更多的相关材料。但这样也有好处，判断哪些

与问题相关，哪些无关，对你而言倒更容易些。

丢弃材料

我们能够理解，让亲自做了上述笔记的人舍弃第 3 条、第 6 条、第 10 条中的材料是多么困难的一件事。如果你花时间认真研读了那些论证严密的文章，找到了那么多你认为会用得到的材料，现在让你舍弃其中一些，会是多么不容易。这些信息并非与问题不相关，而是要用它们，就得对它们专门做进一步的处理，但上面列出的信息看起来只停留在对材料的直接描述上。因此，更好的办法也许是从这些材料中选一些引言和论据出来，用以支撑你在文章的其他地方想要论证的观点。

为描述而描述

第 1 条和第 7 条也是如此，都只是单纯地为描述而描述。了解不同类型的法律以及戴西的观点，或许有助于理解法律为何要有则有序而不能具有任意性，但你必须做清楚的说明 —— 必须论证这一部分内容为何相关。比如，涉及的法律类型不同，会对问题产生不同的理解，尽管从表面上看不出来。

排序

编辑好材料之后，接下来就是按照从简单到复杂的顺序对观点进行排序。在这个例子中，是按照从次要观点到主要观点进行排序。最好把比较肯定的情况放在前面，在这些情况下不遵守法律是合理的行为，把有争议的观点放在后面。按照这个顺序组织论点可以确保不遗漏任何重要信息。

较简单的情况

显然，可以用这样的政府作为开头，它颁布的法律不合理或得不到民众的支持。违反这样的法律，一般人都不会认为不正当，如史蒂夫·比科和纳尔逊·曼德拉拒绝执行南非政府颁布的种族隔离政策，这政策只得到了少数白人的支持。

相对复杂的情况是具有民主合法性的政府，像第三帝国时期的德国政府，颁布针对犹太人的政策，剥夺他们执业的公民权利，禁止他们与非犹太人通婚。但同样，对于那些敢于违反法律，营救犹太人使他们免遭被遣送到集中营的厄运的勇士，估计很少有人不会赞扬他们吧。

最复杂的情况

也许，最复杂的情况和上述两种情况都不同，它所产生的问题我们都必须仔细斟酌：政府是合法的，它没有对少数群体实行独裁统治，但它颁布的法律与我们的道德义务相冲突。也就是说，当法律与道德相违背时，我们该怎么做？

这一问题又可以分为两种情况。第一是政府权力范围的问题——只有人们的行为可能对他人造成伤害时，政府才有权限制人们的自由。对这一部分的论述会引发对"伤害"概念的种种解释：身体上、心理上、道德上、经济上，等等。第二是何者具有优先性的问题：当两者发生冲突时，该把哪个放在第一位，是道德还是法律？

任务

目前，你已经完成了两项练习：对材料进行编辑、排序，以及细致地演练观点。现在，你可以对你之前从某一课程中选出的问题做同样的工作。对这个问题你已经完成了解析和查找资料工作，下一步的任务是为即将要写的文章制定规划。

任务 7
编辑、排序、演练论点

首先，编辑收集的材料，去掉任何与问题无关的内容，千万不能心慈手软。有些论点即便能够吸引读者，或者能达到某种你想要的效果，你个人非常喜欢它们；但是，只要在严格意义上它们与问题无关，都必须去除。

然后，对观点进行排序，注意观点在层次上的上升性与衔接上的流畅性。把最简单的、最弱的观点放在前面，最强有力的观点放在后面。尽量想象出如何从一个观点过渡到下一个观点。

思考可以用哪些过渡词使段落之间衔接流畅（如："然而""因此""反之"）。

规划好文章的整体结构之后，开始组织文章的内容。现在的目标是清楚如何展开论点：如何分析要点和概念，如何进行比较与对比，如何对不同来源的观点进行综合，如何连贯地展开论述，如何用论据解释与支持自己的观点。因此，通过规划可以精确衡量各个论点，把握论点之间的关系以及文章的整体逻辑脉络。虽然写作尚未真正开始，但尽量设想自己正在写作，这样就能够在写作之前让问题都显露出来，写作时就不会出现不知所措的情况。

最后，完成上述任务之后，检查有没有遗漏的地方：

是否切题地、完整地对问题做出了解答；有没有遗漏与问题相关的重要内容；各个要点是否有足够的论据支撑。

小 结

1. 不要心慈手软，去掉一切严格意义上与问题无关的材料。要想做好这一步，需要在第一阶段就把问题解析清楚。

2. 不要让无关内容打乱文章的结构，破坏论点之间的逻辑性。

3. 对观点进行重新排序，而不是依照笔记中记录的材料的顺序。

4. 观点排序的一般规则是从简单到复杂，论点的展开一般就是按照这样的顺序。

下一章提要

这项任务中所做的工作已经与写作非常接近了，尽管写作尚未真正开始。几乎所有文章的写作都会从这项工作中受益。这一步做不好，就总会有预料之外的问题出现，降低写作的速度，破坏文字的流畅性。更重要的是，对论点进行演练之后，心中就会对文章的结构有了规划，这一点到了考试时尤为重要，因为这样就能在规定时间内让论点得以重现。这便是下面两章将要谈到的内容。

■ 第 23 章

为考试做规划

在本章将学到：

- 考试中规划的重要性；
- 如何备考；
- 如何组织观点，提高记忆力；
- 如何利用记忆方法帮助你回忆信息。

考试中规划的重要性

要在自己可控的时间内完成写作，做规划至关重要。而要在限定的时间内完成写作，规划就更为重要了，它能决定你在考试中的表现。

有些同学可能会说，考试时间紧张，根本抽不出 5 到 10 分钟的时间来规划写作。但是，如果你仔细观察他们在写作时的表现，就会发现他们其实也做规划，但是效率极低。他们会不假思索地直接开始写作，写完第一段之后，再停下来想想第二段该写什么内容。想一两分钟之后，再次开始写，过一会又停下来，用更长的时间思考下面要写的内容。写一篇文章，停停写写七八次，这就一共花费了 12 到 15 分钟的时间来规划。

实际上，他们这种规划方式比在写作前进行规划花费的时间更多，而且采用了最糟糕的规划方式。这种写法，肯定是想到哪个观点就写哪个观点，缺乏连贯性，评阅者会觉得文章没什么逻辑可言，文章自然也就显示不出它应有的流畅性了。相反，如果在一开始进行规划，写作时就会顺畅、连贯，无须中途停下，直至完成文章。

不难发现，考试时能否写出优秀的、流畅的文章，规划至关重要。只有通过规划，才可以掌握写作材料，使观点表述符合逻辑，简洁清楚，内容连贯，论据适当、切题。

- 在考试中，写作规划更为重要。
- 所有人都在做规划，只是方式不同。
- 写作前做好规划才能使文章简洁、连贯、逻辑性强，否则就会打断思路的流畅性与连续性。

提高记忆力，应对考试

对于考试，规划的好处不止于此。它不仅能提高写作质量，使论述深入，而且对于记忆信息，也可谓至关重要。你自己或许也有这样的体会，信息只有在某种结构下才能记住。想想记忆独立的信息有多么困难，比如，你一天内要做的事，或一段引用，或一部剧里的几句台词。面对这种记忆任务，在记忆时大脑自动会试图创建出某种结构。结构有时来自信息自身（比如手机号码，你会通过发现里面一些重复的数字而记住它），有时候来自将要记忆的信息与已存在的某种结构性信息联系起来。

> 通过创建结构记忆信息。

　　这正好能够解释为什么那些头脑活跃、对某题材兴趣浓厚的人可以记住海量话题内惊人的细节。有些在学习上并没表现出多聪明的同学，只要在他们极感兴趣的话题内，比如棒球、板球、足球，他们能够记得的细节令人难以置信：球员们的击球率是多少，某球队赢得过某奖杯多少次，一个赛季中谁进球最多，谁得分最高，等等。

　　有些人甚至还能分析最为复杂抽象的概念，像板球中的曲线球和上旋球 —— 这些概念很难具象化然后再加以分析，难度好比分析科学或学术概念，如黑洞、可能导致经济衰退的条件等。例如，《钱伯斯词典》对"曲线球"的解释为"……一种变向球，投球手用右臂掷球，并有明显的腿步动作，投向击球手的右手方位。左臂投球手则相反"。

- 记忆信息的方式是从信息中创建出某种结构，或将该信息与某种已知结构联系起来。因此，通过创建结构来做规划可以帮我们记住考试中需要的信息。
- 对于感兴趣的事，人们会创建出更多的结构，所以可以记住更多的信息。

需求是学习和记忆的秘诀

　　人们只有在有需求的时候才能学东西。那些知道并能记住很多东西的人都是善于创造需求的人，这一点很容易理解。就像有些同学，学习成绩可能没有那么突出，对板球或棒球却能侃侃而谈，因为他们对这些话题感兴趣。因此，善于创造这方面的需求。一旦有了需求，我们在加工信息和观点时就会变被动为主动，并能将所知信息结构化。大脑接收到这些信息之后，开始自我组织，生成更多新的结构，这些结构与我们之前创建的结构相结合。这样，我们便能在不知不觉中记住大量的材料，而放在以前，我们会觉得这是不可能的。

　　创建出真正的求知和学习的需求，不久，你的收获将大到连自己都会惊讶。你将能够为观点创建和再造出最为复杂的结构。你会惊讶地发现，面对最难的论点或概念，你可以做出很好的分析，还可以记住大量的信息，这些都远远超出你的预期。除此之外，你开始生成自己的观点，更加坚定地坚持自己的想法，可以提出成熟的、周密的论点。这一切都发生在不知不觉之中，原因是你知道了两件事情：如何使材料结构化，以及如何创造需求。

需求与兴趣

1. 人们只有在有需求的时候才能记住信息，那些擅长创造需求的人，记住的更多。

2. 人们对某事真正感兴趣时，才会创造了解此事的需求。

　　为了更好地理解这一点，完成下面的练习。

实践　练习 24

结构化记忆

　　下面是你要去超市采购的物品清单，一共 10 件物品。看 30 秒，努力记住它们，然后覆盖住，检验自己能记住多少。

胡萝卜	黄油
酸奶	牛奶
西红柿	杜松子酒
豆子	奶酪
葡萄酒	土豆

　　大多数学生能够记住 6 到 8 个物品，只有习惯于灵活处理信息的学生才能把 10 个物品全部记住。他们中大多数都会将这个清单进行加工，置于某种结构之内，如以下这样的：

1. 蔬菜：

　胡萝卜

　西红柿

　豆子

　土豆

2. 奶制品：

　酸奶

　黄油

　牛奶

　奶酪

3. 饮品：

葡萄酒

杜松子酒

这样，大脑要处理的任务就会简单很多：从原来需要记忆10件物品减少到3件，只要记住这3件，其他物品就会跟着回忆起来。实际上，你平时买这些东西时，大抵也会这样做。这样做的好处很明显，把物品归类，可以减少在超市各个区之间来回奔波的次数。你知道在蔬菜区需要购买4样东西，买完再去下一个地方，诸如此类。

运用记忆法

除此之外还有一种方法可以提高记忆力，那就是运用某种记忆法。记忆法是一种精心设计的方法，可以帮助人们更好地记忆。多数记忆法都是用每个单词的首字母组成短句。教小孩记彩虹的七种颜色时，就是让他们去记一个没实际意义的句子：Richard of York gained battles in vain——红（red）、橙（orange）、黄（yellow）、绿（green）、蓝（blue）、靛（indigo）、紫（violet）。最好可以让句子具有节奏或韵律，尤其可套用一些耳熟能详的句子，如赞美诗、流行歌、广告词或者名诗。

不过，还有另一种将信息结构化的方法——不是自己创造结构，而是借用一个结构。创造没有意义的句子是效果最差的一种方法，因为它和你自己的经验完全不相关。你必须一遍遍地重复，才能强迫自己记住。这不仅会使人厌烦，更关键的是，还忽视了思维自然、有效运转的方式。

记忆具有"整合性"：要想记住新的信息，把它融入已知信息中会最有效。我们能记住的是整体，而非分散的碎片，所以，要想记住什么，就让它能被纳入我们已知的知识结构中并具有意义。新的内容必须和我们自己创建出的某种结构相契合，或者和已经存在的、能为我们所用的某种结构相契合，比如广告词或经典歌曲。这种方法有时候看起来很烦琐，也属于人为的一种构建，但是有些时候，面对一个没有内在结构的清单，物品无法按它们自己的逻辑分类，这时只能借助记忆法。

> **记忆**
> 1. 通过让信息结构化来记住它们。
> 2. 能记住的是整体，而非碎片式的事实或列表。
> 3. 与已知结构相契合的结构是最佳的。
> 4. 如果自己不能创建结构，可以借助其他结构，如流行歌曲或广告词。

不管你选取哪种方法提高记忆，要记住：我们要记忆的不是零散的信息，而是以某些熟悉的核心词或概念为中心聚合在一起的复杂信息和观点。这样的聚合结构我们或者自创，或者借助一些耳熟能详的句子。当我们听到、读到或想到这些句子时，就能引发对整体信息的记忆。这也解释了结构性的笔记为什么如此有效，如图式笔记和线型笔记。如果你自己不能想出来某种结构，那就使用韵律性强的语句或熟悉的诗句。它们肯定要比一个单纯的列表或缺乏结构的概要有效得多。

小　结

1. 考试中做写作规划非常重要，它可以让文章思路流畅，内容连贯。

2. 考试中做规划可以促进记忆，因为这样可以为信息创建出结构，而不是去记碎片化的事实或列表。

3. 当我们有需求时，才会去创建结构，那些善于创建结构的人也善于创造了解事物的需求。

4. 当我们对某一事物真正感兴趣时，就会更好地创造出想要了解它的需求。

5. 如果不能自创结构，可以借助熟悉的歌曲或词句，这样就可以把需要记忆的信息纳入已知结构中。

下一章提要

用本章的方法做规划可以使复习和考试变得简单得多。下一章将讲述如何确保在考试中写出和平时一样的高质量文章。

第 24 章

考前复习

在本章将学到

- 如何把文章的规划作为复习的主要材料；
- 如何显著缓解复习和考试的压力；
- 在考试中该如何做规划。

根据典型考试题目做规划

根据上一章的内容，人的大脑记忆的是结构化的信息，因此，在准备考试阶段，可以整理出与教学大纲中每一个话题相关的典型问题，并做出相应的规划。完成了这项工作之后，在复习时只需记忆这些问题的相关内容，并模拟考试时限时的情境，检查自己能否在十分钟之内回忆起这些内容。

特别擅长组织教学的指导老师会给学生一份课程大纲，上面有这门课程的所有话题，让学生列出每个话题涉及的问题。这意味着要对过去多年的试题做一个回顾。最常见的情况是，有些老师教授这门课已有多年，他们已经为学生做好了这项工作。那么每年只需要更新，将最新的问题添加进去即可。

课程大纲 ⟶ 话题 ⟶ 问题 ⟶ 典型问题

当你把所列出的问题进行归类之后，就会发现每个话题会包含四五个经常出现的典型问题。你需要针对这些问题做出规划。指导老师也会针对这些问题做出他们自己的规划。你自己的规划完成之后，老师会将他们的印一份给你，这样你就可以做出对比，并做出必要的调整。

对问题所做的规划会成为核心复习资料

典型问题规划完毕，你会发现它们将成为你的核心复习资料。在我的复习课上，我们会提前制定整个复习阶段的计划，可以具体到哪一天该复习哪一个话题。到考试前，每个人都能完成复习计划，对典型问题所做的规划也会储存在他们的记忆中。然后，针对某个话题列出对应的典型问题，从中选择一个，模仿考试的形式，在十分钟之内规划出文章的框架。我们通常是找一张白纸，用适合该问题的图式或线型笔记的模式构建问题的结构。完成之后，比较大家的答案。之后，我们会把所列出的每一个典型问题都按这种方法练习一遍。

通过这样的练习，复习就不会那么困难，那么可怕。实际上，如果让学生知道考试会涉及 6 个话题，每个话题有 4 个典型的问题，学生只需记住 24 篇论文的框架，并能在限定时间内回忆起来就可以了。大多数学生都能顺利完成这项任务，这比记一堆非结构化的笔记要容易得多。

复习

1. 对典型问题做规划。

2. 记住所做的规划。

3. 在十分钟之内回忆起这些规划。

4. 在限定的时间内对每个典型问题做出规划，这是复习方法的关键之一。

5. 即便考试中并没有出现一模一样的问题，你之前所做的结构性规划也有助于你回忆起所需内容。

　　为了减轻复习任务，可以每年定期以这样的方式复习几次。每学完课程大纲里的一个话题，都留出时间，让学生在规定时间内做出文章规划、写出文章。最后，在课程结束时，已经围绕所有典型性问题在限定的时间内做了规划或完成了写作。因此，大多数同学对每个问题都很了解，在考试中也能顺利地回忆起相关内容，完成写作。

　　即使考试中的问题并不完全是你复习过的，以前所做的结构性规划也能帮助你回想起所需要的内容。遇到杂合性问题，需要从不同的结构中选取所需部分，然后将它们进行组合，形成一个新的规划。可以说，考试要顺利通过，至少有 80% 依赖文章的组织结构，所以在学习一门课的过程中要对所学内容做出结构性规划并记住它们，这样在考试中就能够回忆起来。

提醒

　　不过，有一点需要注意：不要一看到考卷上的问题，就不假思索地把已经准备好的答案直接写上去。看到试卷，一不小心就会心里欢呼："太好了，这不正是某某话题中的问题吗！我可是复习过的。"然后，不经仔细思考，也没有细致解析问题，就开始组织文章的框架。面对问题，需要仔细分析，而不是把你对该话题所知的全部一股脑写出来。或许你已经意识到了这样做的不当之处，但如果你知道有多少聪明学生迫于考试时间的限制而会犯这种错误，你仍然会很惊讶的。

实践　练习25
典型问题

　　在课程大纲中选取一个话题，最好是你已经学过的、比较熟悉的。

　　你现已收集到了一些以前的考卷。通常，十份左右的卷子就能让你了解有关这一话题的主要问题和解答途径，这就为接下来的任务打好了基础。

　　列出与这一话题相关的所有问题，并标注它们出现的日期。从中你可以看出问题重复出现的模式。有些问题每年都会出现，有些问题两年出现一次。你整理出的模式应该限制在四种或五种之内。

　　如果你整理出来的模式明显多于五种，或许是因为有些问题的表述方式虽然不同，实际上却是同类，但你可能没有看出来。这种情况非常普遍。有时候直到你规划框架时，才能发现两个问题的写作模式其实是相同的。所以，如果有不确定的情况，可以通过做写作规划来解决。

考试中的写作规划

　　在考试中，用最开始的5至10分钟写出你对文章的规划。不要仓促开始，在写作前，要尽可能多地穷尽自己的观点，组织起来，形成连贯、清晰的结构，并使它紧扣问题。

实际上，我强烈建议多做几道题的规划。把你选择要回答的所有问题的结构全部规划出来，再开始拿起笔来做第一道题，很有好处。每次规划文章结构时，大脑都会接受任务，思考该如何论述问题。有一些问题你会很有把握，非常清楚该如何解答。但除此之外，总会有一些论点、要点、论据和例子你不能准确地回忆起来。

这完全可以理解：进行头脑风暴时，想尽快地记下涌现出的想法。因此，除了那些对文章的结构起决定作用的问题，对一般的想法，你不会停下来确认是否把每一个细节都想清楚了，因为你可以等想法停止运作之后，再返回处理这些细节。不过在回顾的时候，你可能会发现并不是所有的细节都能够回忆起来。但是，在做写作规划的过程中出现这样的问题，其实是给潜意识发出信号，在你论述其他问题的时候，潜意识也会积极地为你找寻这个问题所需的答案。

- 不要仓促开始写作。
- 写作前，做出所有所选问题的写作规划。这样能给大脑留出充分的时间在你的大脑数据库中搜寻，找到所需观点、论点和论据。
- 尽快记下所有涌现出的想法，不要打断思路。
- 如果文章没写完，你的结构规划也可以得一些分。

例子

比如你要进行一场 3 个小时的考试，有 4 个问题需要论述，你应该把 4 个问题的写作框架都规划好之后，再开始答第一道题。也就是说，考试的前 40 分钟，你都在规划写作。如果你先写最有把握的题，把最没把握的放在最后，那么你的大脑将会有 2 个小时 25 分钟的时间在你的数据库中搜寻，找到你需要的观点、论点和论据。而在之前为这个最没把握的题目做规划时，这些内容你可能并没想起来。即使是对于你最有把握的问题，大脑也能在你为别的问题做规划的 30 分钟之内找到那些你先前并没有回忆起来的内容。

常识性的方法

对有过考试经验的大多数人来说，这种方法显然是符合常理的。我们都有过这样的经验：考完试走出考场，和朋友互相讨论、比较作答的内容。这个过程中，各种信息会突然出现在脑海里，特别是那些本该用到考试中的内容。出现这种情况的原因有两种：一是根本没有进行写作规划，另一种是规划完没过几分钟就开始写作了。大脑接受到要完成的任务和要回答的问题之后，需要时间处理，考试中如果没有给它足够的时间，就不能完成任务。

具有讽刺意味的是，一两个小时之后，大脑就能想起更多之前我们想要回忆起的东西，但这时候已经用不上了，你就会叹息自己运气真差。然而，这实际上和运气没什么关系，有关系的是文章的组织，没有好的组织，就失去了得到高分的机会。

在限定时间内，能回忆起文章的规划还有一个好处，即大多数情况下，如果文章没有写完，但其结构规划得到了显示，这样也能得到一些分数。对大多数考试，不管文章结构有多么杂乱难懂，只要结构在，就不会因此而扣分，而会因此得分。所以，如果时间到了，问题的论述才完成了一半，这时候将你业已规划好的、结构清晰的规划写出来，也能为你赢得一个不错的分数。

任务 8
写作规划的复习和记忆

文章的规划做好之后，要检验它是否切题、结构清晰、内容完整，最佳方式就是限定一个时间，在此时间内尽量回忆起它。

用 15 分钟的时间记忆规划的框架，尤其注意主要结构。如果你能回忆起组成这个结构的关键点，就能回忆起这个结构里面的细节，前提是你的论点组织清晰、符合逻辑、紧扣问题。

完成规划之后，放置一两天，但要提前确定什么时间再返回检验它。到检验的时候，拿一张白纸，给自己 10 分钟时间，看看是否能够让这个规划再现。

如果规划制定得合理，即便你不能回忆起所有细节，主要结构还是能够想得起来。如果能想起来的部分很少，那可能就有技术层面的原因了：论点的关键词不够清晰、不易记忆，不能激发你联想到论点；细节太多，掩盖了结构。此时应做出适当修改，然后再次测试。

文章的规划如果合理，你会知道的：你能非常精确地回忆起完整的结构和大部分细节。只要成功完成一次，以后你就知道该怎么做了。

小　结

1. 备考阶段对所有的典型问题做出写作规划。

2. 测试自己能否像考试一样在 10 分钟内回忆起所有问题的规划。

3. 全年定期做规划，每学完一个话题，都要进行规划。

4. 考试时，先将所有问题的规划做出来再开始答题，这样可以留给大脑充分的时间回忆起所需信息。

下一阶段

在下一阶段我们将看到，做好规划之后，开始写文章的引言、结论和主体段落时，你会更为自信。如果不知道自己要介绍什么，引言是不可能写好的。同理，段落到段落之间的发展也需要知道全局的规划。不清楚论点构成的结构，不知道如何从一个观点衔接到另一个观点，你就必须同时做这两件事：一方面要理清结构，另一方面还要搜寻恰当的词语或表达方式来准确地传达出自己的观点。结果，你可能两件事都做不好。

第4阶段 写 作

引 言

我们已经看到，把写作过程分解为几个阶段，可以将各阶段的问题分开，然后当它们在各阶段出现时再针对性地处理。这一阶段同理，我们将实际的写作过程分解为两个部分，即框架和内容。

框 架

没有几个学生可以自信地宣称，自己在引言、主体段落或是结论部分的结构方面从来没有遇到过什么问题。出现问题的部分原因是没有进行规划，导致对文章结构和内容缺乏清楚的认识。如果不清楚你要写什么，怎么可能写好引言呢。主体段落和结论部分同理。

不过，有时候即便做好了规划，大多数人还是会遇到问题，因为我们不够确定写引言、主体段落和结论每一部分时要达到什么目标。为了解决这一问题，针对每个部分我们设计了一个公式，可以作为写作参照模式。

> **要想写好引言、主体段落、结论，需要知道：**
> 1. 文章的规划 —— 结构和内容。
> 2. 每一部分要达到的写作目标。

在引言部分，你将看到如何写出自己对问题的解析和理解，如何为文章勾勒出整体脉络，确保读者能够跟随你的观点，不会迷失。在主体段落部分，你将看到如何让各段都有明显的主题句、清晰的连接词，让每一段都与引言有紧密的联系，使文章在整体上紧凑、连贯、逻辑缜密。在主体段落部分，你将看到如何展开论点，如何用论据支撑它们。最后，在结论部分，你还将看到让结论与引言相呼应的各种方法，使文章整体贯通衔接。

内　容

这一阶段的后半部分，将在论述风格方面会遇到问题。这些问题比较棘手，尤其是与前面几个阶段的问题合在一起出现的时候，就更复杂了。

1. 质朴

首先，我们将讨论文风质朴的重要性，主要讨论如何写出简洁的词、句，以及如何提高写作技巧，清晰、毫不含混地表达观点。

你将会学到怎样避免写出笨重、可读性差的文章，如何在话题允许的范围内，尽量创造出轻快的文风——如同印于纸上的交谈。这样的文章，对读者而言可能会是一种更值得享受的阅读体验，对文章而言，它会更易于让人记住、效果更好。文章的风格变得质朴简洁，才不容易失去读者。

1.1 句子

关于句子需要注意两点：句子尽量要短；必要时，使用逻辑词表明你的写作思路。我们会看到，在句子方面，由于认为读者能轻松地跟上你的思路，而在该使用逻辑词的地方没有使用，这不仅是用不用逻辑词的问题，还会让读者迷失在你的句子丛中。你还会看到如何巧妙地使用语言，利用词语的节奏以及标点来传达意思。这样会让文章的节奏接近口语，而且越接近，文章就越易懂。

> 文章的节奏越接近口语，文章就越易懂。

1.2 词语

词语的使用也会出现类似的问题。我们很容易把选词问题复杂化，更倾向于使用复杂、生僻的词语。这会导致各种各样的问题，特别是套话、行话这类意义空洞的词语的滥用。一篇清晰、有力的文章归根结底取决于清晰的思路。语言是表达观点的工具。如果观点含混不清，语言和文风自然也会如此。

> 一篇清晰、有力的作文取决于清晰的思路。语言是观点的载体。如果观点含混不清，语言和文风自然也会如此。

2. 简练

除了文风质朴之外，我们还将考察风格的另一个因素 ——
简练。我们将讨论改进风格的不同方法，看看如何通过简练地
使用语言让文章的意思更为清晰。此外，还将学习如何让论据
不仅能支撑和解释论点，还能增加文章的趣味性和说服力。以
上这些将归结为七条非常实用的规则，可以通过每天的练习不
断优化写作风格。

引用与参考文献

你还将学习如何引用别人的观点，避免抄袭问题。我们将
讨论一个对大多数学生而言最难解决的问题：什么时候要对引
文进行标注，什么时候不需要标注？你将会看到一些易于操作
的方法，让你避开这个问题可能会引起的各种麻烦。你还会看
到引用的不同方法，以及如何制作既对你自己有用也对读者有
用的参考文献。

反思性写作

现在，越来越多的课程要求学生对自己的学习和专业实
习做反思性写作，我们将专门讨论这样的任务带来的挑战。我
们将特别关注适合每一篇文章的最佳结构，讨论各部分该怎么
写，以及如何避开最常见的问题。

▇ 第 25 章

让观点现于纸上

在本章将学到：

- 如何组织信息，尽可能地自由写作；
- 悬置论述结果的重要意义；
- 如何处理中心论点。

现在，我们终于到达第四阶段，也就是很多学生心目中正式写作的阶段。顺利完成前三个阶段的任务之后，这个阶段的写作任务会容易很多，因为现在可以避开前面提到过的噩梦——同时处理写作中最困难的两件事。也就是说，你不用在整理观点并将其按照逻辑顺序加以组织的同时，还要搜寻最恰当的语言来精确地表述论点，并且还要做到详略得当，能够传达出所有精微的含义。

自由写作

不过，我们把实际的写作阶段再分为两个阶段：写作与修改，你将会发现这样做的意义。这样可以让写作一气呵成，否则流畅性就不能保证；而且，还可以让你作为编辑的角色暂时按兵不动。每个人都是自己文章的编辑，有些人对此尤为执着。他们随时随处都想停下来编辑，尤其是在写作刚开始，或完成了重要的一部分之后，坐下来沉浸在自己的成果中，这时候，会不由自主地想要看上一遍，看能否获得自己作为编辑的赞许。编辑的角色是很执着的，如果你过早地让其介入，就会压制住自己的创作角色。

为避免这种并不受欢迎的介入，要尽量自由地写作，不要对风格考虑太多。告诉自己，初稿中用词不够准确也没有关系。目前这个阶段的重点在于让自己的思路自由流淌，与此同时按照之前规划的框架推演观点。

交谈式写作

一篇文章成功的关键在于读起来就像是印在纸上的交谈一样，你需要提醒自己这一点。节奏越流畅，语言越接近日常语言，文章也就越容易让人理解。这样的文章能更有效地表达观点，也更能抓住读者的注意力。

当然，写作总要比日常口语正式一些：不要出现俚语和口语体的用词。但这并不意味着你不可以使用日常交流中的常用词语，如果它们比更为正式的词语能更准确地传达你的意思，就可以使用。对常用词语而言，一般存在的问题是它们反映的是一种思维"习惯"，而非实际的思想。因此，使用这类词语时要思考两个问题："这个词语是否准确地传达出了我的意思？""有没有更恰当的词语可用？"如果它能准确传达意思，而且也找不到更恰当的词语了，那它就可以用。想象你正在和朋友们讨论自己的文章，他们了解你的题目，但是完全不知道你要如何论述，那么这个方法会有用。

自由地写作，写完之后，到了修改阶段，再对文章进行修剪整理。第一稿最好放置一段时间再处理。如果一写完就立刻修改，可能会漏掉一些需要改动的点。原因是文章终于写完了，你高兴的心情会降低你自我批评的敏锐度。

- 对写作和修改两个阶段做清楚的区分。
- 不要让自己作为编辑的角色介入。
- 写作时集中精力，一气呵成——不要停下来修改。
- 优秀的文章读起来就像是印于纸上的交谈。

实践 练习 26
交谈式写作

阅读下面一段文字，找出有悖日常语言风格、难理解的地方进行修改。完成之后可与下面的参考答案进行对比，你的答案可能和参考答案不完全一致，但你找出的需要修改的地方很可能和参考答案是相同的。修改好之后再次阅读这段文字，看看它为什么比之前更流畅、易懂。

无限的选择并不总能使效用最大化。我们做出选择之后，担心自己会后悔和失望，因此，我们面对有限的选择时，更易实现满足心理，这样便可以把风险降到最低。研究者发现，消费者在购买了新车之后还会继续阅读新车广告，但会避开其他品牌的信息，担心出现购后焦虑现象。事实上，担心后悔的心理会导致我们做出非理性行为。另一项研究发现，给一些顾客提供 6 种果酱的免费样品，给另一些提供 24 种，前者会比后者更可能购买其中之一。这似乎说明，如果面临的选择太多，更容易遭受决策瘫痪症的困扰。

答案

无限的选择并不总是最有用的。我们做出选择之后，担心自己会后悔和失望，因此，我们面对有限的选择时，会更容易感到满意，这样便可以把风险降到最低。研究者发现，消费者在购买了新车之后还会继续阅读新车广告，但会避开其他品牌的信息，担心买后会后悔自己做出的选择。事实上，担心后悔的心理会导致我们做出非理性行为。另一项研究发现，给一些顾客提供 6 种果酱的免费样品，给另一些提供 24 种，前者会比后者更可能购买其中之一。这似乎说明，如果面临的选择太多，会更不容易做出决定。

悬置论述结果

同等重要的是，写作时有必要提醒自己，虽然你需要有自己的观点，但不要告诉读者他们该怎么想。尽量悬置论述的结果。这样读者就能有机会自己思考了——让他们自己发现你要证明和论述的是什么。这样，他们会更投入，像你一样尽力发掘文章中的论点和看法，感受文章带给他们的启发。这样的文章，不仅能让读者主动阅读，而且充满趣味，引人思考。

中心论点

然而，建议学生悬置论述结果有时候会让他们产生疑惑，因为有的学校或院系会坚持让学生写出他们的中心论点。虽然大多数高校对中心论点的要求都比较宽泛，理解也比较多样，但确实有一些高校对中心论点的要求非常严格，对学生要怎么写有很具体的设定。学生被告知，他们必须要有一个观点，这个观点必须在引言中提出来，然后用整篇文章对之加以论证。例如有一所大学是这样表述的："形成你自己的观点，并说服读者相信你的观点或视角。"[1] 这种方法似乎并不是为了培养富有想象力的思维方法，不利于鼓励学生超越自己的偏见与成见，悬置自己的判断。那么，为什么要在写作中采用这种限制性、辩护性的方法呢？

为什么采用这样的辩护性写作方法？

其实从前面的论述中可以看出，这种方法也不难理解。刚刚步入大学的学生，对权威仍然带有服从的态度，即便问题并没有确切答案，要求他们对之做出论述和探讨时，他们仍然相信只要提供事实，就能换得分数，因此文章就写成了对事物的描述。要想得高分就必须提供事实，在文章中对事物做出描述即可。在哈佛，对学生有这样的要求：

> 写作文或研究论文不是简单地将信息从一个地方搬运到另一个地方，也不是展示你收集了多少资料。[2]

因此，为了改变学生这种迷信权威的习惯，需要要求他们必须提出自己的观点，并在文章中始终为这一观点做出辩护。然而，这种方法回避了学术性讨论更为复杂的要求，不能考查更为高级的认知能力。仅仅对观点做出辩护是一项简单得多的工作，不需要太多想象力，对能力的要求也比较低。

> **学术写作**
>
> 不仅包括：
>
> • 在文章中对事物做出描述，用事实换取分数。
>
> • 提出观点，并对之进行辩护。
>
> 还要包括：
>
> • 分析问题和概念。
>
> • 从多种资料中对论点和论据加以整合。
>
> • 对观点的正反两面都做出论述。
>
> • 提出相反的观点：站在与你观点相对的立场看问题。
>
> • 论述前后一致。
>
> • 得出自己的评价。

辩论不等于论述

　　实际上，采取辩护性的写作方法就等于放弃了论述，而选择在智力上要求更单一的辩论。我们在前面的讨论中已经发现，论述需要开放性而非闭合性的思维方式。我们在分析概念与问题时，需要悬置判断，对所论述的结果不过早宣布，深度剖析论据，站在他人立场看问题，从不同的资料中整合观点和论据，以及对相反的观点做出论述。总之，论述需要站在相反的立场看问题。牛津大学的一位教师把这个问题说得简单易懂："优秀的论文不能只考虑一种观点。"[3]

　　但是，一旦摆明自己的观点，对真理的寻求就结束了。不再需要站在对立面去看问题，也不需要用到太多的认知能力。这样，写作就成了一种辩论，我们只需要为自己的观点做出辩护，这是一种求同思维，而非存异思维。

例子

有一所大学提出这样的规定：

> 一篇作文包括：引言，介绍你的观点（中心论点或立场）；主体，论述并支撑论点；结论，归拢论证的各条线，对观点的正确性加以总结。

为一个简单目标设置出狭窄的范围，把一切都纳入：说服读者接受一个预设的观点。然而，这样的论证过程，就是在引言中已经得出结论，然后提出一系列的观点来支撑它，这并不是大多数论述题想要的解答。

如何看待中心论点

然而，并非所有大学对中心论点都持上面这种狭义的看法，这就为我们提供了解决方法。坚持中心论点必不可少的人认为，要为文章指明结构，使论述前后连贯，中心论点是唯一的办法。如果这是我们唯一要实现的目标的话，问题反倒变得简单了。

我们在第一和第三阶段已经看到，不必提出自己的观点并对之进行辩护，我们也能够对问题的各种含义做出清晰的解析，并由此为文章规划出清晰的结构。事实上，两个学生可能有一模一样的规划和结构，但得到的结论却迥然有别。结构并非依赖预设的观点才能形成，它只与对问题的解析和对文章的规划相关。而且，这意味着我们不需要为了一个一开始就摆明的观点做出辩护，也就获得了自由，可以悬置判断，那些高级的认知能力也才有机会展示出来。有一点我们需要清楚地认识到：写作中如果不将判断悬置起来，就不能也不需要用到高级的认知能力。

例子

下面这则关于中心论点的例子选自哈佛写作中心：

对纪念馆以及描述纪念馆建造过程的档案进一步的分析暗示，"过去"可能不是纪念馆的中心主题，而只是一种媒介。那么，这座建筑传达了什么信息？为什么那些倒下的士兵对建造纪念馆的校友如此重要？部分答案似乎是：纪念馆是一种教育工具，是19世纪70年代哈佛通过塑造我们对他们那个时代的记忆来影响未来的一种尝试。纪念在美国内战中为联盟牺牲的学生和毕业生是校友们向未来传达的信息之一，但它可能并不是核心想法。[5]

这段话给出了结构，但悬置了判断，没有一定要证明预设观点的压力。通过使用"暗示""可能不是""似乎是"等，每个句子都保留了存疑的空间。

可以说，为一个先入为主的观点做辩护，就像辩护律师试图说服陪审团，而论文比这个要复杂得多。真正的论述，以及这个过程所需的高级认知能力，都需要将判断悬置起来。如写作中心的一位指导老师所言："一篇有意义的文章不能用'是'或'不是'来作答。文章不是题目，不是事实，也不是看法。"[6]

- 如果想要运用更高级的认知能力，并因此获得高分，就需要将判断悬置起来。这意味着要将论述结果悬置起来。
- 基于此，中心论点是一种勾勒出文章脉络的途径 —— 指出文章的结构。

因此，如果你的学校要求你必须写出中心论点，你需要搞清楚：这意味着我需要表明自己的看法并在文章中为之做出辩护，还是意味着我只需要勾勒出文章的脉络，悬置判断，在论述中保留存疑的空间。

小 结

1. 将写作阶段和复习阶段分开，尽量自由地写作。

2. 尽量使文章像交谈一般，但不要使用无意义的俚语和口语。

3. 要想运用更高级的认知能力，就需要悬置论述结果。

4. 论述不是回答问题，不是在引言中就表明你的结论然后对它进行辩护。

5. 如果必须写出中心论点，可用它来勾勒出文章的脉络 —— 它的结构。

下一章提要

有没有结构并不取决于你是否在引言中表明你的看法。在下一章，你将会看到，写得最好的引言能够完成两个任务：一是将问题所蕴含的意思分析出来；二是基于所做的规划勾勒出文章的结构脉络。

注　释

1. Jan Regan, *Essay and Report Writing: What is Expected of You?* (Lismore: Southern Cross University, 2000)，p.1.

2. Kathy Duffin, *Overview of the Academic Essay* (Cambridge, Mass.: Writing Center at Harvard University, 1998)，p.1.

3. Eric Eve, *A Guide for Perplexed Students, 4: Tutorial Essays* (Oxford: University of Oxford, 2000)，p.3.

   网址链接：http://www.hmc.ox.ac.uk/

4. Regan, *Essay and Report Writing*，p.1.

5. Patricia Kain, *Beginning the Academic Essay* (Cambridge, Mass.: Writing Center at Harvard University, 1999)，pp.2-3.

6. Maxine Rodburg, *Developing a Thesis* (Cambridge, Mass.: Writing Center at Harvard University, 1999)，p.1.

■ 第 26 章

引　言

在本章将学到：

- 为什么写好引言对很多人而言如此之难；
- 如何通过你的引言让评阅者清楚你在做什么以及为什么这么做；
- 一个简单的公式，为写好引言提供参照。

很少有学生不把引言列为写作最难的部分之一。很大程度上，这是由于大多数人不确定在引言中应该写什么。如果不知道为什么要做某事以及要达到什么目标，做不好也就没有什么好惊讶的了。但大多数人写不好引言还有另一个原因：对第一阶段和第三阶段（解析和规划）没有重视。如果我们对要写什么不甚了解，要写好引言也就很难了。

然而，即便对问题已经做了很好的解析，也对结构做了合理的规划，仍然可能存在问题。这时候除非你能够设定简单易行、清晰明确的目标，将它作为引言要完成的任务。这些目标里应该包含两个内容：

- 对问题的解析（这个问题是什么意思）；
- 你的回答要有什么样的结构及能够指引读者的脉络图。

解析问题

评阅者开始读你的文章时，可能在考虑任何其他因素之前，首先就会问这样一个问题："作者有没有看到这个问题的要点？"你需要用两到三句话概括出作文题目涉及的主要问题，这些问题应该在解析阶段已经分析出来了。这时候，你需要做的可能是确定题目所涉及的主要问题或系列核心问题是什么，或是指出一两个核心概念的重要意义，这些概念需要在后面进行分析。但在引言部分，并不需要对问题展开讨论或者对概念展开分析，只需要向评阅者展示你具备解析问题含义的能力，并且将他们领向你预设的方向。

- 问题的意思是什么？要点是什么？
- 确定题目涉及的主要问题。
- 指出一两个需要在文章中分析的核心概念。

例子

在第 2 章我们讨论过的这个问题（论述"权威不过是对权力的占有"）中，你的引言可能是这样写的：

对于警察和政府官员的例子，大多数人无疑会同意这一说法基本正确：他们的权威似乎确实是完全来自他们被赋予的权力。实际上，我们承认他们的权威，是因为我们都很清楚不承认的后果。但是，如果认为所有这些有关权威的例子都说明了强权永远都是正确的，就会威胁到现代民主的存在，威胁到它以责任、正义平衡秩序的目标。无论如何，我们准备接受哪种说法取决于我们对权力和权威这两个核心概念的理解。

在最前面几句中找出主要问题是什么，这样就确立了它们之间的相关性，并且也确立了你的文章与这些问题之间的相关性——解决它们。这就是写作者经常称之为"热点"的东西：开篇一两句话就将主题推出来，清楚地告诉读者你已经看出问题的关键所在，也认识到了它的重要性。

引言的结构

之后，你需要概略地勾画出引言的结构，交代你的写作规划。在论述权威／权力问题时你不需要这样做，因为指出了分析这两个核心概念的重要性，就已经完成了这一步。同时，引言不需要详细，但必须能提供文章的脉络图，这样评阅者在任何时候都能知道你要走哪条路，以及你要把他们带到哪里去。哈佛是这样告诉学生的：

> 成功的引言，能让读者在阅读文章的过程中为他们接下来要经历的旅程做好心理准备。它像旅行指南，让读者在阅读你的论证时，如果途经主要"景点"，能够识别并且理解它们。[1]

记住，抓不住评阅者的注意力，就得不到高分，就是这么简单。引言应该给评阅者指清方向，让他们清楚接下来会看到什么。

> - 给评阅者提供你文章的脉络图。
> - 让评阅者知道你会把他们带向哪里。
> - 抓不住评阅者的注意力，就得不到高分。

实践　练习 27

写一段引言

以前面讨论过的广告话题为例：

讨论"做广告的唯一目的就是让消费者在了解信息的前提下做出选择"。

写一段引言，写清你对问题的理解，并显示你对此问题的看法将遵循什么结构。完成之后，将你写的引言与下面的答案相对比。

答案

大多数广告业高管都愿意为自己的职业辩护，声称他们所做的一切都是为了给公众提供信息，以此保护个人的民主自由，尤其是他们的选择自由。在某种程度上，确实如此：没有广告，我们对技术、时尚和医疗进步的新发展就不会了解这么多。甚至政府要发布工作中和家中危险的警告，也要依赖广告。但这个问题的关键在于，广告商声称这是他们"唯一"要做的，然而公众中的大多数都怀疑他们最关心的是如何操纵消费者，让他们购买自己可能不想或不需要的产品。

根据这段引言，读者能够预测到文章的结构是什么。一部分用来论述广告商关心的是让消费者了解产品信息。接下来，在结构上将有一个转折，重点转到"唯一"上。文章的第二部分将用来考察广告商如何选择性地使用信息，并利用其他手段，比如通过将产品与性别、地位、偏见等联系起来，操控消费者。

简单的引言写作公式

用这样的方法写引言，其真正的价值在于大多数人都能得益于有一个简单的结构，即一个公式，作为写作的参照。有了这个公式，我们在写引言时就会更自信，不会出现很多问题，而且可以将读者的注意力吸引到我们认为最重要的问题上来。

使用引文

不过，随着你自信心的增长，你可能会发现在引言中你想做的更多。你可能想用一句引文来引出与题目相关的问题。这样做的好处有二：不仅能引出问题，而且还将它置于该领域当前权威性研究话语的语境中。不过有一点需要注意，这样可能会让你把注意力集中在引文而非你提出的问题上。这会导致你的论述未必能充分、切题地回答问题。因此，除非你确定引文不但相关，而且触及问题的核心、有助于揭示问题的含义，否则最好避免使用。

将问题置于具体语境中

你还可以将问题置于某个距今较近的历史语境中。

例子

下面的问题要求你讨论进步的不可避免性：

问题 ——围绕某一重要科技现象论述"你无法阻挡进步"这一观点。

你可以这样开头：

回顾英国工业革命的早期，人们很容易认为反对进步的人（比如卢德派，他们捣毁机器，认为机器对他们的生活方式造成了威胁）幼稚，目光短浅。但在这一点上我们应该谨慎，毕竟他们反对的可能并不是进步，而是某种对进步的解释。值得思考的是，我们对进步的看法怎么就优于卢德派的看法呢？毕竟伴随着进步，同时来临的是工作中的异化、社区的疏离、犯罪率的上升、社会不满情绪的增长以及贫困的加剧和无家可归人数的持续上涨。

今天，问题依然如此。第三世界发展中国家可以说自己从西方工业化国家的错误中吸取了教训，所以他们对进步的解释大有不同。因此，虽然我们可能同意"你不能阻止进步"这种说法，但没有理由接受它想要表达的暗示，即我们已经没有选择的自由。我们可能无法阻止进步，但我们仍然可以选择我们想要哪种类型的进步。

用这种方法写引言会产生模糊最初意图（揭示问题的含义，勾勒出你的答案的结构）的危险。这样的情况下，明智的做法就是将引言分为两段，这样就有机会在第二段中将文章的结构写清楚。但这方面并没有硬性规定。你只需记住你设计的简单结构，在这个结构内进行自由写作，不要将引言写得又长又复杂，导致它背后的简单意图变得模糊不清。

小　结

1. 要写好引言，应用本章中的这个简单的公式。

2. 做好两件事：

- 解析问题的含义，让评阅者知道你看到了要点。

- 规划文章的脉络图——它的结构。

3. 无论如何都要抓住评阅者的注意力，否则就得不到高分。

下一章提要

本章中的建议同样适用于写作主体段落。在接下来的两章中我们将会看到，主体段落的写作也有一个简单的公式。

注　释

1. Julie Lynch and Jennifer Ritterhouse, *Writing at Harward* (Cambridge, Mass.: Writing Center at Harward University, 2000), ch.2, pp.2-3.

■ 第 27 章

段落 —— 主题句

在本章将学到：

- 如何写好主体段落，使文章内容紧凑、论证严谨；
- 学会使用主体段落写作的简单公式；
- 如何使用"主题句"和"过渡词"。

文章的主体部分

在引言中，我们已经将文章的结构脉络做了交代，接下来在写每一段时，注意文章的论证要有理有据，内容紧凑，结构合理、前后连贯。文章写不好，常常是因为观点之间互不关联，松松散散，也得不到上下文的有力支撑。

要避免这种情况，须将主体各段落与引言中提出的核心问题联系起来。只要你遵循了之前规划的结构，肯定会再次谈到这些问题，但重要的是要让读者看清楚你是在遵循引言中勾画出来的结构图。通过这样的方式，文章不仅整体上保持了相关性，而且通过各段与引言的联系，也显示出了连贯性。它会有一个很紧凑的结构，让读者能感觉到它组织合理、论证严密。

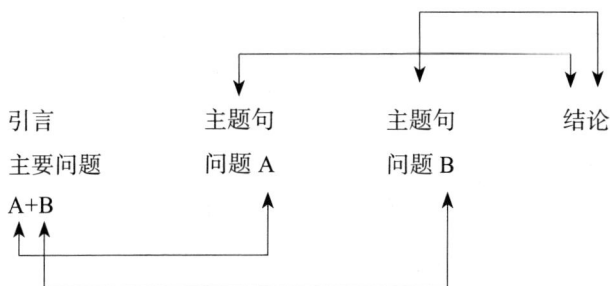

使各段内容与引言相联系

当然，并不是说，你在各段的开头都要反复提到引言中的内容。用这种方法告知读者你在干什么，未免太笨拙。读者会感到乏味，怀疑你关心的不过是形式而不是内容。我们在后面可以看到，你可以采用更巧妙的方法。不过，无论你采用何种方法，记住，每一段的第一句，即主题句，是要用来告诉评阅者你在这一段写什么以及它与引言中谈到的问题有什么联系。

主题句的作用是让评阅者知道：

1. 你在写什么。

2. 它为何相关。

不过，有一点需要注意，并非每一段都要和引言中交代的结构相联系。有一些主要问题需要若干段来展开论述，这种情况下，只要将每一部分的第一段与引言联系起来即可。而其后的段落，则需要与这一段联系，这样就形成了一个流畅、连贯的整体。

我们接下来会看到，这将引出一个重要的问题。为了让文章紧凑、连贯，每一段都需要和它之前的段落保持明显的联系。要显示这一点，需要在每一段开头用有效的"过渡词"把你的思路展示给评阅者。他们根据这些过渡词可以看出这一段是上一段的延伸，或者你正在做比较，或者你在解释之前提到过的观点，诸如此类。如果有的段落中你在写什么已经非常明显，就不必再重申，但如果不明显，那就使用过渡词。第33章将会列出很多最常用的过渡词。

- 不要让文章读起来像是用孤立的观点松散地拼凑而成的。
- 用主题句将主体段落与引言中提出的核心问题联系起来。
- 在主题句句首使用过渡词，让段落连成一个流畅、连贯的整体。

段落写作的简单公式

知道了自己要做什么以及为什么做，大多数情况下工作效率就会更高，这一点我们在引言写作中已经看到。但对许多学生而言，段落怎么写完全是一个谜。

这种迷茫体现在对段落长度的把握上。有的学生总觉得自己写的段落要么太长，要么太短；有的则承认他们什么时候结束一段再开始另一段完全是随意的。最好能让段落长短不一，虽然这看起来不是一个特别有帮助的建议，但它实际上可以增

加文章的趣味性，也不至于让读者在阅读的过程中陷入完全可
预测的节奏之中而昏昏欲睡。

当然，段落长度最终取决于文章整体的逻辑。也就是说，
坚持按照你的结构写作，无论如何都要让评阅者看到，当他们
从一段移至下一段时，他们是在一个结构内从一个部分移至下
一个部分。同理，段落不要写得冗长，以免结构模糊。实际
上，要避免这个问题并不难。过长的段落和过长的文章一样，
在写作过程中会迷失思路，是脱离结构写作的产物。

记住一个简单的段落写作公式，在每一段的写作中都可
以构建这样的结构。虽然为了段落的结构专门制定规则有些夸
张，但和引言写作一样，如果有一个简单的公式可做参考，会
很有帮助，尤其是当你不确定自己要写什么的时候。和引言一
样，当你对使用这个公式有足够的信心之后，就可以在它的基
础之上自由写作了。

- 不用担心段落长度不一——文章会因此读起来更
  有趣。
- 让逻辑来决定段落的长度。
- 坚持使用段落写作公式。

三个部分

使用这个公式，首先记住一个段落里有三部分：主题句、
论述、论据。这个结构不一定适用于所有情况，有时需要做出
调整。不过只要你记住这三个部分，如果有一部分缺失，你就

总能意识到文章中会出现什么问题。如果你确实决定要空出其中的一部分，你也会提醒自己后面还是得处理这个问题。

> **段落**
> 主题句 ——→ 展开论述 ——→ 论据

主题句

顾名思义，主题句就是介绍段落主题的句子。但更重要的是，它将段落与引言中提出的主要问题之一联系起来，从而确立了本段主题与文章的相关性。用这样的方式，将各个部分紧密地组织在一起，就写成了一篇兼具相关性与连贯性的文章。

例子

例如，在那篇关于广告商的文章中，引言完成之后，第一段可以这样开头：

> 这表明，至少一部分广告商的目的是为消费者和大众提供信息。

接下来的内容中，在讨论过广告商通过选择性地使用信息进行操纵的方式之后，你可以继续讨论其他形式的操纵行为，用这样的主题句作为开头：

> 然而，广告商还有更有效的操纵形式，尤其是利用消费

者的性别、地位和偏见等进行操纵。

通过这个例子可以看出，主题句非常重要，它能把你将要写的段落与前面已经完成的段落连接起来。这一点可以用以下方法来实现。

1. 提醒评阅者注意题目

最常见，也是最有效的方法，也许就是提醒评阅者注意题目中问题的含义以及贯穿文章的核心要点，在引言中你已经对它们做过分析。所以，这样的主题句不仅与之前完成的内容建立关联，还为之后要写的内容确立了相关性。因此，在那个广告的例子中，其中有一段可以用这样的主题句作为开始：

然而，题目的表述中至少有一个方面是正确的……

另一段的主题句也许可以这样写：

但是，题目的表述中说得太过的地方就是声称广告商"唯一"关注的就是给消费者提供信息。

不过，最好不要频繁使用这种方法，重复提及题目很快就会使读者感到厌倦。

2. 简要概述

此外，你可以简要概述前面的内容，用下面这类主题句作为开头：

> 至此，我们已经讨论过……

不过，和反复提醒读者注意题目的弊端一样，这种方法使用太频繁也很快就会显得笨拙且乏味。

3. 列出需要讨论的内容

当然，你也可以采取相反的方法：不是概述前面的内容，而是列出下文要讨论什么。如果这个主题句引出的是文章的一个主要部分，且这个部分又再分为两三个部分，每个部分占一段，那么你可以先将这些分支部分列出来，后面到了相应的分支部分时，再分别做介绍并且进行讨论。因此，你可以先这样概括：

> 在前一部分中，我们讨论了……

然后在这个句子的结尾处，引出下面将要讨论的内容：

> ……这就需要我们考虑以下三个问题：A；B；C。

接下来讨论这些点时，在各段的主题句里将它们排序："第一"；"第二"；"第三"。

主题句

1. 提醒评阅者注意题目含义 —— 贯穿文章的核心要点。

2. 简要概述已完成的内容。

3. 列出将要讨论的分支部分，在写相应分支部分时将它
   们标注出来。

过渡词

不过，你也可以看出来，主题句还有另一种重要功能：向评阅者暗示你将要把他们带往什么方向。这就需要在句子开头使用"过渡词"。过渡词可以是一个短语，如"导致的结果是"；也可以是一个词语，如"然而"。在前面的例子中，我们用到了"这表明"和"然而"。

过渡词实际上起到了"逻辑指示词"的作用：它们显示了你将要做什么。也许你将要与前一段内容相对比（"反之""然而"）。也可能只是对前面已展开的论点从一个略有不同的角度进行扩展（"而且""因此"）。还可能是展开另一个论点，从不同的角度对前面的论点加以强化（"同样地""类似地"）。

过渡词

对比：	反之	然而
扩展：	而且	因此
强化：	同样地	类似地

　　过渡词非常重要，应该确保它们能发挥预期的作用。有时，我们所用的过渡词太弱，导致文章内的各种连接也会很弱，文章结构松散。最糟糕的就是如"另外""另一点""此外"这种在一系列要点、词语、短句之间起连接作用的过渡词。它们在不同科目中有不同的对应词。如在历史学科中，我们会用表示时间顺序的连接词，如"之后""然后""接下来"等。用这些词时，须检查文章中实际上在写什么。大多数情况下，使用这样的过渡词，说明你正在做的不是通过批判性分析对问题进行论述，而是在描述问题或叙述事件。

　　需要警惕过渡词是否真正起作用的另一种情况是，有时候我们强行将一个过渡词加进来，只是因为行文缺乏流畅性，要靠过渡词连接。如果结构规划没有做好，段落之间缺乏清晰的联系，即便你精心挑选过渡词来掩盖段落之间脱节的问题，评阅者也不会上当。这样的写法会很不自然、生硬造作。

　　然而，如果文章经过了精心规划，那么并不是所有段落都需要过渡词。如果根据语境，能清楚地看出论证和分析的组织安排，这种语境下就未必需要过渡词，因为你正在做什么会很明显。但是，不要忘了过渡词对评阅者而言是很重要的指示词，他们在一个陌生的思维领地探寻，需要知道你给他们指引的路通向哪里。前面我们用城市做过比喻，遇到每个十字路口，每个转弯处，他们需要知道你要走哪条路，否则就会对你正在做什么感到迷惑不解，即使你的文章可能写得还不错。所以，如果不确定，就使用过渡词。

- 过渡词是重要的指示标志，能够表明你的意图。
- 过渡词就像陌生城市里的路标。
- 如果不确定，就使用过渡词，否则可能会让评阅者迷惑不解。
- 确保过渡词发挥真正的作用，不要试图用它在不存在关联的段落之间强行制造连接。

实践　练习 28

主题句写作

问题：论述"权威不过是对权力的占有"这一观点。

上一章，我们针对这个问题写了引言，在第二章也对它做了解析。从引言中可以清楚地看到，如果权威的概念用以表示"拥有"权威的人，那么我们的论述就会以论证这个说法正确为开始。文章的这一部分可以从下面的笔记中得以体现。

从笔记中可以看出，我们将分成两段来写。第一段讨论"官方权威"，指的是警察、政府官员所拥有的这类权威。将它作为引言之后的第一段，写出它的主题句。

完成之后，可与下面答案中给出的主题句进行比较。

笔记

问题：论述"权威不过是对权力的占有"

问题 = 正确。如果权威意味着"拥有"权力 = 权威有权力让事情变糟糕，有权力强迫人们遵守命令

（1）官方权威 —— 制度权力

例如：警察

我们接受这种权力为权威，原因可能是：

① 对制度的尊重

或者，这会变得糟糕，例如：市区的某少数
民族群体感觉被警察不公正地针对

② 对反对权威的后果的恐惧

（2）非官方权威 —— "强权是正确的"

例如：地方势力头目

他们对当地社区造成影响，可能由于：

① 对头目个人的尊敬

② 更可能是由于担心违反他们的意愿所带来的后
果，例如：勒索保护费

答案

可以看出，在对"权威"的概念的理解中，有一种与警察
这类人员所拥有的制度性权力相关，他们的权威主要体现为：
如果人们不遵守他们的命令，他们有让事情变糟糕的权力。

小　结

1. 让主体段落与引言中提出的核心要点联系起来。使用主
题句建立这种联系，同时使用过渡词连接各段落。

2. 使用这个简单的段落写作公式：主题句＋展开论述＋
论据。

3. 确保过渡词能发挥预期作用：连接段落，向评阅者指出
你的思路方向。

下一章提要

这个写作公式中还有另外两个部分：展开论证与论据。下一章，我们将讨论在论证展开的过程中如何向评阅者展示我们可以运用更高级的认知能力，可以巧妙地使用证据来解释和支撑论点，从而获得高分。

第 28 章

段落 —— 论证的展开与论据

在本章将学到：

- 论点如何展开能获得最高分；
- 如何在论述中呈现评阅者想要评估的能力；
- 如何利用论据支撑并解释论点。

一旦评阅者从主题句中看出本段内容与文章密切相关，他们接下来就可以开始对你的文章质量进行评估了。

展开论述

在这一步，通过论述的展开，你将向评阅者展示你具备本书中"指导性动词"部分所讨论过的那种处理信息的能力（见第 9 章）。这时需要再回忆一下我们当时谈到这个话题时提起过的一些问题。你应该记得我们曾指出所有的课程大纲都是在六种"认知领域"的语境下设置的：从最简单的"记忆"开始，到更为复杂的能力，比如分析、综合以及评价。

现在，我们再次谈起当时讨论过的话题，无论是写作还是学习中的问题，大多数的根源都在这里。有一种错误的认识，即教育关注的就是对知识的拥有，因此，我们在写作时就以证明自己知道很多知识为目标，显示自己记忆力很好，其实这是最简单的能力。我们应该培养自己更高级的能力，如分析、批评、综合观点和论据，以及对论点进行评估。

很多情况下，一个问题考察的其实可能是论述、分析或批评的能力，但我们以为考官要看的是我们如何证明自己理解了这个话题。因此，我们在收集资料的阶段，会从所读材料中摘取大量不相关、非结构化的笔记。认为任何材料都不能遗漏，这些就是我们记住了所有事实性材料的证据，我们需要展示出这一点。结果，我们忽略了问题的含义，也不能看清要如何论述问题才能做到相关，更倾向于把所有事实性的东西都塞进文章中，以为放入的事实越多，无论相关还是不相关，分数就会越高。

同样，尽管要求我们用自己的话表述论点，但有一种想法很难摆脱，即我们所用的资料就是正确答案和不争事实的来源，我们应该做的就只能是完全精确、原封不动地把它们抄下来，只要有改动，就会降低它们的正确性。因此，我们会把大量材料摘录到笔记中，既不对它们做结构化处理，也不经其他任何方式的加工。结果，我们记下的笔记采用的完全是作者提供给我们的结构，对特定的论文写作目的而言，这个结构可能是极不合适的。

对写作目的的理解决定我们处理问题的方法

	错误	正确
目的	评估对话题的理解和对知识的了解情况	评估更高层次的认知能力
笔记	数量大 不相关的	选择性的 相关的 结构化的

	错误	正确
论文内容	什么都包括进来 不相关的 抄袭	与问题相关 用自己的话
论文结构	原作者的结构 不适用于该问题	基于自己理解之上的、 自己构建的结构
能力	照搬 复制 模仿	分析 批评 评价
观点的处理	表层	深层

被动的表层处理

也就是说，我们成为被动的"表层处理器"：既没有对资料的相关性做出判断，也没有对所讲内容的可信度进行评估。我们忽略了问题要求我们使用更高级的认知能力去批判性地评估观点这一点，却将工作简单化：照搬、复制和模仿那些我们愿意信之为无可置疑的权威，将他们视为正确答案的来源。我们相信任何改动都会降低材料的准确性，因此，在写作时容易抄袭大段文字也就不足为奇了。

然而，大学里考试的目的并不是让我们展示记得多少东西，或能否忠实地再现权威观点，而是要考察更高级的认知能力，看我们是否具有整合观点、批判性地分析论点的能力。我们要做的不是不加置疑地接受权威，而是要对已经存在的观点和看法进行批评与评价——不能不加深究地接受任何事物。

> 大学里，考试的目的是让我们对观点和看法进行批评与评价——不能不加深究地接受任何事物。

到了主体段落写作这个阶段，在展开论点时，一定要提醒自己，评阅者看重的不是我们给出的正确答案，而是我们为了得出这些答案能用到什么样的能力。两篇得到同样高分的文章，可能得到的结论完全相反。反之，两篇文章的结论即便一模一样，分数却未必相同：可能一篇得了最低分，而另一篇却得了最高分。当然，还有一种情况，评阅者可能赞同你的结论，却给你打了低分。重要的不是得出的结论，而是得出结论的方式：你行进的路径。

- 评阅者看重的不是我们给出的正确答案，而是我们为了得出这些答案能用到什么样的能力。
- 他们关注的是你行进的路径，而不是抵达的终点。

合理的行进路径

现在有一点应该清楚了，在主体段落的展开过程中，评阅者想要看到的是你能用到高级的认知能力。他们想看到你怎样合理地从简单的事件描述发展到对其意义的分析，进而对每一种意义都做出批评，并运用论据支撑你的观点，最终以评价作为行程的终点。在这样的路径序列中，你走得很远，也能因此得到高分。

描述 ⟶ 分析 ⟶ 批评 ⟶ 论据 ⟶ 评价

当然，这些步骤不可能在一段中全部完成。分析之后，可以将事件的每一种意义作为接下来每一段的主题。

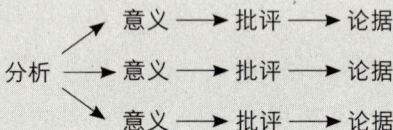

　　在这种模式中，你在一段内首先描述事件的意义，做出批评，然后用论据支撑你的论点，接下来开始下一段，步骤仍然完全相同，依此类推。你的评价可能会在两三段之后，出现在这一部分的末尾，在这里你对所有的意义进行综合评价。如果需要，也可以将评价放到整个文章的末尾，有时候这样更合适。我们在讨论结论的作用时会看到，这个阶段通常最适合将所有的看法归结在一处，基于文章中提出的所有论点和用过的所有论据，在整体上得出一个审慎的评价。

论　据

　　如上所说，段落写好之后，论据方面应该不会出什么问题。显然，如果论点的展开过程很清晰，论据具不具有相关性也应该很明显。什么样的论据能够支撑和解释该段中提出的论点，应该是很容易知道的。

　　但当我们重回之前的那个假说时，问题就来了。这个假设告诉我们，教育中最具价值的东西唯有知识与事实。怀着这种想法，我们就会沉迷于用知识来给考官留下深刻的印象，在论述中提供大量的事实，而不管它们是否相关。段落内容会因此而冗长，结构被掩盖，用以支撑和解释论点的事实性材料多到不成比例，评阅者看不清你到底想做什么，他们会认为要么是自己漏掉了什么，要么就是文章的结构已经崩塌。

> **论据 —— 两个问题：**
> 1. 论据过多 —— 段落冗长，结构被掩盖，给评阅者带来困惑。
> 2. 论据过少 —— 依赖无事实依据的观点。

不过，论据过少带来的问题更为严重。有些学生能意识到他们不应该不加深究地信任权威，应该对观点进行分析、批评和评价，但因此就直接从主题句跳到评价部分，对问题不做任何分析和论述。论点没有被展开，评价通常而言也既不周密也没什么深度。

实际上，这些学生已经相信唯一具有价值的就是意见 —— 他们自己的意见。结果，他们在每一段里都填塞大量毫无论据支撑的观点，对之既不加分析，也不做论证，也不提供论据。在大多数评阅者看来，这种毫无依据的观点比另一种极端 —— 对所谓的正确答案盲目接受、仅做描述 —— 更为严重。

- 不要试图用过多的证据给评阅者留下印象，这样会使段落冗长。
- 评阅者会认为要么是自己没有完全理解，要么就是文章的结构已经崩塌。
- 同理，也要避免使用没有依据的观点。

实践　练习29

论证和论据写作练习

　　问题：论述"权威不过是对权力的占有"这一观点。

　　上一个练习中，已经写出了引言后第一段的主题句。现在，根据主题句和笔记中所做的论文规划，展开论证，写出论据。

　　完成之后，和下面的答案进行比较。

答案

　　即便如此，任何社会的稳定都有赖于社会上有很大一部分人愿意服从这些命令，因为他们尊重像警察局这样的官方机构。如果没有这样的尊重，社会可能就会非常不稳定，人们只是出于对违抗所带来的后果的恐惧，才被迫服从。例如，一个处于市中心的民族社区觉得自己遭到警察不公正的对待，可能有一天，他们将失去对这个机构、对警察的尊重，警察这时只能用武力威胁来执法，而不是诉诸理性与正义。

小　结

　　1. 在论证展开的过程中，向评阅者展示你分析、批评、论述以及评价的能力。

　　2. 避免仅靠展示你的知识量来打动评阅者。

　　3. 重要的不是结论，而是为得出结论所运用的能力。

　　4. 避免使用过多的论据：结构会被打乱，使评阅者感到困惑。

5.同理，避免论据过少，仅依赖纯粹的观点。

下一章提要

　　如果说段落写作是一场有合理路径的旅行，那么结论就是有风格的抵达。下一章中，我们将会看到，有一些简单的方法，可以保证结论与引言紧密相连，写出的文章连贯性强，论证严密，读来令人愉悦。

■ 第 29 章
结　论

在本章将学到：

- 怎样有效地写出引人深思的结论；
- 如何用结论聚合论点，使论文前后连贯、相关性强；
- 如何让读者产生有所发现的感觉，认为你的文章值得阅读。

很多人认为整篇文章最难写的部分是引言，其次便是结论，但事实上结论是三部分中最简单的。你已经顺利地将读者引到了这一部分，既没有失去他们的注意力，论点的相关性也没有让他们感到迷惑，所以现在几乎没有什么可以削弱你的成果了。然而，仍然有一些问题需要避免。

结论中应该写什么？

在讨论文章其他部分的写作时已经看到，问题的根源大多在于不确定结论部分该写什么。如果对要做什么不确定，那就不可能做好。

给出自己的观点

一些学生坚信文章在结尾处必须以积极的口吻，清晰、坚定地申明自己的观点。他们的理由是，问题中既然要求给出观点，就必须给出来。问题在于，所申明的观点很有可能是凭空而来的。文章中可能充满了对问题巧妙的分析和论述，但你并没有明显的理由坚定地主张这个正确，那个错误。因此，清晰地提出自己的主张，抹去所有疑问或不确定性，并不是恰当的做法。

在文章的主体部分，你提出了论点，在结论中，你表达的观点必须反映出这些论点的力量和平衡。写结论必须要仔细斟酌，要和前面的论述相符。如果之前对问题进行了认真的论述，并不是一味地维护某种片面的看法，结论部分就没有理由坚定地做出非此即彼的论断。

有一点需要提醒自己，坚决、清晰的观点本身并无特别的价值。任何人都可以表达自己的观点，几乎每个人也都在这么做。去一个酒吧，你会发现有人对任何事情都有自己的看法，从当地足球队本赛季的拙劣表现到克隆人的伦理问题。但意见并不会为你赢得分数。要得到分数，需要对问题进行分析，展开论述，并用紧密相关、选择得当的论据支撑论点。而酒吧里的大多数人并不会谨慎地看待自己观点的质量。

当然，如果你确实想明确表达自己的观点，而且你的观点总体上也能反映前面的论述，那也是可以的。然而，如果你实际上并不如此确定，那就给出一个包含相应条件的非确定性结论。

- 论述部分可能并未形成明显非此即彼的观点。
- 观点本身并不具备任何特殊价值。
- 如果要明确表达观点，确保之前的论述能够支持你这样做。

总结要点

无论如何，在很多情况下，有更重要的事情可以做。比如你可以通过对文章要点做出总结，引导、帮助读者形成他们自己的看法。要做到这一点，你必须慎重地判断文章中哪些问题可以认为是最重要的。

重述引言中的中心论点

也许，结论中最有用的就是重述引言中提出的中心论点，这样可以将文章紧密地聚合为一个连贯的整体，并根据你在主体部分的论述对它进行反思。用这种方法将引言和结论联系起来，可以让文章更具凝聚力——作品画出一个完整的圆，各部分都各得其所，读者会感到很满意。

例子

例如，在那篇关于不可能阻止进步的文章中，引言以19世纪英国工业革命期间卢德派的活动作为开始。引言中说，过后再看，卢德派可能被视作幼稚、目光短浅。现在，可以通过重述这个主题来结束这篇文章。你可能会说，根据文章中的论述，在如何定义和衡量进步这一点上，指责我们这代人的幼稚和短视可能比指责卢德派更为合适。

提出启示或展望

可以看出，最好的结论要尽可能地起到发人深思的作用。正如我们已经看到的，有很多方法可以做到这一点。比如你可以重述文章的主题，或者对前面展开的那些论点的要点进行总结。

或者，你可能想要提出启示，或对未来有什么趋势做出展望：你可能想告诉读者要解决这些问题应该怎么做，或者预测如果问题得不到解决会有什么结果。这样可能会涉及更为广泛的问题，不属于文章讨论的范围，但什么问题可以被提及，可能要看引言中是否有所涉及。

例子

比如，你正在写一篇关于克隆人伦理问题的文章。引言中，你可能会指出我们对这个问题长久以来广泛存在的担忧，担心克隆将鼓励世界向这样的方向发展：父母可以根据自己的理想蓝图制造自己的孩子，如同在一个基因超市中为孩子选择中意的特征。论述之后，在结论中，你可以指出这确实是一个现在就要面对的问题，否则就会为时过晚。或者，你在结论中也可以说这个问题实际上被夸大了。不管用哪种方法结尾，只要它们没有超出之前的论点和论据所能触及的范围，就是合适的。

如果讨论的是一部文学作品，你可以提出问题，然后指出这些问题的意义不属于这篇文章的讨论范围。

例子

例如，论述这样一个问题："在《亚当·贝德》第 19 章的开头描述了对距离的需要，而作品中对同情置以更普遍的强调，二者如何协调一致？"（哈佛）

你可以提出，研究乔治·艾略特的其他小说，如《织工马南》和《米德尔马契》，观察这种明显的矛盾是否贯穿了她的作品，可能会很有趣。

总之，你可以有下列选择：
- 表明自己的观点，只要它们与论证相符；
- 总结要点；
- 重述引言中的主题；
- 提出更广泛意义上的启示；
- 对未来趋势做出预测。

如果在结论中不想再写更多的东西，那就至少努力做到一件事：文章结束时，让你的读者感到他们读了一篇有价值的作品——能带给他们一种有所发现的感觉。无论是用一个观点将所有的内容聚合起来，或者对文章做进一步的拓展，还是用一个前面谈到的事例让文章前后联系起来，都要让读者有参与感，这样他们会感觉能够得出他们自己的结论，并且发现一些发人深思、充满趣味的事情。

任务 9
框架——引言、结论和主体段落

现在，我们已经做好了写论文的准备。上一阶段，你针对所选问题对文章框架做好了规划。现在，根据你的规划，写出文章的引言、结论以及引言后的两个段落。文章写完之后，在本书结尾，你对问题的看法也许会产生一些改变，想对文章的结论做出修改，但针对当前的练习，先把结论写出来（以后可以随时修改）。

小　结

1. 不用担心：如果读者在你的引导下走到了这一步，中途没有迷失，那么结论基本上没有可能会削弱你的作品。

2. 可以表明自己的观点，只要它们能反映出论述的力度。

3. 你可以总结要点，或重述引言中提出的主题，或提出更广泛意义上的启示，或预测未来发展趋势。

4. 最重要的是让读者有参与感，感觉到自己读到的是一篇发人深思的作品。

下一章提要

在本章的任务中，你应该已经看到，如果以对文章结构的清楚规划为依据，并能理解文章有哪些结构性特征 —— 引言、主体段落、结论，写作就会变得简单得多。在接下来的五章中，我们将对文章写作中会出现的所有问题进行讨论。

第 30 章

风格 —— 质朴 1：句子

在本章将学到：

- 好风格的三个指导性原则；
- 如何避免写出笨重、可读性差的文章；
- 句子要如何写才能避免失去读者；
- 如何利用句长与标点创造出节奏，使文章近似交谈。

到了这个阶段，有些学生往往会耸耸肩打算放弃了。他们会无奈地说："我的文章没有什么风格，就这样吧！"听起来似乎风格是上帝赋予的，是在我们的 DNA 之中的。这种想法或许来自小时候上学时的经验，那时候会给作文写得好的同学奖励。从此之后，我们就会认为世界上的人分为两类，一类是有写作天赋的，另一类是没有天赋的 —— 对此我们无能为力。

然而事实并非如此。风格提高方法颇多，最简单的就是多阅读：读得越多，风格就越好。如同光合作用，风格的提高是一个逐渐渗透进知觉的过程，在此期间，思维丰富起来，用词越来越精确，这一切重要的改变在悄悄发生，不易觉察。养成读优秀小说的习惯，保证任何时候都有书在读。每晚睡前阅读 15 至 20 分钟，会有一天，你将发现这对你的写作已产生了显著影响。

轻快的文风 ——写作指导原则

除此之外，有一些简单实用的步骤可以遵循。但首先需要确定一些指导性原则，为我们在选择用词时提供可资借鉴的确定指示。在两到三次的写作中学习运用这些原则，你将会看到自己的文章质量有明显的提高。

所有指导原则都聚焦于一个重要目标：避免写出笨重、可读性差的文章。在话题允许的范围内，让文章尽可能体现出轻快的文风。这样的文章，对读者而言可能会是一种更值得享受的阅读体验，对文章而言，它会更易于让人记住，效果更好。一共有三个指导原则，可用三个词表达：

- 逻辑
- 趣味
- 简洁

前面在做规划、写引言时，你应该已经接触过第一个原则了，因为你需要构建出一个逻辑结构图，用以引导你写完整篇文章。如前所说，在这个结构图中，你在每一段的首句提出主题，并用过渡词提示你在各段会写什么，这样，读者就能一步一步地跟上，没有迷失之虑。

至于第二个原则 ——趣味，我们在第 34 章讨论如何选择论据类型时再讲。现在，我们主要针对简洁原则 ——用最少的话说出你想说的。说到风格，大多数人想到的正是这一点，即语言运用方面的质朴与简练。

质 朴

轻快文风的关键在于不要将问题复杂化。不时提醒自己，写作不过是将交谈印在纸上。有一些优秀的作品，你在读的时候，感觉语言是在纸上滑过，就像作者和你在同一间屋子里交谈，哪怕他实际上是在处理最复杂的观点，表达最深厚的情感。你读的时候，会觉得是在做世界上最简单的事情。表面的质朴之下，是作者的辛苦投入，任何处理得巧妙的事情都是如此。在这里，这种投入指的是努力克服书面交流与口头交流之间的差异。

书面语对比口头语

学生写文章时，书面语与口头语之间的差异所引起的问题我们都能想到。我们并不会与读者坐在一起，因此当读者遇到我们文章中的一些艰涩的表达并竭力搞清意思时，我们无法对他们解释我们实际上要说什么。如果让一位陌生的评测者来给文章打分的话，情况会更糟，因为他们不能像指导老师那样熟悉和理解我们的想法。

不过，日常表达中最难在书面作品中体现出来的是那些用语调与肢体语言强调的内容。这部分只能通过词句的选择、句子节奏与标点来传达。此外，与口头交流中解答问题的方式不同，读书面文章时，读者有他们自己的节奏，他们甚至可以返回重读之前的论点。这一切都使得写作与口头表达相比，是一种更集中的交流方式。

面对这样的情形，无怪乎有人会绝望地举手投降，这看起来确实是一项困难的任务。然而，实际上它比我们想象的要简单得多。如果写作时我们心里已经承认这项任务确实非常难，那它就真的会非常难。我们会无意中将事情复杂化，把任务搞得真的无法做好。正如马修·阿诺德（Matthew Arnold）谈写作与风格时所说：

> 人们认为我可以教会他们风格。风格是什么啊！有要说的话，把它说得够清楚。这就是风格的唯一秘诀。

句　子

大多数学生都觉得写作很难，他们可不相信马修·阿诺德，竟将写作描述得那么容易。而且，一旦有人对你解释什么该做、什么该避免时，这看起来确实就不是件简单的事了。但这些要求实际上也是回到了之前所谈到的一点——让写作成为印在纸上的交谈，使写作即便不像水到渠成那么自然，也不会是一件难事。开头会比较难，但在运用这些基本指导原则的过程中，你会感觉越来越容易。

长句、复杂句的结构

学习中，从一级升到另一级，大多数人会在升级之初便面临多种问题。我们会想当然地认为，现在要理解的观点与论点更为复杂了，那就必须用更长、更复杂的句子结构，以及难度更大、不常见的词汇来表达。读学生的作品时，我经常会碰到超过 200 个单词的庞大句子结构，从句与短语鱼贯而出，叠床架屋。面对这样的文章，评阅者很可能陷入迷茫，在一大堆词语中理不出头绪。

同样糟糕的是，看到这样的文章，评阅者很可能会放弃阅读，并形成这三个印象：

1. 作者不清楚他想说什么；

2. 作者并未仔细规划他的观点；

3. 在规划阶段作者并未透彻地思考观点，到了写作阶段，实际上才是第一次面对这些观点。

显而易见，和写好段落一样，写好句子的关键就是不要失去你的读者。如果一个句子包含太多从句，对评阅者而言，就像要走过一片危险崎岖的土地。他们小心翼翼地穿行其间，很容易放弃。而且，即便最后终于到达了句子的终点，可能已经记不起你最初说了什么了。为了避免这样的问题，尽量做到这两件事情：

1. 句子不要写得太长；

2. 凡有需要之处，都用逻辑标记（但是，如果，然而，因此，而且，类似地）来告诉读者你的思路。

句长

首先，来谈谈句长。只要有可能，尽量让句子简短，结构清晰。

例子

读下面的句子：

我们可以论证，几乎所有的广告，除了很少的一部分，都具有"信息功能"，实际上，如我们所看到的，有一些完全以信息为关注点，尽管政府部门发布吸烟的危害或宣传家用火警装置的用法具有明显的改变人们行为的意图，但他们关注的仍然是将生命攸关的信息传播给大众。

不难看出，将这句话分为三个较短的句子，并在最后一个句子中用标点使该句结构清晰化之后，句子质量会有很大的提高：

我们可以论证，几乎所有的广告都具有"信息功能"。实际上，如我们所看到的，有一些完全以信息为关注点。尽管政府部门发布广告宣传吸烟的危害或家用火警装置的用法，具有明显的改变人们行为的意图，但他们关注的仍然是将生命攸关的信息传播给大众。

复杂句如果不可避免

当然，为了表述复杂的观点，有时不可避免地需要使用复杂的句子结构。在这种情况下，要意识到可能会引起的问题，运用逻辑标记和标点符号表示出结构，尽最大可能确保句子易读易懂，不会引起困惑。

用以下方法使结构清晰：

- 标点符号
- 逻辑标记

实际上，随着你信心的增长，标点符号可以做到的不止于此——它们可以产生更好的效果。尝试用词汇和标点创造节奏，传达意思。用破折号、冒号、分号、句号、逗号制造"空白"，创造节奏，让表达接近口语。文章越接近口头表达，就越易于理解。

　　同样，尝试使用不同长度的句子来获得不同的效果。短句固然易懂，但也没必要把句子都写成同样的长度。如果在之前已经做过写作规划，观点想得足够透彻，结构富有逻辑，文章的句子就会具有它们自己的节奏。有一点需要记住，长句舒缓，而短句急促。因此，如果想让读者真正地仔细考虑你的观点并能理解，用短一点的句子，尤其是在用了一串长句做了论证之后。但短句不要用得太过，否则就失去其价值了。

- 运用标点符号创造出近似口头表达的节奏。
- 越接近口头表达，文章越易于理解。
- 利用句长的差别来获得不同的效果。

逻辑标记

　　至于第二点，逻辑标记的重要性，常出现的问题并不只是由于认为读者可以跟得上自己的思路，因而没有使用逻辑标记词；还有一种问题是逻辑词在句中起不到标记的作用。通读文章时，检查逻辑是否清晰。如果不清晰，则试着将逻辑词移至句中更重要的位置，比如句首。在修改阶段，如果文章读起来逻辑仍不分明，不够通顺流畅，那就大声朗读出来，录音，然后放给自己听，或者让别人读给你听。你很快就会识别出突兀的连接、缺失的词语，以及其他导致文章不能像印在纸上的交谈那样顺畅的各种问题。

总而言之

- 让文章如同印在纸上的交谈一样顺畅，以此为目标。
- 不要让读者迷失于长句之中。
- 只要有可能，就使用结构清晰的短句。
- 尝试用标点、词汇、不同的句长为文章创造出如同交谈一样的节奏。
- 确保逻辑标记词不会缺失。
- 大声朗读，保证文章读起来逻辑清晰、通顺流畅。

实践　练习 30

句子

　　阅读下面的短文。有些地方意思不够确切。有的句子过长，不清楚，标点不准确，逻辑标记词有缺失。

　　无须重写整篇文章，通过调整句长、标点、逻辑词，来增强文章的可读性，让它更接近交谈中的语言。

　　完成之后，将你的修改稿与之后给出的答案相对照。

短文

医疗资源的分配

　　随着人口的增加和需求的多样化所有政府都面临着如何在有需求的人之间分配现有资源这个难题。不幸的是，以一个客观的标准来衡量，没有任何资源是稀缺的或充足的，稀缺或充足只是相对于人类特定的需求而言。

　　但问题就在这里当我们把某物描述为"需求"时我们

似乎在谈论三种不同的东西。首先是最显著的需求：对某些东西的需求，如食物和水，用以维持生存所必需的最低生物水平。有一些需求是用以保持良好的生活质量，如充分的教育、住房和干净的环境，我们认为自己有资格拥有这些和有一些需求我们可以描述为"社会需求"产生于特定的社会或世界的某些地方，在那里这些需求被视为正常需要。有一些需求是由广告创造的，另一些是由能对我们的期望心理产生影响的政府和组织创造的。广告商让我们相信，我们都需要年假、快车、最新时尚用品甚至智能手机和平板电脑，而政府则宣传我们具有国家认同和社区意识的需求。

但是该怎么看待医疗问题呢？我们会谈到"医疗权"表明它是基本的生存需求，然而在人类的历史中，人类在其生存过程中所能享有的医疗资源，只能达到西方国家的最低医疗标准的一小部分，现在世界上的很多地方仍然如此。我们都有资格享受维持生存的"一等需求"，如食物，无论我们是住在纽约最富裕的地区还是住在非洲城市边缘的棚户区。如果将世界粮食供应总量在全世界人口中平均分配每个人都会挨饿但许多人会比以前的状况好一点。

因此，我们所描述的医疗权实际上是一种用以维持生活质量的"二等需求"。它指的是一些"普通"医疗行为，比如每年进行体检、能享受急诊护理等，这些实际上是社会发展的结果我们相信自己享有这些权利我们要证明的是如果这些需求不能满足生活质量就会降到可接受水平的最低值之下。"三等需求"所包括的是一些被视为特权的"高级"医疗行为，是相对奢侈的需求，如整容手术。

"普通"和"高级"之间并不总是易于区分。例如，按照目前的生活质量标准我们可能会认为 85 岁的寿命是正常需求如果未来随着医学发展我们能活得更久寿命超过 85 岁会不会仍然被视作奢侈需求，或三等需求？这样的复杂因素使得现实中制定医疗资源分配方案极其困难。

答案

医疗资源的分配

随着人口的增加和需求的多样化，所有政府都面临着如何在有需求的人之间分配现有资源这个难题。不幸的是，以一个客观的标准来衡量，没有任何资源是稀缺的或充足的，稀缺或充足只是相对于人类特定的需求而言。

但是，问题就在这里：当我们把某物描述为"需求"时，我们似乎在谈论三种不同的东西。首先，最显著的需求，即对某些东西的需求，如食物和水，用以维持生存所必需的最低生物水平。其次，有一些需求是用以保持良好的生活质量，如充分的教育、住房和干净的环境，我们认为自己有资格拥有这些。再次，有一些需求我们可以描述为"社会需求"，它们产生于特定的社会或世界的某些地方，在那里，这些需求被视为正常需要。有一些需求是由广告创造的，另一些是由能对我们的期望心理产生影响的政府和组织创造的。广告商让我们相信，我们都需要年假、快车、最新时尚用品甚至智能手机和平板电脑；而政府则宣传我们具有国家认同和社区意识的需求。

但是，该怎么看待医疗问题呢？我们会谈到"医疗权"，表明它是基本的生存需求。然而，在人类的历史中，人类在其生存过程中所能享有的医疗资源，只能达到西方国家的最低医疗标准的一小部分，即便现在，世界上很多地方仍然如此。我们都有资格享受维持生存的"一等需求"，如食物，无论我们是住在纽约最富裕的地区，还是住在非洲城市边缘的棚户区。如果将世界粮食供应总量在全世界人口中平均分配，每个人都会挨饿，但许多人会比以前的状况好一点。

因此，我们所描述的医疗权实际上是一种用以维持生活质量的"二等需求"。它指的是一些"普通"医疗行为，比如每年进行体检、能享受急诊护理等。这些实际上是社会发展的结果，我们相信自己享有这些权利。我们要证明的是，如果这些需求不能满足，生活质量就会降到可接受水平的最低值之下。"三等需求"所包括的是一些被视为特权的"高级"医疗行为，是相对奢侈的需求，如整容手术。

"普通"和"高级"之间并不总是易于区分。例如，按照目前的生活质量标准，我们可能会认为85岁的寿命是正常需求。如果未来随着医学发展，我们能活得更久，寿命超过85岁会不会仍然被视作奢侈需求，或三等需求？这样的复杂因素使得现实中制定医疗资源分配方案极其困难。

小　结

1. 尽量将文章写得轻快，尽可能贴近口头表达的节奏，这样的文章会易于理解。

2. 为了避免失去读者，写简短的句子，用逻辑标记词标示你的思路。

3. 用标点使句子结构清晰，并接近口头表达的节奏。

4. 写作过程中记住这三个指导原则：逻辑、趣味、简洁。

5. 告诉自己，即便最复杂的观点和论点也可以用简短的句子结构来表达。

下一章提要

完成了本章的练习之后，你会清楚地看到，缩短句长，运用能清晰表明句子结构的标点，选取合适的逻辑词将读者引向你所希望的方向，文章将会呈现出很大的不同。

在下一章，你将看到通过仔细、用心地选择词汇和短语，最复杂的观点也能够用简单、直接的语言表达出来。

第 31 章

风格 —— 质朴 2：词语

在本章将学到：

- 如何避免使用意义空洞的套话与词语；
- 在语言使用中追求清晰与精确的益处；
- 写作中运用陈词的危险与益处；
- 如何用词语确切地表达意思。

在词语的使用中，让句子变得难懂的同类问题会再次出现。我们会认为随着学习的深入，需要使用更为复杂甚至深奥的语言。没错，随着我们从一个级别升到另一个级别，应该探索与使用更复杂的观点与概念，因此要求对语言有更微妙的把握，对词句要有更仔细、更用心的选择。显然，如"不错""好"与"坏"这样的词只能表达最粗略的意思，不足以传达微妙的区别。但这并不意味着我们只能使用一大堆多音节词，或是复杂的句子，它们掩盖的比显示的会更多。

套 话

套话，尤其是意义空洞的套话和词语，会引起种种问题。下面的句子能够说明这一点。第一个句子来自一个学生的文章，而颇具讽刺意味的是，第二个句子取自一份关于演说与写作的课程材料。

负反馈通过反馈环路对输出进行采样，会产生相反的效果。

概念，以及填充概念、使概念生效的语言，共同赋予认知活动以力量与策略。

或许从这两个句子中可以看到一点它们想要表达的意思，但很少有人能够没有阻碍地揭开它们的全部意义。这两个句子的问题都出在套话上，套话代替了真正的、明白的思想。大多数情况下，遇到套话时，不能清晰地理解其所指是不足为怪的，因为使用套话本来就不是一个正确的开端。

套话往往代替了真正的思想。

而且，即便这些句子里包含了意思，使用套话也只会模糊它们的意思。在上面的句子中，如"负反馈""反馈环路"，还有意义模糊的"填充""力量"和"策略"，都代替了真正能表达思想的词语。这些作者避开了将问题考虑清楚的责任，只是选择依赖套话来表达实际要传达的意思。

这再一次证明了之前所强调过的一点，即清晰、有效的写作依赖于清晰、有效的思维。语言是观点的工具：如果观点本身都混乱不清，那么语言与风格必然也是如此。这就回到了解析问题和规划文章的阶段。如果这两步能够顺利完成，就为获得好的风格奠定了基础，也就更有可能在语言方面做到清晰与精确。

- 观点与概念趋向复杂，并不意味着必须使用令人困惑、难以理解的语言。
- 必须用心选择词语，尽最大可能简洁、精确地传达观点。
- 清晰、有效的写作依赖于清晰、有效的思维。

正确选择词语

不过，到这里只解决了问题的一半：现在内部要素，即观点，已经清晰了，那么接下来外部要素，即词语，也需要变得清晰。在找寻合适的词汇时，不要用那些不能抓住你的观点的词语。当然，在写作时你肯定不愿意打断观点与词语的自然涌现，因此可以将寻找最佳词汇的任务很大一部分留在修改阶段。但到了修改阶段，就需要与你的观点离得足够近，仔细回想你本来究竟想要说什么。

所以，当觉察到自己在使用一个很熟悉但比较模糊的词语，它接近自己想要表达的意思，这时停下来，寻找一个更精确、更具体的词语。否则，读者所能得出的结论就是，你的学术修养并不足以让你将自己的观点确切地表述出来，或者更糟糕的是，认为你并没有什么新鲜的观点。两种情况下，读者都有可能认为你的模糊用词表达的是这个意思，而实际上你真正想要表达的却是另一个意思。

不要让读者认为你的学术修养不足以让你将自己的观点确切地表述出来，或认为你并没有什么新鲜的观点。

实践　练习 31

正确选择词语

读下面的句子，你可能会基本上同意它所说的，但却不会认为它有多大价值，因为对不同的人而言，它会有不同的意思。要想确切地让读者知道作者想要说什么，这个句子需要使用更确切的语言。想一想，可以提出什么问题，能够让作者确定自己想要说什么。然后，将你提出的问题和下面的答案相对照。

现代的商业模式正在摧毁社区，剥削穷人。

答案

1. 具体是什么模式？

2. 用什么方式在摧毁社区？

3. 具体是什么人群被剥削？

陈　词

不过，语言使用中追求简明与确切的好处不仅于此。你越强迫自己为观点寻找最完美的表达工具，就越会产生更多的东西将来可以利用。所以，此时你就不太可能会退而使用那些熟悉、可靠却空洞的陈词。和套话一样，使用陈词说明你并不能精确地将自己的观点表达出来，或者说明你并未彻底地搜寻一个确切的词语，让它完美地承载你的观点。

然而，我们都明白，要避免使用陈词往往并不容易。而且，有时候这样做也许并不是明智之举。将陈词一一剔除，文章往往会变得僵硬、笨重。如果使用熟悉的陈词能够起到准确的强调作用，传达正确的意思，它会让文章更接近交谈，能够制造出轻松、自然的节奏，增加可读性。

不幸的是，现实中陈词制造出的效果经常恰好相反。空洞的陈词除了听起来让人感觉熟悉、舒适，并没有任何实际的用途，而且还会吸走文章的生命力与活力。要想让观点有力，让读者看到你确实有新颖有趣的想法，那就避免使用不能准确表达观点的词语，包括陈词。

所以，写文章时，当头脑中出现一个陈词时，问自己它是能传达你想要表达的意思，还是会将你引向你并不想要的思维模式。同样重要的是，它是否会将读者不知不觉地引向一条你并不想让他们走上的道路？写作中使用陈词，如其他要素一样，要合乎你自己的意图：使用陈词要有清楚的原因，即目的要清楚。

陈词

1. 陈词让人感觉熟悉、安全，然而却也空洞。

2. 没有任何陈词，文章可能会变得僵硬、笨重。

3. 确保陈词真正能起作用：能准确表达观点。

4. 问自己：这个词能传达我想表达的意思吗？它会将我的观点引向正确的方向吗？

任务 10

风格 1

在上一次的任务中，你已经写了文章的引言、结论以及紧跟在引言之后的两段。在这个任务中，你需要接着上次已写的两段，完成接下来的三段。

确保句子结构清晰，用词能够精确传达想要表达的意思。

完成之后，大声读给自己听，或者请别人读给你听。在听的过程中，注意两种问题：一是哪些地方节奏笨拙，不能顺畅朗读；二是逻辑标记词缺失，意思表达有困难之处。

小 结

1. 确保用词精确、具体，所用词语能真正发挥作用、准确传达意思。

2. 虽然并非所有的套话都是空洞、无意义的，但还是要问自己是否还可以选择其他能够简单并精确表达观点的词。套话往往都会取代真正的思想，不能给读者留下深刻印象。

3. 有些为人熟知的陈词可以起到准确的强调作用，传达正确的意思，能让文章产生自然的节奏，更为接近交谈。但要确保陈词不只是空洞的习惯性表达。如果使用一个陈词，那它必须是表达观点的最好的、最精确的选择。

下一章提要

完成任务之后，你会更清楚地认识到这些技巧的作用，它们可以让文章变得更为轻快，更类似于交谈。轻快的写作往往意味着抓住了话语的节奏，有时候，仅仅通过缩短句子、移动逻辑词或用标点来制造空白就可以做到。

下一章，我们将会谈到风格的另一个元素：简练。我们将要考查优化风格的各种方式，通过更简练地运用语言使文章更为清晰。

第 32 章

风格 —— 简练

在本章将学到：
- 如何保证论证不会因多余的词语而含糊不清；
- 怎样清晰而简洁地写作；
- 如何让文章更有力度；
- 在写作中去掉多余词语的技巧。

提高文章的可读性与力度

在前面两章中，我们讨论了风格二元素中的质朴在写作中的重要性。这就引出了简练的必要性。透彻地思考了所有观点并仔细规划之后，现在最重要的就是将观点清晰、简明地表达出来，用词要简练。这其中就蕴含着大多数人心目中"风格"的要义 —— 如塞缪尔·卫斯理教士（Reverend Samuel Wesley）所言之"思想的外衣，一件朴实的外衣，整洁而不华丽"。

然而，很多学生很难放弃一种认识，以为好的风格就是要缀满奢华的装饰、充斥着"高品位"的矫揉造作。这恐怕是与真相最背道而驰的认识了。卫斯理教士睿智地指出：好的风格是优雅的，但不是铺张炫耀的。句子中的每一个因素都应有其存在的理由，有确定、清晰的功能。用词不应有任何浪费：不存在多余的词汇或短语使句义模糊不清。否则，思维将失去清晰性，读者不明白你要表达什么意思。

　　　用词不应有任何浪费，不能有多余的词汇使句子意思模糊，使思维失去清晰性。

　　日常交流中，人们都会用到一些多余的词，使意思不那么清晰，这是可以理解的。这些多余的词语能在说话过程中给我们时间思考。现代的政治家们面对纷至沓来的电视台麦克风和纷涌的记者，早就学会了怎样用多余的词语为自己争取额外的思考时间，比如"现在的这个时刻"之类。他们这样做至少是有理由的，因为需要时间来整理思路。但对我们而言，写作中有足够的时间可以用来仔细思考，并没有什么借口写出"在所有的当中最重要的是""在今日的现代美国""未来在向前发展"这样的话。

- 尽量清晰、简明地表达观点，用词要简练。
- 问自己："用这个词是否有必要？"如果是，问自己："有更好的词吗？"
- 避免使用"磨耗时间"的短语，例如"现在的这个时刻"。

知道该去掉什么

　　与质朴一样，简练也是我们在写作中最主要的考虑要素。

A.N. 怀特海德（A.N.Whitehead）将风格描述为思想的至高美德。他的意思是，思想应该对词语的运用、短语的选择做出有力的裁决，从而确保每一个词语都有其确定的功能，句子结构直接干脆，选择任何词语都是因其表达上的绝对简练。

实际上，知道该去掉什么和知道该包括什么同等重要。怀特海德所说的至高美德就是知道什么不可为的艺术。因此，如果短语或从句可以用一个词来表达，就用这个词代替它们，然后你会惊讶于所取得的效果。在你的桌上，有必要放这样一个纸条，时刻提醒你遵循下列关键原则：

作品的可读性与所删除的无用词语的多少成正比。

重要的词语与观点将得以凸显

用笔简练的好处可不止于此。真正重要的词语不再会被遮盖，观点与论证也不会因多余的词语而模糊。词语和观点会凸显出来，体现出激发读者思考和发问的力量。以下面的句子为例，去掉多余的短语，然后感受句子的力量。新的句子更尖锐、更直接。

如果你有购物的想法，广告商会告诉你他们的产品的优点，但会省略掉缺点。
广告商会告诉你他们的产品的优点，但会省略其缺点。

出于各种各样的原因，消费者协会的报告可能会对一种产品大加批评，但是，只要其中包含一句夸赞，这一句就很可能会被用到产品促销文案中。

　　消费者协会的报告可能会对一种产品大加批评，但是，只要其中包含一句夸赞，这一句就很可能会被用到产品促销文案中。

　　从中可见，在写作时，应时刻监测自己对词语的选择，问自己："使用这个词或短语有无必要？它是否准确表达了我的意思？"这样做一开始会有点难，但会越来越容易。而且，修改阶段总是会有的，到时候你可以对文章做出最后的修改。

实践　练习 32

多余的词和短语

　　我们都会养成一定的表达习惯，没有意识到其实可以用更简练的方式表达，同时意思也会更清晰。这种习惯和其他习惯一样，很难改，因为我们根本意识不到它的存在。所以在写作时，每次都要经过一些特殊的步骤，帮助我们意识到它的存在。我们首先需要提醒自己可能会有使用某个特定词或短语的习惯，然后才能避开它。

　　在本次练习中，通读之前写的三篇文章，列出所有多余的词和短语：所有可以移除且移除后对句子意思无损的词和短语。同时，记录文章中使用它们的次数。这可以让你清楚地知道你的习惯有多顽固。这样你就会清楚写作中应该留意什么，从而避开它们。

　　最终，你会自动停止使用这些词和短语，这时你就不用再一直提醒自己了。不过，这种练习很有用，应该过一段时间就重复一次，保证不会养成另一种表达习惯，让问题再次出现。

小　结

1. 尽量清晰、简明地表达观点，用词要简练。

2. 去除任何会模糊句义的词。

3. 知道该去掉什么与知道该包括什么同等重要。

4. 去掉多余的词后，重要的词语因此会凸显出来，论证也不会因多余的词语而模糊。你的观点和意思会更清晰，文章会产生一种力量，激发读者思考和发问。

下一章提要

随着写作方法的种种改变，写作能力的提高会逐渐体现出来。在将新的技巧和方法加以应用的过程中，文章的结构会越来越好，而因论述不相关而被扣的分也会更少。更多自己的观点会产生，我们也会越来越自信地对权威文献中的观点进行批评与评价。但在风格方面所做的大多数改变，其效果是立竿见影的。在词语方面做出改变，保证用词简练，效果更是如此。你会立刻看到观点变得更清晰、简明。于是，你的文章会拥有一种之前不可能有的力量。

但还有一些简单易行、立竿见影的事情需要去做。我们已经听了这么多关于如何提高风格的建议，然而问题是我们该从哪里开始呢？为了解决这个问题，让你清楚应该如何操作，下一章我们将会看到一组实用的注意事项，告诉你什么该做，什么不该做，以供你在写作中遵循。

第33章

风格 —— 指导原则

在本章将要学到：
- 简单实用的优化风格的指导原则；
- 如何尽可能地使用主动语态；
- 如何避免用过多的副词、形容词、介词冲淡文章；
- 如何主要用名词与动词表达意思；
- 如何用过渡词创造流畅性。

上一章讨论的内容在普遍意义上来说是有意义的，它让我们明白写作中应该做什么以使文章不至于笨重、可读性差。但如果能有一些简单实用的规则，指导我们写出轻快、简明、有趣的文章，从头到尾都能吸引读者的注意力，那会是非常有用的。

为了做到这一点，尝试下面这些简单的指导性原则。一下子把这些指导原则都使用上是不大可能的，你可以先关注两到三种，直到它们成为能稳定使用的方法。然后再关注其他原则，直到你在每一篇文章中都能用到所有的原则。但你必须尽量不要让自己的编辑角色在写作中影响你，这样才能充分释放创造力。对照着这些原则写作时，如果流畅性受到影响，告诉自己不要紧，因为后面总还有修改阶段的。

> **风格 —— 实用指导原则**
>
> 1. 选择简短的词，而非长且晦涩的词。
> 2. 用主动语态。
> 3. 主要用名词与动词表达意思。
> 4. 用介词替代介词短语。
> 5. 用过渡词创造流畅性。
> 6. 让词语与论据的力度相匹配。
> 7. 知道该提供多少论据。

选择简短的词，而非长且晦涩的词

如果一个简短的词所表达的意思与一个长且晦涩的词相同，那么选择简短的词，否则文章读起来可能会显得毫无必要的浮华。不过无论选择什么样的词，最重要的是保证意思清楚——避免使用含糊的词，无论它是短的、简单的，还是长的、晦涩的。

用主动语态

只要有可能，就用主动语态而非被动语态。被动语态往往造就被动的读者，读文章就像在梦游。主动语态往往更清楚、更直接，很多学生误以为写学术文章需要把每个句子都转变成被动语态，其实是没必要的。

在主动语态中，句子的主语就是行为的执行者，而不是行为的接受者或者行为本身。

主动：行为执行者。

被动：行为接受者；行为本身。

例子

被动：聚会被丽塔离谱的故事搞得更有趣了。

主动：丽塔离谱的故事让聚会更有趣了。

被动：蓝色的逃亡汽车被银行职员描述了。

主动：银行职员描述了蓝色的逃亡汽车。

被动：一种极度阴郁的氛围被小说家在这一章的最后一段中创造了出来。

主动：小说家在这一章的最后一段中创造了一种极度阴郁的氛围。

可以看到，被动语态相比主动语态而言显得间接、更不肯定，也不如主动语态简明。比如，你可能会说：

我的第一辆车永远都不会被我忘记。

但如果将这句话转换成主动语态，将行为的执行者作为句子的主语，意思会更直接，从而更简明，语气也更为肯定。

我永远都不会忘记我的第一辆车。

但并不是说被动语态一直都不应该用，有时候做了什么比谁做的更为重要。例如下面的一句话：

　　伦敦大学学院的詹金斯教授与泰勒博士于上个月在结肠癌治疗方面共同取得了迄今为止最为重要的突破。

换成被动语态会更合适：

　　结肠癌治疗方面的重大突破在上个月由伦敦大学学院的詹金斯教授与泰勒博士共同取得。

在这句话中，取得了什么成绩是最重要的信息，因此置于句前，行为执行者则放在后面。

实践　练习 33
主动还是被动？
　　下列三对陈述中，将每一对陈述用主动语态或被动语态合并重写为一句话。每一例中，选择你认为最适当的语态并简要阐明原因。
　　完成后，将你的选择与原因和后面的答案相对照。

陈述
　　1 奈杰尔·布朗完成进球。
　　决定性的进球发生在比赛的最后一分钟。
　　2 首席法官泰勒正在开车回家途中。
　　他被警察拦下，发现他是酒驾。
　　3 约翰·道格拉斯在回家途中被人持刀抢劫。
　　他被一伙十一岁的不良少年抢劫。

答案

1. 被动语态：决定性的进球在比赛的最后一分钟由奈杰尔·布朗完成。

原因：这两个陈述中最有趣的事实是比赛的最后一分钟射门。

2. 被动语态：首席法官泰勒在开车回家途中被警察拦下，被发现是酒驾。

原因：最有趣的信息不是有人酒驾被抓，而是这个人是一名法官。

3. 主动语态：一伙十一岁的不良少年在约翰·道格拉斯回家途中对他持刀抢劫。

原因：被一伙十一岁的不良少年团伙抢劫的信息比被人持刀抢劫更为有意思。

主要用动词与名词表达意思

动词

尽可能围绕动词搭建句子，动词具体且有活力。弱势动词必须以副词或副词短语支撑，因此对意象会有所冲淡。不过在选择动词时要注意：不要对情形夸大判断，导致选择太过强势的动词。

在下面的句子中，通过用强势动词置换弱势动词及其副词，句子变得更有力，意思更清楚。

然而，我们有所猜疑地认为这些信息背后或许隐藏着一个秘密，我们可能是对的。

然而，我们怀疑这些信息背后隐藏着一个秘密，我们可能是对的。

我们对地位的渴望和对权威的尊重给了广告商机会，让他们能有效地以欺骗性的方式用我们的感觉来推广各种产品。

我们对地位的渴望和对权威的尊重给了广告商机会，让他们能有效地利用我们的感觉来推广各种产品。

名词

同样，确定你使用的名词具体、确切、不空泛。名词必须要能构建出清晰的意象。和用副词支撑动词的情形一样，如果你不得不用形容词来支撑一个名词，起修饰或限制作用，有可能这个名词一开始就选错了。这可能会导致意义失去力量，或者被遮盖在形容词和形容词短语之下而难以显现。

下面的句子中，用一个更具体的名词替换了原来的名词和它的形容词之后，意象更清晰，表达的意思也更准确。

通过迎合消费者强烈的兴趣，广告商成功地让消费者失去了做出理智选择的能力。

通过迎合消费者的热情，广告商成功地让消费者失去了做出理智选择的能力。

这里讨论的不仅仅是兴趣，而是热情——一种特殊的、最强烈的有时甚至不可抗拒的品位。

　　他们会给我们提供技术方面的最新信息，但同时也隐蔽地暗示，我们可承担不起跟不上最新发展的后果。

　　他们会给我们提供技术方面的最新信息，但同时也隐蔽地暗示，我们可承担不起跟不上进步的后果。

这里涉及的不只是最新的发展，而是关于进步的整体观念，涉及进步是否一定是好事的问题。

用介词替代介词短语

　　和副词与形容词的情形一样，过多的介词短语也会冲淡文章的力量，模糊语义。日常表达中我们常用介词短语，因为这样能争取更多的思考时间。但在写作中，过多的介词短语会叠架起来，给读者带来障碍，不能顺畅地穿行于你的论证和解释中。这样的话读者也就不能顺利地理解你的意思了。

　　因此，只要有可能，用简单的介词替代介词短语。

例子

替换

　　"有关于"（with regard to）替换为"关于"（about）。

　　"出于一个简单的理由"（for the simple reason）替换为"因为"（because）。

　　"以……的方式"（on the part of）替换为"通过"（by）。

并不是说这样的短语任何时候都不合适，只是你应该问自己是否可以用一个更简单的介词替换短语而不损失意思。如果可以，那就替换吧！

你会发现在笔记本中将介词短语收集起来很有用，尤其在修改阶段更是如此。有时候如果让我们立刻想一个介词短语，大多数人会觉得不太容易。所以在读书的过程中，碰到了就记在笔记本中，这样在修改文章时就知道需要用哪个了。

用过渡词创造流畅性

在第三个阶段（规划阶段）曾讨论过过渡词对于段落之间衔接流畅性的重要作用。让你的文章具有它该有的连贯性与连续性，得到一个好成绩。这也是能给读者提供文字路标的重要手段，这样他们才能顺利穿行于文章中而不至于走失。

阅读中看到过渡词时，注意作者是如何连接他们的段落的，也许你可以在笔记本中做记录，这样就可以为你所用了。有一部分最有效的过渡词恰恰是最简单的，简单到几乎意识不到它们的存在。指示性代词，如"这个"（this）、"那个"（that）、"这些"（these）和"那些"（those），将它们自然地用到主题句中，会在两个段落之间搭建起桥梁，同时又不会影响到思路的流畅。下面是一些最常用的连接词语，都是有效的过渡词。

对比：但是（But），不过（However），另一方面（On the other hand），可是（Yet）。

举例：例如（For example），比如（For instance），即

（That is）。

扩展：类似地（Similarly），而且（Moreover），此外（Furthermore），另外（In addition），再则（By extension），更重要的是（What is more）。

总结：因此（Therefore），所以（Consequently），结果（As a result），因而（Thus）。

下一步：然后（Then），之后（After that），接下来（It follows）。

还有一些有用的过渡词，如"同样地"（Likewise），"于是"（Correspondingly），"此后"（Hence），"相应地"（Accordingly），"然而"（Nevertheless），"顺便一提"（Incidentally），"否则"（Otherwise），"尽管如此"（Nonetheless），"显然"（Obviously），等等。

复合过渡词

随着你记录在笔记本中的过渡词的增加，你会碰到越来越多的复合过渡词。正如其名，复合过渡词由多个词语或过渡词组成，所以它们是用之不竭的。实际上，你可以自己去组合一些过渡词，这和你收集它们一样容易。它们的价值在于扩大了你选择过渡词的范围，这样你就可以在论证的过程中准确地表示出重心的移动和方向的改变，从而体现出论点中的微妙变化。下列过渡词根据论证的方向划分为不同类型，你在论证时可能会用到。

连接：再者（And, moreover），尽管（And although），在一方面（And in one respect），一旦（And once），因此（And so），尽管一些（And while some）；实际上（And as it is）。

扩展：因此，即便（So, even though）；那么接下来（It follows then）；在这种方式下（In this way）；从那个角度（From that angle）；出于同样的原因（By the same token）；出于那个缘故（On that account）；考虑到（Given this）。

认可：不足为奇的是（Not surprisingly），当然（Of course），更甚者（And moreover），最重要的是（Most important），甚至于（Even more），尤其是（In particular）。

对比：但相反的是（But instead），但与之同时（But at the same time），然而（And yet），但甚至（But even），但话说回来（But then again），但可能（But perhaps），但仍然（Yet still），但同时（But while）。

叙述：在此之后（Following this），在那之后（And after that），但那时候（But then），于是开始（So began），但迄今为止（But so far），最近（More recently）。

小　结

1. 在这些简单、实用的原则指导下修改文章。开始时运用其中两到三条，逐渐扩展到其他。

2. 写作时记住这些原则，但不要让你的编辑者角色影响你，这样才能自由、流畅地写作。

3. 为了让文章更清楚、直接，用简短的词而非长且晦涩的词。同时，只要有可能，就用主动语态而非被动语态。

4. 尽量不要让过多的副词、形容词、介词短语冲淡文章、模糊意思。

5. 尽量养成收集过渡词的习惯，同时养成使用过渡词在段落之间提升流畅性的习惯。

下一章提要

最后两个实用性指导原则涉及论据的使用。下一章将学习如何用论据改变写作的步调，以及如何用论点吸引读者。你将会看到，论据不仅能够支持和说明论点，而且可以让文章趣味盎然、更具说服力。

■ **第34章**

论据的使用

在本章将学到：

- 如何用不同类型的论据有效地支持论点；
- 如何通过变换论据的类型来增强文章的可读性；
- 如何将七条实用原则变为你写作策略的一部分。

七条优化风格的实用原则中，最后两条与论据的使用方法有关。这无疑是写作中最容易忽视的地方：我们一般认为只要选择需要的论据，并在论点需要论据支撑时把它插入文章中就够了。

然而，论据所能起的作用不仅仅是支持和说明论点。如果考虑周到，它能够改变文章的步调，增加文章的可读性。文章的所有构成要素中，没有什么比论据更能有效地引起读者的共鸣，获得他们的回应。你会发现，通过仔细考虑论据使用的方法，不仅能使文章更有意思，而且能赋予它真正的力量。

论据

1. 支持及解释论点。

2. 改变步调，增强文章的可读性。

> 3. 引起读者共鸣，获得其回应。
>
> 4. 使文章更有意思，赋予它真正的力量。

不要夸大其词，也不要轻描淡写：词语要与论据的力度相匹配

选词要仔细、用心，要与观点及其论据的力度精确地匹配。如果没有对观点进行透彻的思考，往往会将问题简单化、绝对化：所有的 / 没有（all/ nothing）、对的 / 错的（right/ wrong）、是 / 否（yes/ no），但很少有论据能够支持这样的断言。

当然，有一些类型的句子里可以用到"所有的（all）"这样的限定词，但这样的句子比我们通常意识到的更为有限。这些句子要么描述了一个特别的群组，如"我所有的朋友""我兜里所有的硬币"等；或者指的是平凡真实的事情，即先天真实的事情，其真实性依存于其组成部分的意义之上。

分析命题

"分析命题"之所以得名，是因为它们的真实性可以通过分析其组成部分的意义而得到证实。如，说"所有的单身汉都是未婚的男人"是绝对正确的，也可以说"所有的猫都是动物"或"所有的自行车都有两个轮子"，因为这些词语本身就是这个意义。这些句子是真实的，因为我们对它们所包含的东西是一开始就认可的。我们认可"单身汉"的意思包含"男的"以及"未婚"，因此这个句子真实。同理，在揭开"猫"

及"自行车"的意思时，我们会发现在所有的情况下，它们的意义都是由两个或更多的特征联系起来的。

经验命题

除了分析命题，在经验命题中，运用"所有的"（all）这样简单绝对的词时会遇到问题。经验命题对真实世界进行描述，超越了对命题词汇本身的描述。前面已经看到，对一个特定的群组，如"你的朋友"或"兜里的硬币"，句中用"所有的"这样的词是保险的。所以说"这个屋子里所有的人都是男性"或"所有的党内成员都选 X 先生作为候选人"是没有问题的，因为很容易找到论据来证明。

> **使用"所有的"（all）的陈述**
>
> 对以下情况无问题：
>
> > 分析命题；
> >
> > 关于特定已知群组的经验命题。
>
> 对以下情况略有问题：
>
> > 包含判断因素的经验命题。

但是大多数陈述都不局限于此，它们经常包含我们自己做出的判断：既不能被明确的事实证实，也不能通过分析其组成成分加以证明。比如"没有人认为杀害海豚是对的""每个人都同意恐怖主义者应该被处以死刑""过去的七十年中，任何时候都没有人质疑过汽车的价值"等就是这样的陈述。对我们已有的论据或可能会有的论据而言，这样的陈述都太过强势。

只要有一个人认为海豚应该被杀害，或认为恐怖主义者应该处以终身监禁，或认为汽车降低了人们的生活质量，就可以推翻这些论述。

实践　练习 34
分析还是经验？

下列句子中，一些是分析命题，另一些是经验命题。有的包含对确定事实的陈述，有的则包含判断因素。仔细阅读，然后判断哪些是分析型，哪些是经验型。最后将你的判断与后面的答案相比较。

1. 所有的三角形都有三条边。

2. 所有的摩天大楼都高。

3. 这个屋子里的每个人都是学生。

4. 成年人中很大一部分都没有受过教育。

5. 我父亲的弟弟的儿子是我的堂兄。

6. 你父亲的弟弟的儿子是我的堂兄。

7. 芝加哥一年中大多数时间都很冷。

8. 2+2=4。

9. 两棵树加上两棵树等于四棵树。

10. 人都会死。

答案

1. 分析

2. 分析

3. 经验

4. 经验

5. 分析

6. 经验

7. 经验

8. 分析

9. 分析

10. 分析

或许应该在电脑屏幕或桌上再张贴一张纸条：

考官越难以否定你的论点，你的分数就会越高。

所以，应该竭尽全力使陈述的力度与论据的力度相匹配，用"很多"（much）、"许多"（many）、"一些"（some）、"经常"（frequently）此类的限定词。这样可以避免过度陈述的危险，否则就会弱化论点，并让考官因你缺乏足够论据而否定你的论点。

根据论据的力度，从高到低排列，有以下三种论据使用方法。

1. 硬论据

硬论据是所有论据中最有力的，包括统计数据、例子、引言甚至轶事。显然，只要有可能，就使用这一类论据来支撑论点。读者虽然可以挑战你对论据的判断或解释，但如果你只是提供意见，别人就没法批评你。硬论据能够表明，你提出的论点和观点含有非常严肃的理据，值得他人去考虑。

（1）数值数据、图表、引言

但是，也不能用数值数据、图表和引言完全替代你自己的论点。它们应该支撑和说明你的论点，而不是替代，它们不能代替你的工作。使用这些论据要细致，将它们融入你的论证中，而不是只是摆在那里让它们自说自话。

要做好这一步，需要用批判性的眼光评估这些论据，让它们的意义和局限显露出来。如使用图表或条形图，它们对量级的反映是准确的还是有所夸大。如使用经验性数据，收集的途径是什么，是否存在一些导致数据不太可靠的问题。这意味着我们可以从中得出一些结论，但并不能得出所有的结论。在第17章，我们曾讨论过从论据中获得启示时会犯的错误，可以再看一下。

现在你应该已经认识到批判性地评估论据能带给你什么好处了，尤其是你可以展示，在使用论据支撑论点时，你能以不偏不倚的态度对待正在使用的资源。

- 不要让论据代替你的工作，使用并将它们融入论证中。
- 批判性地评估论据 —— 可以让你的论点更可信。

（2）例子

在运用例子时也是如此：选择和运用例子要谨慎。用来支撑论点的例子要尽可能多于一个，排序时首先使用最重要、意义最深远的例子，然后再用更具体、应用范围略有限的例子。

如果例子的来源范围能够更多样化，那可信度就更高了。假设所有的报告性例子都来自同一行业或同一政党，说服力就会减弱。

- 例子要不止一个。
- 选择不同来源的例子。

2. 阐释

然而，有的论点往往并没有所需的硬性论据来支撑它。但你仍然认为这个论点非常有价值，大多数人都会顺理成章地接受它。有时候，确实连一点论据都不能找到，只不过大多数人都同意接受这个论点是合情合理的。当然，众人的观点未必总是等于常理，但这样的情况其实是关于什么是"合情合理"的问题。

例子

比如，你可以提出大多数人都认为烟草公司不应该将儿童视为产品的目标使用者。这个说法可能并没有硬性论据支撑：也许没人做过相关的调查，或者政府没有发布过人们对此有何看法的相关统计。但显然你极有可能是对的。因此，你所能做的就是通过仔细阐释论点，来揭示这个说法的合理性，从而显示你的推断是合理的，是基于常理的，论点是没有瑕疵的。

在这个烟草公司的例子中，我们可以论证大多数人都意

识到了吸烟引起的长期性健康危害；儿童没有能力对所有的
信息做出评估，因此无法做出自由的、知情的选择；在早期
一旦有了烟瘾就很难戒掉，以后一定会饱受吸烟带来的健康
危害，有些危害会极其严重。考虑到以上原因，这个论点就
显得很合理了。它立论的基础是你、他人包括读者的共识，
而且你也展示出论证是前后一致的。

3. 报告

然而，如果你找不到硬性论据，或者在规定的时间内想不
起来任何硬性论据，而且你也没有信心能够证明论点是合情合
理的，那么就只有一条路可走了：把你的责任移到别人身上。
也就是说，把观点的提出者归于某位权威，如果记不起是谁提
出的观点的话，也可以将它归于非个人的权威，如"许多人认
为……""有人说……""据论证……"，等等。

当然，如果文章并不要求在规定的时间内完成，你就有机
会找到一位可确定姓名的权威作为观点的提出者。当然对某个
论点进行阐释也会有用，但在特定的写作语境下，也许这样做
就会离题。如果情况如此，论点最好以报告的形式呈现，而不
是去展开并论述它，但在参考文献中可以将读者能够自己去查
阅的资料列出来。

例子

在前面的广告问题中你可以论证：

通过迎合消费者的热情和感受，广告商成功地让他们不
能做出正确推理，从而不能做出理智的选择。最成功的形式

就是通过潜意识实现操控，这个例子中，要发布的信息被低速录在录音带上。磁带以正常速度播放时，信息已经通过潜意识被人们获取，但他们并没有意识到自己正在受操控。通过视觉途径也可以做到这一点，一个个画面以互不关联的形式嵌入一卷胶片中，可以暗示并激发某种行为。

然后你可以为读者提供进一步查阅的参考文献：

如需更完整的讨论，请看卡尔·布里克梅尔（Karl Brinkmeyer），"The Threats to Our Freedom"，载于 *The American Journal of Psychology*，2003 年 1 月，第 117—133 页；P. J. 福斯特（P. J. Foster），"Advertising and Subliminal Manipulation"，载于 *British Business Review*，2001 年，第 1 卷，第 103—113 页；B. R. 布莱斯托（B. R. Brainstowe），"The Politics of Promotion"，载于 *Political Review*，2001 年，第 8 卷，第 284—297 页。

显然，这是支撑论点的最弱的形式，虽然它在限定时间的情况下会很有用，但你必须意识到在一定程度上它会削弱论证的力量。硬性论据和阐释能带给你高分，因为你承担起为自己的论点据理力争的责任时，不得不运用更高层次的认知能力，使用高质量、有力度的论据为你的论点展开论述，证明其合理性。

反之，如果把论证的责任移到别人身上，那么你所运用的就是更低层次的认知能力：只是回忆并描述别人所做的论证。不过，如果你没有使用它，没有用它来支撑你的论点，那这些材料就只是表达了一些观点，没有什么特殊价值，即便你能回忆起来，也仅此而已。如我们之前所说，观点是谁都可以表达的。

实践　练习 35

阐释

下面有三条陈述。列出三至四个原因，证明它们可能是合理的。对于这些说法，大多数人都会认为它们合情合理，但如果你不这样认为，也需要先抛开你自己的疑问，站在支持这些说法的人的角度，给出他们将会给出的理由。

将你给出的理由与后面的答案相比较。

陈述

1. 大多数人认为尽力保护环境是正确的。

2. 大多数人反对常规性地使用童工。

3. 大多数人认为不应该残酷地对待动物。

原因

1. 尽力保护环境是正确的

因为：

- 污染的严重化。
- 与环境污染相关的健康问题增加，如哮喘。
- 资源的消耗，如热带雨林。
- 臭氧层的损害以及与之相关的皮肤癌患者的增加。
- 生态系统变化所产生的影响，如广泛认为气候模式的变化是温室气体释放的结果。

- 濒危物种的栖息地正在消失。

2. 反对常规性地使用童工

因为：

- 儿童应该接受教育。

- 儿童易受剥削。

- 儿童应有童年，而不是被迫过早进入成年世界。

- 他们有可能在危险且不健康的条件下工作。

- 有些情况下，他们可能会抢走成年工人的工作，而成年人需要靠这个工作养活家庭。

3. 不应该残酷地对待动物

因为：

- 我们相信，我们具有道德上的责任，让所有物种的福利最大化，而不仅仅是为了自己的利益。

- 我们具有道德上的义务，将所有不必要的苦难最小化。

- 众生 —— 包括动物 —— 都会因身体上的疼痛、情感和心理上的伤害而遭受痛苦。

该提供多少论据

可以看出，对写小说的建议同样适用于写论文 —— 只要有可能，就要呈现，而非告知。不要仅仅陈述某事是怎么回事，而要用论据来证明。有必要提醒自己：你不仅仅是描述一个事件，不只是解释发生了什么，而是要解释为什么发生 —— 你要用理由去说服读者相信你是正确的。

> 只要有可能，就要呈现，而非告知；要证明，而非陈述。

趣味性 —— 论据让作品更具可读性

指导原则的第二条 —— 趣味性 —— 也具有同样重要的意义。引用、统计、轶事都可以增加文章的可读性。它们不仅可以为文章带来一些节奏和内容上的变化，还可以让论据自己说话。读者因此可以感同身受，在阅读中激发出更多的情感和感受，你无须多言，就为你的论点赢得了额外支持。

但要确保论据用得合理：论据要和论点密切相关并且支撑论点。所有引用、统计、轶事都要起到实际作用。使用引用，可能是因为你明白它会打动读者；使用轶事，则可能是因为它悲戚哀婉或者感人至深，但它们如不能加强论点或推进论证，就得放弃。以后总会找到它们的用武之地。

勿过度使用论据

同理，论据使用也不能过度。有一个很容易犯的错误就是让读者陷于大量信息之中，无法顾及你想激起他们思考的事情，因此浪费了很多你费力挖掘出来的好论据。将并无关联的信息一条接一条地堆砌起来，会让读者无法顺利应对。他们会迷失在论据中，你也会失掉分数；然而，如果将所有不必要的信息剔除，留下的就会凸显出来，并将拥有更大的力量。

之前已经不止一次看到过，这一切的核心在于结构。读者如能很清楚地看到某条信息在整体布局中起到什么作用，就可以顺利地处理它，知道它们的合理位置应在哪里。但如果结构不清晰，读者就不得不为了能够确切理解而反复阅读。或者，如果读者并没有这么一丝不苟，就会越过而漏掉很多内容。因此关键在于构建一个清晰的结构，以此为框架，只使用能够起到实际作用的事实、引用、统计数据，并尽可能简明扼要地表达。

总之

- 呈现而非告知。
- 通过使用不同类型的论据增加文章的可读性。
- 确保论据真正起作用。
- 尽量不要让读者陷于大量堆砌的信息之中。
- 为论据构建清晰的结构，便于读者知道如何处理。

七条实用原则的运用

　　要记住所有这些可不容易，尤其是在写作的过程当中。如果记住它们会影响你创作的流畅性，那就不用强迫自己。在开始写作时提醒自己记住两三条原则就可以了。最终，随着对它们把握性的增大，你就可以尝试更多的原则。而且，最后还有修改阶段，你可以对文章做最终的完善工作。实际上，在一篇接着一篇地修改的过程中，七条原则都会逐渐渗透至你的写作之中。当然并不是说你无须刻意提醒自己主动语态要优于被动语态，或名词应该具体而确定。如果这样的提醒不会打断你的写作思路，那就应该去做。

任务11
风格2

　　在本次任务中，完成你上次所写文章剩下的部分。开始之前，提醒自己记住前面所提出的七条原则。不过，尽量自由地写作：不要让你内在的编辑者角色影响观点的流畅性。

　　完成后，将文章放置一到两天，然后再通读，检查七条原则运用得怎么样。这个练习的目的并不是要使用这七条原则对文章做修改，但应该针对每一条，看看是否本可以写得更好。

小　结

1. 论据对支撑并解释论点起到重要作用。
2. 论据通过让文章的节奏产生变化而增强其可读性。
3. 论据能让读者更感同身受地做出回应。
4. 论述的力度要与论据的力度相匹配。
5. 尽量不要在文章中塞入过多论据，否则会使论点所在段落的结构变得模糊。

下一章提要

　　完成文章之后，要把它放到一边以待修改，但在此之前，需要对资料中借用的所有材料做一番处理。在下一章，你将看到如何避免抄袭，以及如何确定什么时候需要对引用做出标注。

　　如需更多练习材料与更多练习批判性思维的问题以及一些完整的文章来看一看我们在前面十章写作阶段中所讲的要点能产生什么样的效果，请参考同步网站 www.howtowritebetteressays. com。

第 35 章

抄　袭

在本章将学到：

- 抄袭的危险以及避免方法；
- 如何判断什么时候需要注明引用，什么时候不需要 ——
  六条规则；
- 如何合理安排，减少抄袭的可能。

写文章时所做的查找资料工作，就是以某种形式从资料中借用观点。当我们收起笔记本，如释重负，感觉重任已经完成大半的时候，不要忘了提醒自己，还需要从道德层面确认是否尚有未尽的责任。我们有义务对所有为我们提供观点、引用、图表、逸事等材料的人表示感谢。这一点没有做到，就会犯学术不端行为中最为严重的错误。

很多学生可能会奇怪抄袭为何不可为，认为学习的核心目标之一就是让我们阅读、理解本领域学者积累起来的研究成果并将其应用到自己的作品中。但问题并不在于运用本身，而在于运用的方式。

为何不可抄袭？

不可抄袭的原因主要有两个。首先是道德层面的。任何对我们有过帮助的人都应该得到感谢，他们在研究成果中倾注了如此多的心血，若他们没有做这样的工作，我们就不得不自己去做。使用他人的工作成果时，用艾萨克·牛顿爵士的话提醒自己："如果我能够看得更远，那是因为我站在了巨人的肩膀上。"我们实际上都是以某种方式站在了巨人的肩膀上。

不过，第二个原因与第一个相比更为简单，那就是抄袭对我们自己不利。将他人的成果据为己有，论文会因作弊而不能通过：这是一种学术欺骗。而且，它对学习本身而言几乎没有什么价值。抄袭他人文章充作自己的成果提交上去，就避开了处理观点的工作，不能经过我们自己的思维结构的验证，也就无从将观点融入自己的思维结构并转化为自己的想法。这一点不能做到，学习的意义就不复存在了。

什么是抄袭？

不知道什么是抄袭的大学生恐怕不会太多，但仍然有一些行为我们在做的时候意识不到它们属于抄袭。[1] 因此，有必要对抄袭的各种形式都有清晰的认识，最简单的形式就是将他人的观点或论点据为己有。可以表现为使用某个资料中的观点而不注明，文章中直接复制别人的段落而不加引号或做注释，或虽然在别的地方正确地引用过同一文章，但此处引用时未加引号等。总之，任何将他人成果当作自己成果的行为都属于抄袭。

值得庆幸的是，大多数的抄袭都不是有意为之。有些学生只是对引用规则不了解。还有些学生没有做好写作计划，查找资料时，笔记记得匆匆忙忙，零乱随意，因此会将自己的观点和文献中摘取的观点混在一起。他们不能将摘录的观点用自己的话表达，因此在文中所做的概括和阐释与原资料中的说法不能有效区分。

- 抄袭是将不属于自己的成果据为己有。
- 有一些抄袭的情况是出于不清楚引用规则。
- 笔记记得匆匆忙忙，而且不会将所读材料重新组织或用自己的话表述，这样很容易导致抄袭。
- 没有足够的时间处理观点，且重组观点时没有与原始资料进行比照。

　　问题是，对付抄袭的对策有可能和抄袭本身一样对学生的作文产生有害的影响，这一点我们在第 11 章曾讨论过。也就是说，我们会认为避免抄袭的唯一方式就是对任何观点都做注释，不管是引用的、阐释的，还是以其他任何可能的方式借用的。这会让我们觉得，学习中没有什么新的东西可以创造，我们的角色只是对现有观点进行循环再利用而已。如果表明自己所提出的观点并非原创，观点就会显得很安全：它们是别人的想法，具有权威性，能够给我们的论证提供我们不能提供的保护。如此一来，学习的意义好像就更在于"想**什么**"而非"**怎样**想"了。

　　同时，还有另外一种类型的建议，它对我们自己的观点更为包容，从这种建议中我们看到了这个问题其实非常深刻和复杂。牛津大学的《经典课程大考手册》（*Greats Handbook*）给学生提出这样的建议：

考官要看到的是你自己的观点和主张，无须害羞，把你
自己的观点呈现出来：无论你是否意识到自己是从他人那里
继承了这些观点，这并不重要。[2]

那么，界限在哪里？

在某一所大学，学生被告知任何时候如果"所表述的知识
不是你的原创"，都需要做出注释。[3] 这显然不是一个充分的
建议。这意味着基本上对所用的所有观点都要做出注释。你可
能多次用过"重力""意识形态"这样的词，但它们并非你的
原创。难道你每次用到它们，都需要标明它们出自牛顿的《自
然哲学的数学原理》或马克思的《德意志意识形态》吗？你可
能知道从伦敦到爱丁堡的距离是 378 英里，或木星有 18 颗卫
星，但你从来没有亲自丈量或数过，那么每次用到这些信息，
都需要标出这些数据的提出者吗？显然不需要。那么，界限在
哪里？

引用内容涉及具体的信息或数据，如事实、统计、表格、
图形等，事情比较简单：你肯定是从某具体出版物中看到的，
就需要注明出处，这样读者就知道这是谁做的数据，在哪里可
以发现它们。同样，引用内容涉及任何以独特的形式提出的信
息或观点时，你可能会对这些信息有所了解，但从未见过以这
种形式呈现或用这种方式论证，也需要标注。因此最关键的准
则便在这里：

当作者呈现的信息或呈现的方式具有独特性时，都需要
注明出处。

　　通过注明出处，你实际上是对作者的独特贡献做出认可。一字不差地引用句子或段落同样也要注明出处。引用的文字有其独特的形式，因此必须注明出处。有时甚至引用一个词也要注明，因为它可能会显示出作者论证的独特之处。

普遍知识

　　然而，对于大部分观点和思想，情况却并非这么简单。这些观点本身或其表述形式也许并无独特之处。因此，你可能会认为，尽管它们是从某个读过的资料中得来的，但使用时并没有注明出处的必要，这种看法似乎也是合情合理的。

　　这种认识的合理性在于，所有在公有领域内的知识，都是"普遍知识"，不需要注明出处。但这似乎只是给这个问题换了个名称而已，那么，什么是"普遍知识"？让我们回到之前所做的界定去看。普遍知识是那些没有确定作者或不是以特定方式阐释的事实、观点、意见等，它们可以是为人熟知的观点，或在词典、基础性教材、百科全书、年鉴等诸多普通参考资料中都容易找到的。

实践　练习 36

普遍知识

　　读下面的陈述，判断哪些是不需要注明出处的普遍知识。

　　1. 法国大革命开始于 1789 年 7 月。

　　2. 罗伯特·卡茨教授认为好的管理者需要的不仅是技术技能和人际技能，而且还有理念技能。

　　3. 34% 的记者认为政府的官方资料可信度不高。

4. 所有上市公司都有义务将账目呈交年度审计。

5. 量子力学研究的是粒子的运动和相互作用。

6. 在美国判了死刑并被处决的成千上万的人中，很多人远远没有达到不可救药的程度。

7. 由全球变暖引起的全球经济的大幅衰退将会达到 5% 至 20%。

8. 颈部侧面的颈动脉将血传输到脑部。

9. 爱因斯坦曾说："上帝不可捉摸，但他没有恶意。"

10. 超现实主义是 20 世纪在文学和艺术领域的一场运动，它旨在通过对梦的描述来表现人的无意识心理。

答案

属于普遍知识的有 1、4、5、8、10。

如果某一个特别的观点在该学科领域中为众人所熟知，那么即便它有特定的提出者，使用时也未必需要注明出处。如在政治学或社会学中，对马克思的"异化"概念，或康德的"绝对命令"，使用时就无须注明出处。但如果你使用的是某个作者对这两个概念之一的解释，那就需要注明了。

例子

以"范式"为例，它的意思是某个领域内起主导作用的理论为一门学科建立了认识结构，该学科领域的知识讲授及学科研究都在这个结构内进行。在 T.S. 库恩的《科学革命的结构》(1962) 一书中，"范式"首次被用作这个意义。现在，这个术语已广泛见于社会科学和哲学的各个领域，已成为这些学科内一个非常普遍的概念，使用这个术语时，一般都不会特别注明它出自库恩。

普遍知识还会表现为某种普遍的或为人熟知的看法。如果说你们国家大多数人都赞成承办奥运会或世界杯，在你看来这可能是毋庸置疑的，然而这个说法并没有相关的民意调查或全民公投来支撑。类似的看法还有，大家都认为老年人应该得到特殊待遇，比如免费乘车和就医。使用这一类普遍性知识的时候，一定要判断它为人所熟知的程度。这里的规则就是：如有疑惑，就注明出处。

> **普遍知识**
> 1. 参考资料里能够找到的为人熟知的观点。
> 2. 在某一特定学科内广为人知的观点。
> 3. 普遍的或为人熟知的看法。

六条规则

为了便于决定何时需要注明引用出处，可以参照以下简单的六条规则。这六条规则也值得粘在电脑屏幕边上或书桌前的提示栏里。不管放在哪里，要保证一眼就能看到它。

何时注明引用出处

1. **独特的观点**　当某一具体资料中的观点或看法具有独

特性时。

2. **独特的结构或组织策略** 即便观点是用自己的话表达出来，但如果作者处理问题的方法具有独特性，或观点反映了作者独特的智力结构，例如独特的论点或对概念的独特分析，就必须注明所引资料的出处。

3. **某一具体资料中的信息或数据** 如果从某一资料中收集到的信息属于事实、统计、表格、图形等，那么就需要注明出处，这样读者才能知道是谁收集到的信息，在何处可以找到这些信息。

4. **逐字引用的词语或段落** 即便只引用了一个词，如果它体现了作者论证的独特性，就需要加上引号并注明出处。

5. **不是普遍知识** 任何时候提到他人作品中的观点时，如果它并非广为人知，就必须注明出处，这样读者就可以循着注释找到所引资料。

6. **如有疑惑，便注明出处** 注明出处总不会有坏处。但不要为了博得评阅者的好感，认为可以用事实来换取分数，在这里就是用引用文献来换取分数，这是种错误的认识。

将疏漏的概率降到最低

不过，即便有这六条规则作为参照，并且出发点没有问题，仍有可能会有所疏忽，漏掉该注明出处的引用。大多数抄袭的例子很可能就属于这种无意之中的疏漏。这类问题的大部分解决方案可以在前面的章节中找到。

如何避免？

1. 合理安排，为写作赢得足够的时间

这样的疏漏通常都是由安排不当导致的。如果在交文章的前几天才开始动笔，做笔记和收集资料时就极可能会抄近路。这种情况下易将作者的观点和我们自己的混在一起，因此有些需要注明出处的地方就会漏掉。之前在第 19 章和 22 章中已讨论过如何合理安排时间，这是将抄袭的危险降到最低的最有效的方法。

2. 在你自己的组织与结构之下处理观点并用自己的话重写

在第 13 章，我们考察过积极处理观点的重要性。读过观点之后把它们记录下来时，不仅要去掉它们的原有结构，还须对它们进行批判与评估。这也可以将疏漏的概率降到最低。这样做不仅可以减少借用的信息量，更重要的是，还可以把这些观点与你自己的思想融合在一起，将它们置于你自己的独特组织和结构之中。

3. 仔细解析问题，用你的观点武装自己，避免被作者的观点左右

不过，在第一个阶段中可以看到，对观点的处理，首先依赖于对问题的解析。通过分析问题的含义，不仅可以显现出你知道些什么，还能显现出哪些问题你需要从资料中找到答案，从而避免被作者左右。用你的观点武装自己，就不太可能会对作者的观点全盘接受。

4. 在笔记中将借用的观点清晰地标出来

从资料中快速摘录笔记时，可以采用一些简单、实用的步骤来避免疏漏。最重要的一步就是在笔记中将借用的观点清晰

地标出来，和你自己的观点加以区分。比如，从资料中借用的部分如不用单独的纸张记录，或放置在不同的电脑文件夹中，你也可以用不同的颜色做出标识，这样会很有帮助。

5. 记录资料的细节，以提醒自己是从该资料中借用的

出于类似的考虑，同时也是为了在查找资料的细节时节约时间，在该页笔记的顶端记下文献标题、作者姓名、页码以及出版日期。这样当你根据这条匆匆记下的笔记想查找到它具体的引文或观点时，可以大大减轻压力，同时可以提醒自己是在使用某个资料中的信息。这些便是我们通常应做到的，即注意将我们自己的观点与资料中的观点分离开来，并将借用的信息精确地记录下来。

小　结

1. 抄袭就是将不属于自己的成果据为己有。

2. 在道德层面上，我们有义务对所用的资料进行标注。

3. 抄袭对学习而言不具有什么价值。

4. 如果作者提供的信息或所用的组织方式有独特性，则需要标注。

5. 用自己的结构和语言处理、重组观点，将抄袭的概率降到最低。

下一章提要

现在已经知道了如何避免抄袭以及如何判断哪些资料需要注明出处，下一步就可以学习标注的方法，以及如何汇编参考书目和参考资料列表，这些都可以提高文章对你以及你的读者

的价值。

注　释

1. 关于对资料的参考和抄袭最有用、最全面的阐释请见 Gordon
   Harvey 的 *Writing with Sources: A Guide for Harvard Students*
   (Cambridge, Mass., 1995) 一书。书中对参考和抄袭所提出的
   极富洞察力的区分对我有很大的启发。参见以下网站：http://
   www.fas.harvard.edu/~expos/sources。此外请参考另外两部麦克
   米伦出版的优秀著作：Richard Pears 与 Graham Shields 的 *Cite
   Them Right*，以及 Kate Williams 与 Jude Carroll 的 *Referencing
   and Understanding Plagiarism*。

2. *Greats Handbook* (Oxford: University of Oxford, 2000), p.42.

3. Jan Regan, *Essay and Report Writing: What is Expected of You*
   (Lismore: Southern Cross University, 2000), p.9.

第 36 章

引用与参考文献

在本章将学到：

- 各种引用的方法；
- 如何创建引用文献列表以及参考书目；
- 如何对未直接引用的资料做标注。

至此，有关文献资料最难做出的判断，我们已经讨论过了，接下来的问题就简单一些了。现在我们要看的是如何引用每一条文献，以及如何列出所用文本的细节。

不同的引用体系

对于引用文献的方法，有不同的体系。每一种都如同宗教信仰般地坚守自己的规则惯例。有些体系里坚持用逗号的地方，另一些体系里用的却是分号。很多体系里，文献的出版日期应放在不同的地方，如果位置没放对，那可就令人错愕了。所以，要和你所在的院系确认，看他们期望你使用的是哪种体系。你可以查询课程指导或类似的东西。如果找不到，问问指导老师。

大多数指导老师并不介意你使用哪种体系，只要这种体系能够满足三个最主要的目标：清晰、准确、一致。提醒自己注明引用出处的原因：首先，对提供给你观点的作者表示感谢；其次，给你的读者清楚而充分的细节信息，便于他们查找确定的文献。为了使引用的细节正确且前后一致，使用引用软件会很有帮助，比如 *RefWorks* 或 *EndNote*。

- 三个目标：清晰、准确、一致。
- 标注的目的：致谢材料提供者，为读者查找文献提供充分的细节。

脚注或尾注体系

这个体系最为简洁，可能大家也最为熟悉。文内的每一处引用都用数字标出，数字指向的或是页末的脚注，或是文章最后的引用列表。除了简洁之外，这种体系最大的优点在于它不会打断文章。而其他体系则会将引用的细节加进文本之中，使文本显得杂乱，当你阅读时，也会打断思维的流畅性。而且，脚注或尾注还有一个优点，即大多数文字处理程序都会自动创建尾注或脚注并将它们放在对应的位置上。

脚注

做脚注时，缩写作者名和文献名是很普遍的做法。有两种方式可供选择，但是这里的建议和之前相同：选择一种体系并一直使用——要保证一致性。你可以在第一次引用时写出文献全称，之后使用缩写，或采用哈佛体系，或者叫"名字—日期"体系。如采用这种方式，你需写出作者的名字、出版时间以及相关页码。在任何一种情况下，所有被引用的文献名称的细节都需要在引用文献列表和参考文献中出现。

缩写体系

在这种体系中，首次注出引用文献，可用以下形式：

P. Rowe, *The Craft of the Sub-editor* (Cambridge, 1997), p. 37.

再次注出同一本书时，可用以下缩写形式：

Rowe, *The Craft*, pp. 102-3.

引用期刊文章可用以下形式：

Brian T. Trainor, 'The State, Marriage and Divorce', *Journal of Social Work*, vol. 9, no. 2 (1992), p. 145.

再次引用该文章可用以下缩写形式：

Trainor, 'The State', *JSW*, pp. 138-9.

哈佛体系

在这种体系中，这些文献可以用以下形式：

Rowe, 1997, p. 37.

Rowe, 1997, pp. 102-3.

Trainor, 1992, p. 145.

Trainor, 1992, pp. 138-9.

尾注

这是三种体系中最简单的一种。文本中嵌入的数字指向文后文献列表中对应的数字所标识的那一项。与脚注的情形一样，重复使用的文献可以用缩写形式，但在尾注中，有三种普遍使用的拉丁文缩写形式。初次使用时，这几种缩写看起来可能有些神秘莫测、令人生畏，但使用一两次之后，你就会发现它们可以节约很多时间和精力。

比如第一次使用一个文献时，这样写：

1.P. Rowe, *The Craft of the Sub-editor* (Cambridge, 1997), p. 37.

隔几个文献之后，你可能会再次用到这个文献。这时候，你可以用拉丁文缩写"op. cit."，意思是"在上述引文中"（in the work cited），而不需要重复前面已经给过的文献细节。比如这个文献又出现在第五条引用中：

5. Rowe, op. cit., pp. 102-3.

如果在下一条引用中再次用到这一文献，那么就可以用另一种拉丁文缩写"ibid."，意思是"同一出处"：

6. Ibid., p. 84.

再比如，下一条引用的是该文献同一页码的引文，那么在"ibid."之后，用拉丁文缩写"loc. cit."，意思是"引文出处及页码同上"。

7. Ibid., loc. cit.

文内注

文内注与第二种形式的脚注一样，使用哈佛体系，但将作者名、出版年份、引用页码放在括号内，置于文中引用的材料之后。然后在文章最后列出所有引用的文献，在那里将会找到前面所有以缩略形式出现的被引文献的细节。

有时，你可以根据具体情况将作者的名字放在正文内，括号内只出现出版年份和页码。下面的例子可以显示不同的标注形式。

也许，艺术家需要有一种反抗压迫性政权的政治意识，这样才能在自己所痛恶的社会和政治现实中留下自己的印迹。出自西奥多·罗特克的诗歌：《黑暗的日子里，眼睛开始看见》（1966, p. 239）。

也许，艺术家需要有一种反抗压迫性政权的政治意识，这样才能在自己所痛恶的社会和政治现实中留下自己的印迹。毕竟"黑暗的日子里，眼睛开始看见"（Roethke, 1966, p. 239）。

如罗特克（1966）所说，艺术家也许需要有一种反抗压迫性政权的政治意识，这样才能在自己所痛恶的社会和政治现实中留下自己的印迹。毕竟"黑暗的日子里，眼睛开始看见"（p. 239）。

阐释

如果对某作者的话进行阐释，那么只需要注明作者名和出版年。例如：

某些降低大脑血清素水平的饮食似乎会增加人的攻击性。在历史上，饥荒时期，以及碳水化合物和蛋白质摄入缺乏现象，都与犯罪和暴力的显著增加联系了起来（Valzelli,

1981）。

瓦莱利（1981）认为，那些降低大脑血清水平的饮食，似乎会增加人的攻击性。在历史上，饥荒时期，以及碳水化合物和蛋白质摄入缺乏现象，都与犯罪和暴力的显著增加联系了起来。

如果所引用的材料来源于同一作者的不同文献

这种情况下，按照时间顺序排列文献来源，用逗号隔开。例如：

无家可归的人数出现增长，原因是立法发生变化，以及货币政策紧缩，使利率在两年内翻了一番（Williams, 1991, 1994）。

如果一个作者在同一年出版了一项成果以上

这种情况下，在出版年后用小写字母标出以区分。例如：

威廉姆斯 (1994a, 1994b) 指出，利率的增长无助于遏制货币贬值，且严重损害了从事出口业务的公司的利益，并让更多人的房屋被收回。

如果一个文献有不止一个作者

如果一个文献有两个或三个作者，标注出他们的姓，用逗号隔开，在最后一个姓之前用"and"。例如：

　　最新的证据显示，20 世纪 50 年代观影人数减少，最大的原因并非来自电视，而是由于财富的增加和人口流动的加剧（Brown, Rowe and Woodward, 1996）。

　　计算机分析显示，英语中使用频率最高的一百个单词都来自盎格鲁－撒克逊语，甚至 1969 年人类登上月球时说的头几个字也是如此（Lacey and Danziger, 1999）。

如果作者超过三个，在首次标注时注出所有作者的姓，如：（Brown, Kirby, Rowe and Woodward, 1991）。但再次引用时，只需注出第一个作者的姓，后面加上"et al."，即"以及所有其他人"（and all the others），例如：（Brown et al., 1991）。

如果一作者引用了另一作者

这种情况下，如果要使用被引作者的评论，需要将两个作者都写出来，但只需在参考文献中列出被你引用的文献的作者信息。例如：

　　马斯特斯概述了近年来关于攻击性的研究，这些研究认为当一个人的攻击性被人为地刻意遏制时，这个人就会变得危险。马斯特斯（1997, p. 37）引用了安东尼·斯托尔的一句话："攻击性如果受到压制和剥夺，就容易转化为危险的暴力行为。"

安东尼·斯托尔（引自 Masters, 1997, p. 37）认为：“一个人的言行方式如果得到社会的承认和接受，很少会存有恶意。最可能在背后伤人的一般都是身处弱势的人。”

如果同一观点分别由多名作者提出

这种情况下，作者姓按字母顺序排列，用分号隔开。例如：

一个孩子如果在幼年时期得不到父母的爱，父母所持的标准就不会融入他的行为之中，他的道德意识也不能得到培养（Berkowitz, 1962; Farrington, 1978; Rutter, 1981; Storr, 1972）。

非直接引用文献的标注

结束文献引用部分之前，还有一类文献需要考虑如何标注。我们最好的想法有时来自和朋友、同事以及指导老师的讨论。很多讨论都是非正式的，期间某个观点可能会激发你的想象，或者你对指导老师提出一个探讨性的观点，老师会向你展示如何进一步发展这个观点，而老师所说的是你之前从未想到过的。或者，你的观点可能会来源于某个讲座中的一个评论或一个例子，它们为你揭开了之前从未发觉的多种可能。再或者你的灵感可能来自读过的一本小说，或来自等人时为打发时间而浏览的一篇文章。

所有这些都对观点的激发、成形起到重要的作用。因此，如果它们意义重大，就该想想是否需要对其做出标注。如果这是一种广泛意义上的帮助，如它在你一开始思考问题时给了你启发，或者为你展示了文章相关问题的一种解决方法，那么就在题目或中心论点处标上引用数字，然后在该页的底部或者尾注的第一行注出观点来源。如果需注明的是文中多个要点之一，那么对该要点的标注就可以放在脚注或尾注的中间部分。

下面是这类标注的例子，当然，对所获得的帮助需要做出标注的类型几乎是无限的。

我尤其要感谢戴维·多克里尔博士，这部分关于变体论的很多观点都得益于他。

我对意向性的理解在很大程度上受到我与乔·明托夫博士的讨论的影响。

约翰·赖特博士对这篇文章初稿的批评让我获益良多。

囚徒困境这个例子来自 C. A. 胡克教授，2000 年第一学期在纽卡斯尔大学的商业价值课上，他用到了这个例子。

参考文献与引用文献

文章最后，常常需要给出参考文献与引用文献，不过有的文章只需给出引用文献。引用文献只包括你在文章中提到过的文献，而参考文献则包含所有对你的文章提供过帮助的文献。

后者对你和你的读者都很有帮助。你以后可能会重新审视文章中的某些要点，或想就某些观点进行展开与扩充。参考文献的目的是以最清晰的方式告诉读者你用过什么资料，因此不要为了让读者佩服你而有意扩大它的范围。不过，让参考文献尽量体现出综合性，无疑对以后的作业是有帮助的。如有需要，将它分为主要材料与次要材料。主要材料包括政府报告、统计、研究资料、历史文献、原始文本；次要材料包括书、文章、学术文章，它们的作用一般是对主要材料做出论述或对其进行解释。

为什么要做参考文献列表？

- 因为你以后可能会想对文章中的某些观点进行拓展。
- 向读者指明你用过什么资料。

如果从一开始你的工作就有条不紊，那么参考文献列表做起来就很容易。但如果你并未仔细地对参考的资料做记录，那就可能会像噩梦般可怕了。养成做笔记前先在页首记下资料细节的习惯，或在索引卡系统中专门为参考文献留出一个区域，这是更好的做法，那样制作参考文献列表就变得简单得多。

一个文献只用一张卡片，记下你所需要的所有细节。你会发现，如果将你对文献的印象也用一两句话记录下来，对你以后为其他文章查找资料会很有帮助，因为这个文献到时候可能会派上用场。你的感想很快就会忘掉，因此一旦读完文献，立刻记录下来，这会让你确切地知道它的用处有多大，以及以后可以怎么用。

制作引用文献列表

无论是制作引用文献列表还是参考文献列表，如前所说，一致性是关键。文献列表的编纂方式有很多，但只要遵循某种顺序，就不会有问题。下面将看到引用方法中最常见的一种。
编纂列表时，文献按照作者姓的字母顺序排列，如同一作者名
下有不止一本书，那么按照时间顺序排列。

- 书籍或其他独立出版物：作者名或名字缩写、作者姓、
  文献全名（斜体或下划线）、出版地、出版社、出版时
  间（后三项放在括号内）。如果使用的是某出版物的较
  新版本，则注明初版的时间。
- 期刊文章：作者名或名字缩写、作者姓、文章名（放在
  引号内）、期刊名（斜体或下划线）、期刊卷号（如按卷
  号出版）、出版时间（如卷号已给出，则放在括号内）、
  文章的页码。

当然，在制作引用文献列表时，如果用的是尾注形式，那
么你还需要标注出引文的页码，从而能够定位你使用的段落或
引用部分。

实践 练习 37

制作引用文献列表

用上面列出的引用方法，将下列文献编辑成一个引用文
献列表。

完成编辑后，将你的列表与后面的答案相比较。

文献列表：

1. 作者：R. E. Robinson and J. Gallagher
   书名：*Africa and the Victorians: The Official Mind of British Imperialism*

出版社：Macmillan

出版时间与出版地：1962, London

2. 作者：Peter Singer, ed.

书名：*Ethics*

出版社：OUP

出版时间与出版地：1994, Oxford

3. 作者：Charles Darwin

书名：*On the Origin of Species*

出版社：John Murray

出版时间与出版地：1859, London

4. 作者：Leo Alexander

论文标题：Medical Science under Dictatorship

期刊名：*New England Journal of Medicine*

卷号：241

出版年份：1949

论文页码：39—47

5. 作者：Peter Singer

书名：*The Expanding Circle*

出版社：OUP

出版时间与出版地：1981, Oxford

6. 作者：Allen Wood

标题：Marx against Morality, in *A Companion to Ethics*, ed.
Peter Singer, pp. 511–524

出版社：Blackwell

出版时间与出版地：1994, Oxford

7. 作者: Peter Curwen

　　论文标题: High-Definition Television: A Case Study of
　　Industrial Policy versus the Market

　　期刊名: *European Business Review*

　　卷号: vol.94, no.1

　　出版年份: 1994

　　论文页码: 17—23

8. 作者: John C. Ford

　　论文标题: The Morality of Obliteration Bombing

　　期刊名: *Theological Studies*

　　期刊出版年份: 1944

　　论文重载刊卷名: *War and Morality*

　　主编: Richard A. Wasserstrom

　　出版时间与出版地: 1970, Belmont

　　论文页码: 1—18

9. 作者: Peter Singer

　　书名: *Practical Ethics*

　　出版社: CUP

　　出版时间与出版地: 1979, Cambridge

10. 作者: Geoffrey Parker

　　论文标题: Mutiny and Discontent in the Spanish Army of
　　Flanders, 1572–1607

　　期刊名: *Past & Present*

　　卷号: vol. 58

　　出版时间: 1973

论文页码：38—52

答案

1. Leo Alexander, "Medical Science under Dictatorship", *New England Journal of Medicine*, vol. 241（1949）, pp. 39–47.

2. Peter Curwen, "High-Definition Television: A Case Study of Industrial Policy versus the Market", *European Business Review*, vol.94, no.1（1994）, pp. 17–23.

3. Charles Darwin, *On the Origin of Species*（London: John Murray, 1859）.

4. John C. Ford, "The Morality of Obliteration Bombing", *Theological Studies*（1944）; reprinted in Richard A. Wasserstrom（ed.）, *War and Morality*（Belmont, 1970）, pp. 1–18.

5. Geoffrey Parker, "Mutiny and Discontent in the Spanish Army of Flanders, 1572–1607", *Past and Present*, vol. 58（1973）, pp. 38–52.

6. R. E. Robinson and J. Gallagher, *Africa and the Victorians: The Official Mind of British Imperialism*（London: Macmillan, 1962）.

7. Peter Singer, *Practical Ethics*（Cambridge: Cambridge University Press, 1979）.

8. Peter Singer, *The Expanding Circle*（Oxford: Oxford University Press, 1981）.

9. Peter singer (ed), *Ethics*（Oxtord: Oxford Univrsity Press, 1994）.

10. Allen Wood, "Marx against Moraliy", in *A Companion to Ethics*, ed. Peter Singer（Oxford: Blackwell, 1994）, pp. 511-524.

任务 12
引用文献列表与参考文献列表

　　上面的练习完成之后，为你在前面任务里所写的文章制作引用文献列表和参考文献列表。

小　结

1. 无论选择哪种体系，保证引用方法清晰、准确、一致。

2. 如有非直接引用的文献曾有效地激发你的观点并帮助其成形，考虑是否需要注明。

3. 记住，你的参考文献不仅对你的读者有用，而且对你以后的任务也有帮助。

4. 尽管无须为了给评阅者留下深刻印象而扩大参考文献范围，但为了自己写作之便应让参考文献尽量具有综合性。

下一章提要

　　文章已经写完，引用文献与参考文献列表也已经做完，现在该把它们放一放了，一两天之后再带着新的想法回来修改。

　　但在进入修改阶段之前，先看一种写作形式，它对学生提出的挑战是他们在之前的常规写作中未曾遇到过的。这就是反思性写作，现在越来越多的课程将这种写作形式作为评价体系的一部分。下一章我们将看到它会引起什么问题，以及写这种文章的最好方式。

注　释

1. 关于这些体系详尽的解释，请参考 Gordon Harvey, *Writing with Sources: A Guide for Harvard Students* (Cambridge, Mass., 1995)。

   网址链接：http://www.fas.harvard.edu/~expos/sources

第 37 章
反思性写作

在本章将学到：
- 如何为反思性写作构建结构；
- 如何分析你的反应，从而识别出有意义的部分；
- 反思性写作与常规写作在风格上的区别。

如今，越来越多的课程都开始要求学生对他们的学习和专业实习经历做出反思性思考，并进行相关写作。以前，我们所接受的教育和训练都在告诉我们一件事情：有用的知识唯一的来源就是理论性、学术性的研究，我们以后将在自己的专业生涯中应用这些知识。然而，近些年来，人们逐渐意识到实践性知识的重要性，当我们调整自己学到的东西以适应特定任务和环境的要求时，实践性知识就在我们的思维模式与行为模式中反映出来。

值得记住的一点是，我们任何方面的知识与专业技能都不是被动的，也不是简单的一整套应用性模板或规则，而是动态的，不断地根据所使用的环境做出调整以更好地适应环境。这一点要做好，就需要对我们所学到的东西做出反思。

反思性写作指的是什么？

反思性写作与普通形式写作最大的区别就是它的个人性。你可以以自己对某事的反应来进行深刻反思：你对它的想法和感受是什么。这是一种自我监控形式，能够让你获得一种自我认识与意识，它们和第18章讨论记日记与做笔记时谈到的那种自我认识与意识属于同一类型。这类写作的对象就是你的个人反应，而不是你为写文章而读到的文献和收集到的论据。你可以就以下方面进行反思：

- 你的某种行为
- 你的某个决定
- 你实习期间发生的某件事
- 你独立或与他人合作完成的一个项目
- 想法 —— 你认为特别有趣的某事物
- 物品 —— 一件艺术品或一座现代建筑

对这些进行反思，能够反映出你自己的反应，以及你从中学到了什么。因此，选择那些能给你学习机会的事物进行反思。它可以是你实习期间进展很好的一件事情，或者一件未按计划进行的事情。你的目的是既反映其优点，也揭示其缺点，同时还揭开你自己对它的感想和焦虑。

结　构

为了发现你学到了什么，问自己一些简单的常规性问题，并围绕问题组织答案。你所在的学院可能会要求你在写作中遵循某种结构，但如果没有这方面的要求，以下结构或许会对你有用：

1. 描述

2. 分析

3. 结果

4. 评估

5. 我学到了什么？

描述

一个最常见的错误是在描述上花费太多时间。为了避免这种错误，可以通过列出关键性事实为自己想写的东西做出规划。这些关键性事实能够解释我们所需知道的一切。按照一定的顺序排列它们，使它们能够形成最清晰、最合乎逻辑的解释。尽管有些情况下并非以下所有问题都能用得上，但问问自己：

1. 它究竟是什么——物品、事件、项目、决定、想法、问题？

2. 什么时候发生的？

3. 有谁参与？

4. 究竟发生了什么？

5. 如何解决的？

6. 它为什么重要？

例子

实习老师——一堂历史课

"这是我所讲的第一堂课。教学计划是这样的：课间休息前的一个小时由我讲，休息之后的一个小时由这门课的常任老师讲，他同时也负责观察我的课堂。那个周五上午的话题是两次大战期间英国的经济政策，我决定讲一讲金本位制及其影响。这门课的学生是重返校园的成年学生，要获得的是普通中等教育证书（GCSE）。指导老师提醒我这个话题的难度太大了，因为这些学生对自己的学习状态仍然没有把握，对自己的能力缺乏信心。"

在上面的例子中，这个学生解释了这是什么事件，它发生于什么时候，有谁参与了这个事件，以及什么使这个事件重要，但没有对发生了什么进行分析。

实践　练习38
写出你的描述

现在来想一下让你学到了很多东西的一个事件、一个项目或一种想法。然后，在一百字之内对它加以描述，包括所有有助于我们清楚地了解它的细节。省略掉所有非描述性成分：分析、批评以及评价，这些东西在后面再写。这一步看起来不难，实际则不然。作为开端，首先列出所有重要因素。列出之后，将它们组织起来，写成一段清晰、符合逻辑的描述。

分析

在这一部分，你需要处理列出的这些事实，根据你的感受将它们分解为一个个关键性特征。将这些特征分为两部分——

你当时是怎么想的以及你现在是怎么想的——会很有帮助。比如你要分析的是一件艺术品，那么就是你第一次看到它时感受如何，现在感受又是如何。

任何分析过程中最重要的一点都是把握距离。这样，在讨论你的感受和反应时，就能够做到冷静呈现。你的目标是从自己的反应和感受中提取最大的意义。你应该已经知道为什么你认为这是重要的，否则一开始就不会选择它作为你的主题。但为了帮助你看到更多，可以探寻以下内容：

要素：我对某种情形的反应中，包含了多少不同的要素；在做出决定时，必须将多少不同的事情考虑在内；我对那件艺术品的反应中，有多少不同的层次。

联系：它与我所处理过的其他事件、项目、观点有多相似或不同。

意义：为什么选择它而非其他类似事件，它有什么独特之处，能够影响我的决定。

例子

实习老师——一堂历史课

不久后，我就意识到学生们担心自己理解不了，很紧张。这可不在我的计划之内。面对着这么多困惑迷茫的面孔，我比他们还要紧张。导师曾告诫我黄金律对他们而言难度过大，现在我对这一点也更担心了。不过我发现，先前在备课的过程中，将它的工作原理简化成非常熟悉的术语是多好的主意。这种做法看起来起效了，学生们逐渐开始放松。接下来让我倍感欣慰的是，他们开始提问，这就意味着他们对状况越来越有信心了。

结果

在这一部分，你要考察的是事情是如何解决的：你是怎么回应的，别人又是怎么回应的。例如，你当时正在处理一个问题，那么这个问题是如何解决的，别人是如何对解决方案做出回应的。

例子

实习老师 ——一堂历史课

课后，导师看起来很高兴，因为这堂课上得挺顺利。但我意识到，在以后的备课过程中，必须要对学生的感受和反应有更多的考虑。面对整个班时，我自己的恐慌感也让我意识到必须要有清晰、简单的授课计划作为指导，否则这种恐慌很容易将我置于一种迷茫的境地，不知道要怎么做才好。

评估

你对所选的写作对象已经进行了思考，这一部分的目标是批判性地评估你的处理方式，以及你对它有何反应。你可以问自己在这件事情的经历中，好的方面是什么，不好的方面是什么，是否有可能原本可以做得更好。和分析一样，这个工作要求你保持距离感，冷静地去做。因此，你需要养成处理以下两个关键问题的习惯：

1.情况或问题的处理方式

思考有哪些方法可以解决这个问题。这可能需要你做出理论层面的反思，你或许需要回忆起你曾经阅读、讨论过的一些作品。解决问题的不同方法勾勒出来之后，问问自己是否还有比已选的更好的方法。

2. 解决任务过程中扮演的角色

如果任务中涉及与他人合作，那么各自的角色是否界定清晰，任务分配是否达到最佳，你和其他人是否还可以将自己的作用发挥得更好？

例子

实习老师——一堂历史课

实习老师必须批判性地评估自己、指导老师以及整个班级是否都有效地发挥了自己角色应有的作用。他可能会得出这样的结论：这次的课堂效果很好，学生有很好的回应，预计将来也可以如此。他可能会觉得导师对他的告诫非常有用，将来的课堂上应该对这类忠告给予更多关注。

我学到了什么？

最后一部分的质量取决于你在前几部分中所做的工作。如果你能超越个人的、主观的感受，很好地分析自己的反应并做出批判性评估，那么你就会对自己需要从经验中学到什么宝贵知识有更清楚的了解。向自己提这样几个问题：

1. 将来如果想以不同的方式处理事情，我需要学习什么？

2. 哪些事情可能会有助于得到一个更好的结果？

3. 这个问题起初为什么会出现？

你可能会用到课上讨论过的一些作者的分析和视角，这样可以使你的观点超越个人层次。

例子

工程专业学生的小组项目

这个项目中，学生需要用不同的技术为一个工程问题找到解决方法。

"在这个项目中，我学到的最有意义的事情就是，在一个小组中，只要没有受批评的压力，有提出观点的自由，一个人就可以发挥出非常大的创造性。但另一方面，要处理好所有的观点，使结果最优化，难度也是非常大的。现在我认识到，只有好的观点是不够的，必须有人能够很好地领导这个团队，克服困难做出决定，分配什么人承担什么任务，并确保每个人都承担自己愿意承担的任务。"

反思性写作与常规写作风格的差异

无论是在反思性写作还是常规写作中，你都是要陈述你自己的观点，做出你自己的论证。然而，在常规写作中，也许你最好能将自己隐藏于匿名的面纱之下，避免使用"我""我的""我们"这样的人称代词。但是在反思性写作中，这样的伪装是不太可能存留的。你不能隐藏这样的事实，即这些观点、论证、反应、感受都是你自己的，你不能编造出一些匿名的作者。因此，这类写作的风格可能会更个人化，更显主观性。

这意味着可以使用人称代词。但除此之外，其他反面都类似。在这类非正式文体中，你谈论的是你自己的反应和感受，因此可能会不知不觉中倾向于使用给朋友写信或与朋友聊天时所用的语言。因此，要确保避免使用以下这些：缩略语、口语、空洞的套话、不完整的句子、结构松散的段落。

记住，你写的东西会给导师看。你的目标是清楚地表达意思，不产生任何造成困惑的危险。描述事物时不要使用类似于"很棒"这样的口语，明确自己的想法（什么样的"很棒"）：确保你明确知道自己要说什么，然后找到可以清楚表达它的最合适的词语。在你的写作中，切记：

如果留下质疑的可能，也就留下了丢分的可能。

从反思性写作中获取最大收益

可以看出，反思性写作是这样一种练习：它让你从自己的学习经历中，在别人的帮助下，比如在经验更为丰富的导师的帮助下，从旁观者的角度获取宝贵的经验。但要想从中获得最大的收益，需要调动你所有的专业能力，对你的经历做出深刻反思。质量很低的反思性文章往往不能有超越个人、超越主观层面的提升，因此也就看不到那些宝贵的经验了。

小 结

1. 对我们学习经历的反思是一种非常重要的知识来源，它能够让我们学会调整自己所学到的知识，以满足所面临的要求。

2. 为了让反思呈现在一个有效的、有逻辑性的结构中，需要有一组简单的常规性问题供我们回答。

3. 成功的反思性写作需要我们超越个人层面来对自己的反应进行分析，揭示其意义。

下一阶段

下一阶段要学习的是，在修改时怎样才不会扼杀你最富有创造性的观点，也不会破坏文章的流畅性。你会看到，修改的作用非常大，它能够通过对文章的润色，将一篇还算不错的文章提升为有趣且发人深思的作品。

第5阶段 修 改

引 言

现在，文章已经完成，你会意识到在这个过程中，最困难的事情之一就是一边不停地提醒自己要记着那些能帮助你提高写作的要点，一边又要尽量自由地写。解决这个问题的关键就在于将作者角色与编辑者角色分开。

作者角色与编辑者角色

在这一阶段，你将学会这两种完全不同的技能，而不用担心它们之间会互相介入。这进一步说明了为什么要将写作明确地分成几个不同的阶段。将写作阶段与修改阶段分开，会让我们在写作的时候解放出来，不需要顾虑是不是能够一口气将文章的最终版本完善地呈现出来。知道文章的润色工作可以放在后面再做，写作就可以更有创意。这样可以让我们的观点自由流淌，让思维在各种观点之间做出对比，探讨它们之间的种种联系，从而让文章更具力度。

不过，要想有效地做到这一点，就要学会将重心从作者角色转移到编辑角色，而不损害观点的最佳呈现。那些在规划和写作之初就吸引我们投入其中的观点，我们能够看到它们的深厚意义，它们也极有可能吸引我们的读者。因此，编辑的过程中，要学会如何避免扼杀这些能够抓住读者并激发他们思考的观点。

为了使修改变得简单一些并更易操作，记住这一点，要带着目的去编辑：将编辑任务分批分次，清楚地制定相应的策略，而不是试图将所有的修改工作都同时进行。为了将这一点说得更清楚，在后面的章节中你将看到五步修改策略，其中，前两步针对的是文章的结构问题，后三步针对的是内容问题。

- 要想流畅地写作并拥有创新性观点，就必须将作者角色与编辑者角色分开。其中的关键在于将写作与修改分开。
- 必须确保修改时不会扼杀最有深度的观点。
- 要做不止一次的修改，每一次都有不同的修改任务。

结构

第一次修改中，你将要关注文章中是否有些地方表述不够连贯，导致读起来不够流畅，重点不清，节奏也有问题。这类问题解决之后，进入第二次修改，你要关注的是结构方面的问题，比如引言、结论、文章的逻辑构架以及论点与论据之间的相关性。

这两次修改完成之后，你可以清楚地看到这些修改对你的文章会有什么样的影响。通过使用清晰的主题句和恰当的过渡词，文章的各个段落与引言部分紧密相连。原来的文章也许是松散的观点列举，如今则是一个结构紧密、衔接自然的作品，让读者在阅读中不会有迷失的危险，每一个论点也都能够成为得分点。最后，如果你的文章能够恰当地收拢于结论之中，且结论能够回应引言中提出的问题，那么读者就能发现，你不仅能够做到有始有终，而且文章中的所有内容都被安置到了合适的位置。

接下来，你会看到如何修改论据，让其发挥最大的作用。如果论据足够相关且类型丰富，你可利用它们改变文章的节奏和内容，增加文章吸引力。如果你所使用的论据能引导读者自己去发现问题，那么他们在读你的文章时就会更有参与感。在读的过程中，他们的情感被激发出来，并能感同身受，从而为你的论点添加你在文中未曾言明的支撑。不过，要确保你的论据能发挥出实际作用，不要让读者陷于过量的论据中。

结构

1. 读起来是否流畅，重点和节奏是否恰当？

2. 引言、主体段落、结论是否有效连接，形成一篇结构紧密、衔接恰当的文章？

3. 论据是否发挥了有效作用？论据是否让文章的节奏产生变化并让读者参与其中？

内 容

最后的三次修改主要关注的是找出那些会模糊语义的词句，删去它们。否则，思维的明晰性会受到影响，读者因此会产生理解上的困惑。删去这些词句，文章中所有的词就能够发挥其最大的作用，而不会遭到遮蔽。它们会更加突出，对读者产生更大的影响，引导他们去思考。

在上一个阶段中，我们已经看到，明白该去掉什么和明白该包括什么同样重要。作品的可读性与我们删除的多余文字的数量成正比。因此，在修改中，我们的目标就是用强有力的名词和动词来承载最大的意义，而不是用成堆的形容词、副词、介词叠加累积。删去不必要的词语，用较短的词句代替过长的词句，判断哪些句子用主动语态会更好。如此我们的文章不仅会更清晰、简明，而且会更为直接。

内容

1. 是否删除了所有会模糊关键论点的词句？

2. 是否用强有力的名词与动词来承载语义？

3. 是否通过替换掉过长的词句增加了简洁性？

4. 是否所有适合用主动语态的句子都用了主动语态从而使文章更直接、更简明？

第 38 章

保存最佳观点

在本章将学到：

- 修改的重要意义，它会让你更具创造性；
- 如何将重心从作者角色移到编辑者角色，且不损害最佳观点；
- 五步修改法如何让修改变得简单而有效。

更有效地思维

相当多的学生尚未意识到写作的成功在很大程度上取决于修改阶段。当文章的最后一个句号重重地在纸上写下时，一些人会如释重负，长舒一口气，感叹文章终于大功告成了。除了草草检查一下拼写之外，他们不会考虑其他修改工作。

然而，即便不考虑其他好处，修改阶段至少可以让我们解放出来，无用承担必须一口气写出一份完美终稿的压力。知道了润色的工作可以放在后面再做，写作时就可以更有创意，观点可以自然流淌出来，思维可以自由地建立各种逻辑联系、进行种种比较，让文章更有感染力。

修改可以解放我们，让我们的写作更有创意。

　　这种好处是与文字处理器的发明同步的。在现代家庭电脑和文字处理软件包发明之前，如果你不想将整个文章重打一遍，就不得不将文章的终稿一遍就打出来。这意味着富有创意的观点不能连续流淌出来，因为你不得不时时停下来纠正错误，还得为寻找最恰当的词停顿下来再三斟酌，此外还得考虑拼写的正确。

　　如今，有了文字处理器，就可以将这一工作分离出来，放在写作阶段之后。我们先在写作阶段之前分出了规划阶段，就已经将写作中最困难的两个步骤分离：一方面思考观点并按照一定的逻辑顺序安排这些观点；另一方面，为精确地表述观点选择合适的词、短语、句子结构。现在，我们将再多走一步：将展开观点与选择词语和检查拼写完全分离。你甚至无需为句子结构和标点符号担心太多，这些都是后面可以解决的问题。

- 将文章写作分离成几个部分，可以让我们一次只解决一项任务。
- 我们可以充分发挥自己的创造性，无需顾虑能否一遍就将终稿完成。
- 如今，有了文字处理器，我们可以再多走一步，将选词与展开观点分离开来。

解放观点，释放创造性

　　将写作任务做如上分离，你就可以发挥更大的创造性，你自己的观点也能够得到更多使用。你会惊讶地发现，很多观点如此富有洞察力，充满智慧。许多学生第一次做这样的尝试时，都会有这样的体会。

我们都有用传统方式写作的经历，如用纸笔或手动打字机。经常遇到的一种情况是，观点像一股激流喷涌欲出，却纠缠于词语选择之中找不到出路。你的思想会建立各种联系、分析问题、综合论点与论据、做出种种有趣的对比，这些你都想方设法要留住然后加以运用。然而，你一方面想记录下观点，另一方面还得竭力搜寻最合适的词语，同时要保证拼写正确。这时，你却发现观点消失了，而其他的想法此时就会出来取而代之，但这些想法同样也是转瞬即逝的。

和思维的飞速运转相比，记录的速度是远远不够的。在解析问题阶段，我们曾将图式笔记与线型笔记相比来突出其优势。将文章的写作分成不同的阶段，并使用文字处理系统，这和图式笔记有相似的优势：这是一种能跟上思维运转的有效记录方式，能够让创造性得到更充分的发挥。

> 思维产生观点的速度比我们记录的速度快。

修改也是一样。这个阶段的重要意义在于它可以将你解放出来，从而在写作阶段将重点放在观点本身，放在创造性地使用语言之上。如果出现语法错误、拼写错误或者句子结构问题，用不着担心，因为你可以在后面的修改阶段再处理这些问题。

冷处理

将自己的角色从写作者转移到编辑者，重点发生了转移：

从将观点转换为语言这一创造性活动转移到另一个自我意识更强的任务上，即将重点放在词、短语以及句子结构的使用方式上。你内在的编辑者角色应该问这样的问题：这个听起来怎么样？流畅吗？从论点的一个层次到另一个层次的转换符合逻辑吗？有没有哪些部分需要更多的论据或进一步的展开？

> **写作者**　将观点转换为语言的创造性活动。
> **编辑者**　自我意识更强，重点关注词、短语、句子结构的使用方式。

记住这一点，你便可以让自己的角色实现从写作者到编辑者的转换，也是从艺术家到工匠的转换。这个工作的第一步便是将文章放在一边，给自己留出一个冷却的时间，至少一天，这样编辑者角色才能浮出水面。并不是要求你在自己和文章之间刻意制造出客观性，那样会有损你在规划和写作阶段在观点中发现的丰富内涵。这些内涵吸引了你全身心投入写作，也极有可能同样地吸引你的读者。因此，如果采用一种客观的、冷静的思维方式，你可能会扼杀掉最能抓住读者并促使其思考的东西。

不过，认识到这些危险的可能性之后，还是要尽量站在评阅者或读者的角度，以他们的视角去处理你的作品。你期待用作品去感染读者，那就首先让自己能感受到文章的创意和感染力。

> 修改不需要客观，客观性会扼杀掉那些能抓住你和你的读者的东西。

带着目标修改

不过，一旦开始修改工作，你很快就会发现，最大的问题就是有太多的东西需要检查：针对文章有太多的问题需要问。要想让这个任务变得简单、可操作，唯一有效的方式就是多次修改，每一次只检查一个类型的问题。

这样一来，看起来要做的工作就会很多，但实际上好处也很多：每一次修改都会让文章得到进一步提高。要让话语顺畅地流淌在纸上，形成自然、轻快、优雅的文章，只能通过多次的修改，每一次都带有清晰的目标。当然，这并非一项无休止的工作。随着文章质量的提高，你会知道什么时候该停下来把它放在一边的：它到了完备的时候，你自然会知道的。

小　结

1. 将文章写作分成不同的阶段，能使你在不同的时候聚焦于不同的任务。

2. 留给自己一个冷处理的时间，可以将作者角色和编辑者角色分离。

3. 带着目标修改，对每一次修改中要发现的东西都有清楚的认识。

下一章提要

下一章要讲的是五步修改策略，每一步都有不同的关注点。也许你想做的修改会多于五步，因为只要修改就会有新的提高，但五步应该是最低要求。下一章的内容是前两步的修改工作，处理的是文章的结构问题。

第 39 章

修改结构

在本章将学到：

- 大声朗读你的文章，听一听哪些地方还需要加强，了解这样做的重要意义；
- 如何对文章做结构方面的修改，比如文章的引言、结论以及逻辑关系；
- 如何确保论点和论据的相关性与有效性。

第一次修改——心理保障性修改

这是整个修改过程中最轻松的一步。大多数人在写完文章之后，都会通读一遍看看怎么样，为的就是保证它读起来还不错，从而可以给自己一些心理保障。这听起来像是自我安慰，没什么目的性，似乎应该尽量不要这样做。但实际上，这种形式的修改以及它带给我们的心理保障有积极的作用。

这一步可以让我们为文章做出标记：我们不仅可以在心理上获得文章读起来还不错、可以吸引读者的保障，还可以让我们更清楚哪些地方还需要进一步提高。尽管检查的结果往往只能发现个别词汇或个别段落需要更简洁明了，但不排除会发现更为严重的问题。

发现的问题可能会是你对论点的考虑并不够透彻，或者你在写文章的过程中观点得到了进一步发展，因此文章写完之后你看待问题的视角也发生了改变。这一次的修改不仅是要确认你所写的东西从外部看表述清晰，而且要保证从内部看文章清楚地表达了你的观点。如果在写的时候对观点并没有完全搞清楚，那么写出来的东西也不会清晰。无论什么情况，在这个阶段，你只需要做出标记，以便后面返回修改。

实践 练习 39

第一次修改

以上一次任务中完成的文章为例。首先，通读一遍，然后找一个朋友读给你听。他或她读的时候，标出那些表述不自然、不连贯之处，这些地方读起来会不够自然顺畅，重点和节奏都不合适。记住，比起眼睛，耳朵往往能更有效地发现别扭的地方。

虽然在之后的修改中也能发现其他问题，但在这次修改中可以对问题段落做出清楚标记，后面你必须对它们进行处理。

冷处理时间过后，为了获得心理保障应通读文章。但读的时候，要容忍所发现的错误，不要停下来立刻开始修改。只需简单地将错误之处或不足之处标记出来，之后再做处理。

第二次修改 —— 关注更大的问题

第二次修改的主要关注点在更大的问题上：文章的结构问题 —— 引言、结论、文章的逻辑结构和论点及使用的论据之间的相关性。

带着这些关注点，将文章从头到尾过一遍时，注意下列事项。

引言

检查是否清晰地理解了问题的全部含义。评阅者想要确定的是你是否已将问题考虑得非常透彻，而且没有回避要害，即没有将未定的事情当作理所当然之事避开论证。做完这些，检查文章结构和整体布局，确保足够清晰，这样读者才能不仅知道你接下来要做什么，而且知道你为什么要这么做。

引言检查清单

1. 问题含义是否清楚地阐释出来。

2. 问题的含义有无遗漏。

3. 文章的结构、布局构建是否清楚。

清楚的逻辑结构

现在，进入文章主体的检查，看看是否做到了所有应做的事情。必须确认读者有一条清晰的阅读线索。如果你将材料用清楚而符合逻辑的顺序加以组织，读者易于追寻，那自然会有助于阅读线索的清晰化。但是，也需要依赖文章中一些明显的指示性标识，确保读者一定不会迷失方向。

因此，除了检查论点的逻辑链是否清楚、文章的构建是否完整，还要检查连接词和主题句是否合适。结构如果清晰，那就不需要每段都使用连接词，如果不一定，就需要使用。它们

可以帮助读者有迹可循，不易脱离或进错阅读轨道。主题句也
同理——它们可以清楚地告诉读者这一段落接下来要说什么。
此外还要检查段落中所有内容是否都支持了主题句。

结构检查清单

1. 材料的组织是否符合逻辑。

2. 段落之间的连接是否顺畅。

3. 连接词的使用是否有遗漏。

4. 每一段的主题句是否都能清晰地介绍各段要旨。

论点

　　检查文章的整体结构，确保没有不相关的部分之后，就
可以检查每一段的内容了。阅读每一段的论点，检查两点：首
先，确保所有的论点都与引言中勾勒出的文章布局直接相关，
否则就会削弱文章的整体力度，还有可能引起读者的困惑；其
次，检查每个论点是否都得到了充分的论证，是否清晰。如果
有一些难度较大的部分可以写得更清楚，那就重写。大多数在
第一次修改时标记出有问题的部分都在这次修改的范围内。

论点检查清单

1. 是否每个论点的展开都基于文章的整体构造。

2. 是否每个论点都得到清楚的论证。

3. 论点的论证是否有足够的深度。

4. 引言中曾阐释出来的每一层含义是否都得到了论述。

论据

检查论点时，你同时也会注意它们是否都有充分的论据支持。但要确保论据不要用得太过：记住，删除所有不必要的细节意味着留下来的东西都能得到突出显示。这是一种明白什么无需言说的艺术。同理，确保没有给读者提供不相关的信息，这些信息会模糊论点的重心，弱化文章结构。

接下来要确认的是论据是否具体。如果论证过程中采用了概括法，可能会涉及一些比较抽象的概念，那么例子应该越具体越好，这样才能确切地说明论点。例子不仅要支持论点，对论点的解释也要具有生动性，这样可以增加论点的可信度与趣味性——它们会抓住并保持读者的注意力。

最后，只要有可能，检查论点是否为读者**呈现**了你想要表达的意思，而不是简单地**告知**他们。你需要确保使用了充分的引言和事例。它们可以增加文章的可读性，但也必须能起到你预期的作用。因此，要保证它们都确实能起到**实际**作用。最后记住，和其他形式的论据一样，引言和事例太多和太少的坏处是一样的。

论据检查清单

1. 是否足够。

2. 会不会太多。

3. 是否相关。

4. 是否具体。

5. 是否是呈现而非告知。

结论

　　做完上述检查工作，到了结论部分时就简单了。这里你需要确定的关键点是引言和结论是否互相关联，这样文章才会紧密衔接。如果这一点没有做到，那就重写结论，让它回到引言中曾经提出的问题或提到的事例。但不要提出文章主体部分未曾提到的新问题。结论的关键在于让读者知道，你在引言部分所提出的问题都得到了解答。

> **结论检查清单**
>
> 1. 引言与结论是否互相关联。
> 2. 有没有避免提出新问题。
> 3. 引言中提出的问题是否都得到了解答。

任务 13

修改结构

　　现在将文章再一次仔细修改。这一次将这里所列出的步骤都过一遍。

　　从引言开始，检查之前提到过的所有问题。完成之后，在引言检查清单中做出标记。接下来到了结构的逻辑层面，检查论点的逻辑次序、主题句、连接词。在结构检查清单中做出标记之后，接着检查论点、论据和结论部分，在其余的检查清单上做出标记。

小　结

1. 为了获得心理保障应通读文章，并找出需要修改的部分。

2. 检查是否将问题考虑得足够透彻，论点是否表述得足够清晰。

3. 在第二次修改中，逐项处理各个检查清单，在结构层面修改文章中的不足之处。

下一章提要

这一部分的修改完成之后，你会对文章更有把握，知道在内部层面，所有观点都在文章中得到了清楚、符合逻辑的论证。现在，可以转向外部层面，对表达这些观点所使用的语言和采用的风格做出修改。

■ 第 40 章

修改内容

在本章将学到：

- 检查拼写、语法以及事实的准确性的重要性；
- 如何通过修改使风格质朴、直接，同时还具有综合性；
- 如何使作品更生动；
- 如何借助检查清单确保没有任何疏漏；
- 文章的表面呈现对最终成绩的重要性。

在接下来的两次修改中，关注点将移到更小的问题上，如事实的准确性、语法、词语的使用等。虽然这意味着你的关注点减少了，但其过程将会更细致、更费时间。

第三次修改 —— 检查细节

第三次修改要检查的是事实与引用的准确性。检查这些的时候需要特别注意，如果在细节上失去读者的信任，整个文章都会受到影响。读者也许会推断出，对你所说的一切都应该持保留态度。

此外，还需要检查拼写与语法。不要认为这些是无足轻重的小问题。在这些问题上犯错误，不仅影响你的分数，最终还有可能导致你没有机会得到中意的职位。所有用人单位都很看重细节，拼写和语法问题有损个人的可信度，雇主会合乎情理地推断，这些方面很少犯错误的人，在做其他事情时准确率也不会低。Dozuki 软件公司创办者、Ifixit 的 CEO 凯尔·威恩斯（Kyle Wiens）[1] 说得很明白："如果找工作的人连'to'和'too'都分不清，他们的求职书只能扔到垃圾桶……如果一个人花了 20 年时间才知道怎么正确使用'it's'，那么这种学习曲线可不是我愿意看到的。"

为了提醒自己不要犯一些常见的错误，修改时将下面的表格放在手边，并将自己常犯的错误添加在里面。

拼写与语法常见错误
语法

advice（名词）/advise（动词）同类型词 practice/practise, device/devise, prophecy/prophesy, licence/license 等	distinct/distinctive
	imminent/immanent
	impracticable/impractical
	infer/imply
affect（动词，从不用作名词）/effect（动词、名词）	ingenuous/ingenious
	invidious/insidious
alternate/alternative	judicial/judicious
choose/chose	loose/lose (loose=slack, free, untied)
complement/compliment	mitigate/militate
continual/continuous	phenomenon（单数）/ phenomena（复数）
criterion（单数）/ criteria（复数）	principle/principal
definite/definitive	stationary/stationery
dependant（名词）/dependent（形容词）	too/to (too=as well, in addition)

deprecate/depreciate	who/whom
discreet/discrete	
所有格	
hers, 不是 her's	whose, 不是 who's
its, 不是 it's	your, 不是 you're
one's, 不是 ones	yours, 不是 your's
theirs, 不是 their's	
拼写	
acceptable, 不是 acceptible	definitely, 不是 definately
accommodation (两个 c, 两个 m)	develop, development
bureaucratic, 不是 beauracratic	embarrass, embarrassment
commit, committee, committed	exceed, 不是 excede
conscience, conscientious, conscious	fulfil, 不是 fulfill
correspondence, 不是 correspondance	harass, 不是 harrass
deceit, 不是 deciet	imitate, 不是 immitate
irresistible, 不是 irresistable	programme, program (只用于计算机领域)
liaise, liaison	receive, 不是 recieve
maintenance, 不是 maintainance	refer, reference, referred
manoeuvre, 不是 manouvre	relevant, 不是 relevent
occasion, occasionally	remit, remittance
occur, occurred, occurrence	separate, 不是 seperate
offence, offensive	supersede, 不是 supercede
omit, omission, omitted	tendency, 不是 tendancy
parallel, 不是 paralell	transfer, transferred
perceive, 不是 percieve	travel, traveller
permit, permission, permitted	tyranny, 不是 tyrrany
personal, personnel	until, 不是 untill
privilege, 不是 priviledge	

如果出现违反语法规则的情况，你要确定是有意为之，比

如出于风格的考虑，想制造某种特别的效果 —— 而不是缺乏相应知识的结果。不过，对语法规则无论是遵守还是违反，关键在于清晰性：它必须以最清楚地表达意思为目的。

细节检查清单

1. 内容是否准确。

2. 语法、标点、拼写是否正确。

3. 是否在自己的观点与别人的观点之间做了清楚的区分。

4. 是否对所有的资料和参考文献做了标注。

5. 参考书目中是否有遗漏。

第四次修改 —— 风格

对大多数人来说，这一次修改是最难的，也是疑惑最多的，有太多的点需要关注。为了让事情变得容易一点，可以从一些简单的事项入手，后面再加进去一些你认为在写作中重要的东西。但目前这个阶段，修改只需限定在下面这个简单的重要事项列表之内即可，它们可以让你的文章立刻体现出不同，让文章更轻快、更有趣、更易读：

1. 不必要的内容

2. 长句

3. 大词

4. 有力的名词与动词

5. 主动语态

有必要提醒自己的是，这个阶段去除的多余的东西越多，文章的可读性就越强。留下的东西就会更为生动，更能抓住并保持读者的兴趣。因此，这样的修改无疑应该多做几次。据我发现，这样的修改做得越多，文章就会越好，因此，修改到你确信无须再改为止。

不必要的内容

检查文章的过程中，一直问自己是否有不必要的词、短语、句子甚至段落需要删去。再一次提醒自己，文章的可读性与删掉的多余内容的多少成正比。

例子

前面所写的关于广告的文章中，假设有这样一句话：

村里的一棵树上钉着一块小牌子，上面通知了村里游乐会的时间和地点，这也许只是在提供信息，但信息背后还有隐含的意思，即呼吁可能会读到这个通知的人前来参加他们的募捐活动，支持当地的慈善事业。

去掉不必要的词语之后，意思会更明确、有力、直接：

村里的一棵树上钉着一块小牌子，上面通知了村里游乐会的时间和地点，这也许只是在提供信息，但信息背后隐含的是呼吁人们参加他们的募捐活动，支持当地的慈善事业。

长句

长句有让读者迷惑甚至迷失的危险，这样的话，你的文章写得再好，也得不到好分数。如果读者不得不在你编织出的文字迷宫中奋力找寻出路，就会失去耐心。为了避免这样的情况，将长且复杂的句子切分为两个或更多较短的句子。

例子

例如，下面的句子虽然并不是完全无法理解，但有的地方意思不够明确。把它分为三个句子之后，就没有问题了。

为了达成某种想象出来的社会共识，满足一些"基本的"或"共有的"价值观，一些需求就这样被制造了出来，每个人都被认定想要驾驶最新、最快的小汽车，我们的人生不会圆满除非能拥有一辆有"多气门发动机"和"防抱死刹车系统"配置的车，为了维持这样的需求，媒体就必须制造出噱头。

为了达成某种想象出来的社会共识，满足一些"基本的"或"共有的"价值观，一些需求就这样被制造了出来。每个人都被认定想要驾驶最新、最快的小汽车，我们的人生不会圆满，除非能拥有一辆有"多气门发动机"和"防抱死刹车系统"配置的车。为了维持这样的需求，媒体就必须制造出噱头。

大词

大词虽然在效果上和长句不同，但这里所给的建议是一样的。它们虽不像长句那样容易让读者感到迷惑，但却可能会让他们怀疑你所用的词是否真的表达出了你的意思，而且常常会让文章看起来华而不实。因此，中肯的建议是：只要有可能，就用具体而简单的词代替大而模糊的词。

例子

下面的这个例子虽然在理解方面不会造成困难，但听起来确实有点华而不实：

我们对物质和更高生活标准有持久的需求，这就赋予了政治活动家们一个有效的办法，用以影响我们投票。

下面的说法会更直接：

我们对物质和更高生活标准有持久的需求，这就给了政治活动家们一个有效的办法，用以影响我们投票。

接下来的这个例子不仅听起来华而不实，而且会让读者怀疑你是不是真的清楚作者想要表达什么：

广告商会尽力将一种充实、积极的生活与驾驶某种小汽车或喝某种饮料对接起来。

换上一个更常见的词之后，意思立刻清楚多了：

广告商会尽力将一种充实、积极的生活与驾驶某种小汽车或喝某种饮料联系起来。

有力的名词和动词

关于写作中运用有力的名词和动词而不要用形容词和副词去堆砌文章这一点，前面已经谈了很多。因此，检查时，看看是否用了有力的名词与动词，并且将其修饰语精简到最少。时刻提醒自己，用来修饰动词的副词越少，以及用来修饰名词的形容词越少，文章质量就会越高。

例子

你可能会这样论证：

打印机生产商可能会乐于告诉你他们的打印机是市场上最先进的，但他们的墨盒价格是其他打印机的五倍，这一点他们要说起来可真正地焦虑（really nervous）。

但如果改成下面这样，你的意思会表达得更清晰：

打印机生产商可能会乐于告诉你他们的打印机是市场上最先进的，但他们的墨盒价格是其他打印机的五倍，这一点他们要说起来可不情愿（reluctant）。

"焦虑"（Nervousness）有很多不同的意思。在第一句，你本想在与打印机制造商相关的语境下，使用其众多意思之一，表达的结果却相当模糊。事实上，加上"真正地"

（really）也并没有起到什么作用，因为虽然你也许对"焦虑"
（nervousness）的程度感兴趣，但实际上你在这里需要表达的
是"焦虑"（nervousness）是哪一种类型。

例子

下面的例子中使用了比较弱的名词和动词。将它们换成
更有力、更具体的词之后，看一看在简洁性和直接性上有什
么样的提高。

剧院经理人可能会在众多对他们不利的评论中仔细查
看，只要找到片言只字对他们有利的评价，都会用于推广他
们的戏剧。

剧院经理人可能会在众多对他们不利的评论中搜寻，只
要找到片言只字的认可，都会用于推广他们的戏剧。

主动语态

关于与被动语态相反的主动语态，其道理相同：对于主动
语态的重要性，我们在前面已经谈了不少，它可以让你的表述
更简洁、更直接，从而也更为清楚。因此，在修改时，注意问
自己是否将被动语态只用在以下情况中：所做的事情或动作的
接受者比行为发出者更重要。只要情况允许，就用行为发出者
作为句子的主语。

例子

在下面的例子中，最重要的信息就是实际上所做的事

情，而不是由谁做的。因此，将句子改写成被动语态会让表达更有效。

20 世纪 70 年代，美国一些超市经理为了减少偷窃货物的行为，在超市里循环播放的音乐中以隐晦的方式植入提示性信息。

20 世纪 70 年代，提示性信息被美国一些超市经理以隐晦的方式植入循环播放的音乐中，以此来减少偷窃货物的行为。

风格检查清单

1. 是否删除了所有不必要的词语、短语、句子和段落。

2. 是否分解了所有需要分解的复杂长句。

3. 是否将所有晦涩的大词替换为简单词。

4. 是否删除了所有不必要的修饰语，换上了强有力的名词和动词。

5. 写作中是否使用了主动语态。

实践　练习 40

修改内容

读下面的文章，然后根据上面所讲过的步骤修改文章的内容。只要发现不必要的内容、长句、大词、力度弱的动名词以及主动语态和被动语态用得不合适之处，都加以修改。然后，根据检查清单，看看是否覆盖了所有的点。

完成之后，参照下面给出的答案检查你的修改稿。

需修改内容：

现代欧洲的文化变化

19 世纪下半叶劳动力和信息跨越国界的移动更迅速、更容易激发了对变革要求的新压力，随之而来的是之前很少看到过的社会和文化的破裂。城镇以难以想象的速度发展为大城市，吸引了来自农村的工人，他们与从欧洲各地涌入的新外来移民劳动力融会，一种新的都市化、国际化文化发展了起来，并得到了不断增长的文化水平和读者众多的流行出版物的推动。大量人口从农村迁往城市，国际性、世界性的影响跨越国界，不仅传统社会阶层在社会结构内发生上下变动，文化和传统习俗也受到了威胁。

几乎所有从事贸易和商业的欧洲社会，在品位、文化和时尚方面都受到了趋同力量的影响，而通信革命在推动着这一切。无论产地何处，消费者对他们所购买的东西都提出最高要求，所以建筑、服装和时尚呈现出越来越明显的趋同性，民族风格逐渐褪去，除了有意识地减慢这种趋同趋势的地方。早在 20 世纪 30 年代，就显示出这样一个时代正在来临，一个国家的城市与另一个国家的城市之间将很难看出区别。此外，舞曲、电影院和无线电，甚至越来越受到美国影响的廉价娱乐文学，都在产生影响。很明显，对越来越多的人而言，曾经是爱国自豪感和归属感之源的社会和文化身份都在慢慢失去，消失在一个不断变化的、趋同的、世界性的文化之中。

答案

现代欧洲的文化变化

19世纪下半叶，劳动力和信息跨越国界迅速传播，带来了变革的新压力，随之而来的是前所未有的社会和文化的破裂。城镇以难以想象的速度发展为大城市，吸引了来自农村的工人，他们与从欧洲各地涌入的新外来劳动力融会。一种新的国际化文化发展了起来，并得到了不断增长的文化水平和大众流行出版物的推动。农村人口流往城市，世界性的影响跨越国界，不仅传统社会阶层在社会结构内发生上下变动，文化和习俗也受到了威胁。

通信革命推动着品位、文化和时尚方面的趋同发展，几乎所有从事商业的欧洲社会都受到了影响。无论产地何处，消费者都对产品提出最高要求。建筑、服装和时尚呈现出越来越明显的趋同性。民族风格逐渐褪去，除了有意识地减慢这种趋同趋势的地方。早在20世纪30年代，就显示出这样一个时代正在来临，一个国家的城市与另一个国家的城市之间将很难看出区别。此外，舞曲、电影院和无线电，甚至越来越受到美国影响的廉价娱乐文学，都在产生影响。很明显，对越来越多的人而言，曾经是爱国自豪感和归属感之源的社会和文化身份都在慢慢失去，消失在一个不断变化的、趋同的、世界性的文化之中。

第五次修改 —— 用听觉去改

终于到最后一次修改了！这一次看起来好像又回到第一次的情形，因为你需要将文章读出来，听一听怎么样。你需要关注的是它的流畅性和节奏。我们的目标是让文章听起来像是印在纸上的谈话，轻快、不费力地在纸上划过，节奏和步调都能抓得住读者的注意力。

然而，大多数人都难以和自己写的东西和文字背后的思维模式拉开距离，因此难以像他人一样读自己的文章。如果你存在这样的问题，那就你读，让一个朋友来听。或者更好的方式是让你的朋友读，你来听。

这是最好的检验方式：如果一个从来没有看过或听过你的文章的人，觉得它听起来不够流畅，那么就需要做修改了。这样的阅读过程能够帮助你辨别出那些冗长的句子，或者观点处理得不太符合逻辑的地方。这样做的另一个好处是，你不用自己去读，就易于发现不容易理解的表述。如果不能这样做，比如你并没有这样关系密切的朋友，或你不想拿友谊去冒险，那就录音，然后放给自己听，就当你是第一次听到。

- 我们可能会因为与自己的文字和思维模式距离太近而不易察觉出错误。
- 我们的文章应该能毫不费力地在纸上滑行。
- 让朋友读你的文章给你听，看看是否有这样的效果。

找一个从没有读过你的文章的人，让他来朗读，听听是否顺畅，能否轻松理解。除此之外，还有另一件事需要考虑：有时候，你可能想对文章的步调稍做改变，让某些要点更为突出。你可能会通过改变句长来加速或减慢某些部分的节奏。长句听起来可以达到让人安心的效果。论点中的一些核心成分需要仔细分析、详加叙述，最适合用长句来表达。但如果你突然想要加速，想要用一个非常生动的细节来抓住读者的注意力，或者有一个想法你认为是理解中的关键点，那就用短句——不要让它淹没在周围的文字之中。

> **用听觉修改的检查清单**
> 1. 一个之前从未听过你文章的人是否觉得它听起来不错。
> 2. 步调与节奏是否与你想要阐述的论点相匹配。

使用检查清单

从前面几个阶段我们可以看出，如果工作策略简单清晰，会有很多好处：即便你知道自己要关注什么，检查清单也很有用，因为它能帮你有意地向自己提出一些问题，否则你可能会有所忽略。它同时对你评估自己各阶段的完成情况也很有帮助，这样你可以看到下一次任务中哪些地方需要花更多的时间去做。意识到这些好处后，你应该养成使用检查清单的习惯。想象评阅者在评估你的文章时会考虑哪些问题，尽量对它们做出处理。

外部呈现

你的文章在表面上是否有一个整洁、专业的呈现？

在所有该考虑的事项中，这一项看起来似乎是最不重要的。事实正是如此，也应该如此。不过，尽管听起来有些不公平，第一印象也是重要的。虽然评阅文章的标准会尽量客观，保证所有文章都用同样的标准来评判，但给分数时仍然有主观因素在起作用。大多数人在读一篇文章时，都会发现很难去除第一印象对他们的影响。

再者，这里面也有某种归纳性的真相在内。有些人根据自己的经验，坚信凡是表面看起来粗糙的文章，十有八九其论证也是比较粗糙的，很可能文章中细节部分的准确性未得到应有的关注，论点也缺少让人信服的论据。无论这些看法有无根据，你都应该让自己的文章有一个清晰、整洁的呈现，将错误减到最少，看起来得像一个一丝不苟的人写出来的，从而避免得分下降一个等级。

任务 14
修改内容

用你在之前的任务中所写的文章为材料，参照修改过程中的最后三步来修改内容。

第一次修改中，找到多余的词、短语以及句子。检查可读性。如果句子太长，分解成较短、更易于操作的句子。记住，让读者能投入其中，不会失去兴趣，这是关键。

第二次修改中，检查有力的名词和动词。如果发现形容词和副词太多，看看是否可以想出有力的名词和动词来替换它们。对主动语态和被动语态也做同样的检查。只要用到了被动语态，就检查是否一定比使用主动语态更为合适。

以上都完成之后，就到了最后一步的修改工作。找一个人朗读你的文章，你来听，看看听起来怎么样。

小　结

1. 检查事实和引用是否准确，否则会失去读者的信任。

2. 对风格做出修改时，手边放一份简单的检查清单，列出你需要查看的项目。

3. 记住，去除的多余内容越多，文章的可读性就越强。

4. 修改的最后一步——找一个朋友读给你听，这样你可以发现流畅性的不足之处，以及观点之间的逻辑关系不恰当之处。

5. 你的文章看起来应像一个一丝不苟的人的作品。

结　语

修改现已完成，你会发现，你的文章不仅能完整呈现自己的观点，而且读者也会认为自己读到的是一篇生动有趣、论证充分、发人深思的作品。

在同步网站 www.howtowritebetteressays.com 上，你可以找到一些完整的、注明了出处的文章，它们可以展示出这五个步骤的修改能让文章呈现出怎样的不同。

注　释

1. http://blogs.hbr.org/cs/2012/07/i_wont_hire_people_who_use_poo. html

结　论

　　本书的初衷是让大家认识到写文章的意义。我们不仅从文章中学到东西，而且还能在写作中培养能力、学习技巧。现在，各个阶段都已完结，我们可以更清楚地看到，如果每个阶段都能很好地完成，我们将会从中得到什么样的益处。

第一阶段：解析问题

　　第一阶段向你展示了如何培养必要的技能，用它们来分析颇具难度的概念。学完之后，你的信心应该得到了增强，因为你不仅可以将任何问题中的关键点解析出来，你的洞察力还可以让你的作品体现出趣味性和创造性，让它脱颖而出。而且，你在这个阶段学习到的头脑风暴技巧，能够让这个阶段成为你写作的良好基础。这些技巧能让你的观点变得活跃起来，你会拥有自己的见解，不再不加批判地接受你读到的观点，被他人的观点支配。

第二、三阶段：查找资料与做规划

在这两个阶段，你学习了如何培养学术技巧，让自己有信心应对任何任务，无论它有多难。围绕题目查找资料之后，你对题目本身、与其相关的知识都有了很充分的了解，而且你的能力也得到了提高，可以在查找资料的过程中融入更大的灵活性，以满足更广泛的任务需要。同样，通过学习为文章做规划，你学会了将观点结构化，这不仅可以用于书面文章的写作，还可用于讨论与考试中。以这个规划为基础，你可以构建出自己对研究主题的理解。

第四、五阶段：写作与修改

关于如何捕捉你的观点并将其呈现为清晰、流畅、有趣的作品，你已经在写作与修改阶段做了探索，现在你知道：将作者角色与编辑者角色分开，你可以更有效地运用二者涉及的技巧。尝试过一遍之后，你应该能够在所有的任务中重复实践，从而写出结构清晰、逻辑严密、文字清楚且轻快的文章，持续地抓住读者的注意力。在五个步骤的修改过程中，你认识到可以让自己自由地写作，因为你知道显著提升文章的工作可以放在后面再做，那时再让编辑者的角色进来。

文章评分之后

所有的这些都意味着，你有能力在所有课程的文章写作中做到最好。文章从指导老师那里返回给你后，你可以根据老师的评语进一步学习。比如老师的建议里可能会包括新的观点、新的例子或不同的看法。在你的观点仍然在头脑中保持新鲜的时候，就需要把这些都加以考虑。指导老师可能会对事实或逻辑错误做简单的修改，可能会对你的写作风格做出评论，针对如何将观点表达得更为清楚提出建议，也可能会对文章的结构方面提出细致的评论。

不过，你现在也应该意识到，只有当你准备好积极处理这些建议的时候，才能从中获得最大的收益。有时可能你只需在笔记中记下经常出现的问题，比如拼写错误、过渡词和标点问题等。如果在修改所有文章之前，养成有规律地查询笔记的习惯，就可以更容易地辨别和纠正这些问题了。如果指导老师给你的建议是发展新的观点，你可能就需要进一步阅读，或至少在日志中将自己的回应写出来。

我们已经看到，这里面的关键在于要赋予我们的思维应有的机会，让它去生长与发展。和做日志与记笔记一样，写作过程中每个独立的阶段都能提供新的机会。等你回头再看的时候，就可以发现自己已经取得了多大的进展，理解得到了多大的加强，对自己感兴趣的事物，你的研究和写作能力获得了多大的提高。

最后，再提醒一句：记住，永远不可能做到完美。要做到完美就得对所有的事实无所不知，但这一刻永远不会到来。你能做的是不断地加深对自己已知事物的理解。而正是自己对事实的想法与阐释在不断地加深你的理解：你的想法和他人的同样宝贵。因此，大胆一些——不要在权威面前退缩。

参考文献

1. Dorothea Brande, *Becoming a Writer* (London: Macmillan, 1984)。连最专业的写作者都承认他们极大地获益于这本书，它让他们的创造性观点得以释放出来。

2. Tony Buzan, *Use Your Head* (London: BBC, 1979)。这是最早普及图式笔记（或称为"思维导图"）的图书之一。

3. Stuart Chase, *Guides to Straight Thinking* (New York: Harper, 1956).

4. Stella Cottrell, *The Study Skills Handbook*, 3rd edn (Basingstoke: Palgrave, 2008).

5. Edward de Bono, *Parallel Thinking* (London: Penguin, 1994).

6. Edward de Bono, *Serious Creativity* (London: HarperCollins, 1995).

7. Jean M. Fredette (ed.), *Handbook of Magazine Article Writing* (Cincinnati: Writer's Digest Books, 1990)。向专业人士学习——这本书包括了很多专业作家提供的实用性建议。

8. Bruno Furst, *The Practical Way to a Better Memory* (Marple: Heap, 1977)。关于集中注意力与记忆训练的最著名的书之一。

9. John Peck and Martin Coyle, *The Student's Guide to Writing* (Basingstoke:

Palgrave, 1999).

10. William Strunk and E. B. White, *The Elements of Style* (New York: Macmillan, 1979)。这本书被誉为"小宝书"，初版即售出两百万册，教你如何写出清晰而简洁的文章。

11. Robert H. Thouless, *Straight and Crooked Thinking* (London: Pan, 1958).

12. John Wilson, *Thinking with Concepts* (Cambridge: Cambridge University Press, 1963).

出版后记

　　几乎每个大学生都会面临论文写作这一难题，但并非人人都能轻松解决，这其中的关键或许在于没有掌握有用的写作技巧。事实上，写作所需的学习能力和思维能力都可以学会，没有特别难学的因素在内，并无神秘性可言，也并非少数人才能掌握。大多数人都有写出好论文的能力，只须学习一些简单的技巧来解锁这种能力并加以运用。

　　作者讨论了论文写作过程中涉及的搜集资料、提出论点、论证论点等各个环节，旨在培养读者的写作技能与技巧，从而使其能力得以解锁，潜能得以释放。或许书中的某些技巧并非人人适用，但都可资借鉴。

服务热线：133-6631-2326　188-1142-1266

服务信箱：reader@hinabook.com

后浪出版公司

2021 年 5 月